"十二五"国家重点图书
出版规划项目

《东南亚研究》第二辑

缅甸文化概论

MIANDIAN WENHUA GAILUN

钟智翔 尹湘玲 著

中国出版集团

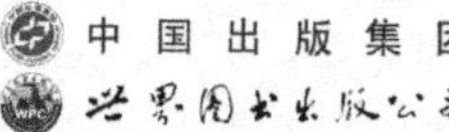

图书在版编目（CIP）数据

缅甸文化概论 / 钟智翔，尹湘玲著．—广州：世界图书出版广东有限公司，2014.12

ISBN 978-7-5100-9116-2

Ⅰ.①缅… Ⅱ.①钟… ②尹… Ⅲ.①文化—概况—缅甸 Ⅳ.①G133.7

中国版本图书馆CIP数据核字（2014）第283420号

书　　名	缅甸文化概论 MIANDIAN WENHUA GAILUN
著　　者	钟智翔　尹湘玲
项目策划	陈　岩
项目负责	卢家彬　刘正武
责任编辑	程　静　李嘉荟
装帧设计	书窗设计
责任技编	刘上锦
出版发行	世界图书出版有限公司　世界图书出版广东有限公司
地　　址	广州市新港西路大江冲25号
邮　　编	510300
电　　话	020-84459579　8445362
网　　址	http://www.gdst.com.cn
邮　　箱	wpc_gdst@163.com
经　　销	新华书店
印　　刷	广东虎彩云印刷有限公司
开　　本	787mm × 1092mm　1/16
印　　张	15.5
字　　数	331千字
版　　次	2014年12月第1版　2022年8月第6次印刷
国际书号	ISBN 978-7-5100-9116-2 / G·1756
定　　价	62.00元

前 言

东南亚是指亚洲的东南部地区。根据地理特征，东南亚可以分为中南半岛和马来群岛两部分，包括位于中南半岛的越南、老挝、柬埔寨、泰国、缅甸和位于马来群岛的菲律宾、马来西亚、文莱、新加坡、印度尼西亚、东帝汶共11个国家。东南亚大部分地区位于北回归线以南，跨越赤道，最南抵达南纬11°，最北延伸至北纬28°左右。该地区北接东亚大陆，南邻澳大利亚，东濒太平洋，西接印度洋，是沟通亚洲、非洲、欧洲以及大洋洲的交通枢纽，也是中国从海上通向世界的重要通道。

由于地理位置上的邻近、民族关系的密切和文化上的相通，早在两千多年前东南亚各国就与中国建立了较为密切的政治、经济和文化联系。新中国成立后奉行睦邻外交政策，我国与东南亚各国的友好关系有了新的发展。进入21世纪后，中国政府明确提出了“与邻为善，以邻为伴”的思想，制定了“大国是关键、周边是首要、发展中国家是基础、多边是重要舞台”的外交方针，进一步强调“积极开展区域合作、共同营造和平稳定、平等互信、合作共赢的地区环境”。

本着这一精神，中国与东南亚国家展开了各种双边与多边合作，形成了多方位、多层次的合作框架，增进了彼此间的信任。随着2011年11月中国—东盟中心的正式成立，中国和东南亚国家间的务实合作关系得到了进一步提升，呈现出强劲的发展势头。世界上，像中国和东南亚这样，在两千多年时间里绵延不断地保持友好关系、进行友好交往的实属罕见。这种源远流长的友谊，成为双方加强合作的基础。

作为多样性突出地区，东南亚各国在民族、语言、历史、宗教和文化等方面五彩缤纷，各具特色。加强东南亚国别与区域研究，可以更好地帮助国人加深对东南亚的了解。为此，解放军外国语学院亚非语系集东南亚语种群自1959年办学以来之经验，在完成2012年度国家出版基金项目《东南亚研究》第一辑的基础上，与世界图书出版广东有限公司一道，继续申报了2014年度国家出版基金项目《东南亚研究》第二辑并获得了成功，本丛书便是该项目的最终成果。

参加本丛书编写工作的同志主要为解放军外国语学院东南亚语种群的专家学者。北京大学、北京外国语大学、南京国际关系学院和云南民族大学的部分专家学者也应邀参加了本丛书的编写。丛书参编人员精通英语和东南亚语言，有赴东南亚留学和工作的经历，熟悉东南亚文化。在编写过程中多采用第一手资料，为高质量地完成丛书奠定了基础。我们希望本丛书的编辑出版有助于读者加深对东南亚国家国情文化的认识，有助于促进中国与东南亚国家间的交流。

由于本丛书涉及面广，受资料收集和学术水平诸多因素的限制，书中的描述与分析难免存在疏漏与不足，恳请同行专家和广大读者不吝批评指正。

解放军外国语学院亚非语系
《东南亚文化概论》编辑委员会
2014年10月于洛阳

目　录

引　言

“文化”是一个内涵丰富、外延宽广的概念，目前学术界对文化的解释多达数百种。早在1952年，美国文化人类学家阿尔弗雷德·克鲁伯(Alfred Louis Kroeber)和克莱德·克拉克洪(Clyd Kluckhohn)就在《文化——有关概念和定义的回顾》一书中列举了西方学术界从1871年到1951年80年间出现的各种“文化”的定义，达164种之多。1952年至今，关于“文化”的新定义更是层出不穷、莫衷一是。不同的学科根据各自的特点对文化有着多种不同的解释。历史学家常常把文化看作是社会的遗产，或是传统行为方式的全部总结；心理学家则把文化视为主体心理在历史银幕上的总映像，或者是满足个人动机所选择的行为模式；结构主义者则强调文化是由各种要素或文化特征构成的稳定体系；而发生论者则认为文化是社会互动及不同个人相互影响的产品。简而言之，在文化的定义上，有的学者偏重文化观念的作用，把文化定义为观念或观念联结丛；有的学者则倾向于文化的社会规范价值，把文化界定为不同人类群体的生活方式，或者共同遵守的行为模式。

作为一个术语，“文化”(Culture)一词来源于拉丁语Cultura，其基本含义是指人们对作为自然之物的土地进行耕作、改良和开发。作为学术用语，“文化”最早见于1865年英国文化学家爱德华·伯内特·泰勒(Edward Burnett Tylor)的《文明的早期历史与发展之研究》一书。1871年他又在《原始文化》一书中对文化的概念作了系统的阐释。在“关于文化的科学”一章中，他开宗明义地指出：“文化或文明，就其广泛的民族学意义来说，乃是包括知识、信仰、艺术、道德、法律、习俗以及作为一个社会成员的人所习得的其他一切能力和习惯在内的复杂整体”。这个定义影响很大，被认为是人类学的经典定义之一，影响到了后世的众多学者，至今在学术界仍被广泛引用。

美国文化人类学家克莱德·克拉克洪在《人类之镜》一书中论述文化的概念时，用了将近27页的篇幅将文化依次界定为：(1)一个民族的生活方式的总和；(2)个人从群体那里得到的社会遗产；(3)一种思维、情感和信仰的方式；(4)一种对行为的抽象；(5)就人类学家而言，是一种关于一群人的实际行为方式的理论；（6）一个汇集了学识的宝库；（7）一组对反复出现的问题的标准化认知的取向；（8）习得行为；（9）一种对行为进行规范性调控的机制；（10）一套调整与外界环境及他人关系的技术；（11）一种历史的积淀物。前苏联哲学家罗森塔尔·尤金（Rosenthal Eugene）在他所编的《哲学辞典》中认为："文化是人类在社会历史实践过程中所创造的物质财富和精神财富的总和。从比较狭隘的意义来讲，文化就是在历史上一定的物质资料生产方式的基础上发生和发展的社会精神生活方式的总和"。我国学者对文化概念的理解与解释大多受到了前苏联学术界的影响，大体不超出广义文化和狭义文化的界说范围。一般而言，广义的文化是指人类社会实践过程中所创造的物质财富和精神财富的总和；狭义的文化是指人类所创造的精神财富及与之相应的各种制度。

我们认为文化的定义虽然繁杂，但从一般意义上来看，文化具有以下几个特征：一是文化具有社会性。因为文化是人类社会生活与活动的结晶，它与人类社会相互依存、共同发展。二是文化有地域性。人类文化最初是以自然环境或人类的需要为基础发展起来的，社会群体与特定的地域紧密相联，不同的地域具有不同的自然地理环境，这决定了不同群体在生活内容和方式上的差异，因而文化也就相应地具有了地域（区域）的特质。三是文化具有共通性。不论立足于何种区域范围，人类文化都是由相互关联的诸多要素组合起来的整体。四是文化兼具稳定性、继承性和可变性。从文化的符号象征性考察，作为载体的语言的继承性、相对稳定性决定了文化具有相应的属性；若从文化所表达的内容——人类活动的经验层面考虑，媒介性的文化蕴涵了继承性、稳定性，而经验与社会条件的发展性则奠定了文化可变性的内容基础。五是文化具有开放性和包容性。特定的文化系统或文化区域在与相邻或相关的文化系统或文化区域共存时，由于人类群体、个体之间的交流促成了相关文化之间的相互交流和影响，奠定了开放性、包容性的基础。尤其是在当今世界，由于全球一体化进程的加快，文化的交融越来越明显，各文化的开放性和包容性也就随之大大地增强了。

由于文化概念本身具有多义性，所以学术界对文化的结构分类也多种多样。美国文化人类学家劳伦斯·洛威尔（Lawrence A. Lowel）认为："在这个世界上，没有别的东西比文化更难捉摸。我们不能分析它，因为它的成分无穷无尽，我们不能叙述它，因为它没有固定的形状。"正因为如此，文化研究者为了便于把握和解释，往往十分注意区分文化的基本结构和对其进行分类。

人们对文化基本结构和类别的划分，视研究者所从事的学科需要和实际操作过程的需要而定。通常情况下，文化研究者往往根据各自不同的视角，对文化作出不同的分类。例如，从时间的角度可以将文化分为古代文化、中古文化、近代文化、现代文化等；从空间的角度可以将文化分为东方文化、西方文化，海洋文化、大陆文化，或中华文化、印度文化、阿拉伯文化、希腊—罗马文化等；从不同的社会层面出发可以将文化分为贵族文化、平民文化、官方文化、民间文化等；从不同的社会功能出发可以将文化分为礼仪文化、服饰文化、校园文化、企业文化等。这些从时间、空间、社会层面上对文化所作的分类属于外在角度的分类。而从文化自身内在逻辑结构的角度来说，则可以将文化分为物质文化、精神文化、制度文化三个层次。

物质文化，是指人类所从事的物质生产创造活动及其劳动产品的总和。它直接反映了人与自然的关系，反映了人类对自然的认识、利用和改造的过程与结果，反映了社会生产力的发展水平；是一种可以感知的、具有物态实体的文化事物；是人类从事一切文化活动的基础和人类进步的原动力。

精神文化，是指人类在长期的社会实践活动和意识形态活动中升华出来的价值观念、知识体系、审美情趣和思维方式等。人类在生产、经营及应用器物等方面不能没有知识，因而物质文化需要有精神文化相匹配。与物质文化相配的精神文化包含了各种知识，包含了道德上、精神上、经济上的价值体系，包含了思维方式和思想观念等。

制度文化，是指人类社会实践活动中所建立的各种社会规范的总和。我们知道人是社会的人，人不能离开社会而独立存在。一个人或多或少地都与社会相联系。社会组织是人类群体的聚合。在任何人类社会中，社会生活是系于地域上的集居，有其地域性的一面，有一定的界限。在一切有组织的活动中，我们可以见到人类集团的结合是基于他们所处的共同环境、共同的事务氛围。而他们行为上的协力性质更是出于社会规则或习惯的结果。换而言之，人类社会的运行是依靠一定的制度体系如行为准则、法律规范、风俗习惯、政治架构进行的，所有这些大体上构成了制度文化之网。制度文化是规范、协调人与人之间行为的文化，具有很强的调适性，它包括婚姻、家庭、政治、经济、风俗习惯等制度及其组织形式。

在文化的各个结构层面中，物质文化反映的是人与自然的关系，它往往随着生产力的发展而变化。精神文化反映的是人与自身的关系，它是民族文化的深层积淀。制度文化反映的是人与社会的关系，它随着社会变革或快或慢地发生变化。

缅甸地处亚洲东南部、中南半岛西部，位于东经92°10′～101°11′和北纬9°32′～28°31′之间，与中国、印度两个文明古国相邻。缅甸的地势从整体上看是一个北高南低的斜坡。地理条件比较复杂，全境以山地、高原为主，只有中部的伊洛瓦底江流域是平原地区。这种独特的自然地理环境对缅甸文化的发展产生了重大而深远的影响：自北向南的山脉和河流走向，为后来缅甸各民族先民的向南迁徙提供了通道；缅甸中部地区丰富的自然资源，为农耕文化的发展提供了优越的物质基础；复杂的地理条件对缅甸文化多样性的发展产生了一定的影响。地处中国与印度两大文明古国之间的独特地理位置，使得其文化不可避免地受到了这两种文化，特别是印度文化的影响。

作为一个有着悠久文化传统的国家，缅甸早在远古时期就有了人类的活动。先缅人于7—9世纪进入今缅甸境内时，先于其到达的骠族、孟族等民族的文化已经发展到了比较高的水平。由于文化势差的作用，骠、孟民族文化对缅族文化产生了较大的影响。可以说缅族文化是在骠、孟民族文化的基础上发展、壮大起来的。孟族作为缅甸最早拥有成型文化的民族，早在公元前10世纪就定居在缅甸东南部一带了。孟族人精通水稻种植，是东南亚水稻种植的先驱。孟族的存在有力地推动了缅甸农耕型文化的发展。而骠族作为缅甸最先建立封建体制的民族，为缅甸文化的建立提供了强有力的制度基础。骠族文化与孟族文化一道成为后来缅甸文化的基石。

我们认为，缅甸文化是缅甸境内以地缘关系为纽带、具有同质特征的各民族文化的集合体，是缅甸各族劳动人民在改造自然和社会的过程中，共同创造并世代相传的，为全体社会成员所认同、接受和遵循的物质财富、精神财富之总和。它包括缅甸民族的整体民族心理、民族性格、民族意识，包括缅甸的社会制度、经济结构、宗教生活、风俗习惯以及思维方式等等。缅甸文化最先脱胎于骠、孟、缅三大民族的民族文化，是以骠、孟、缅文化紧密融合为基础的一种跨民族文化的集合。而缅甸区域文化则是一种更广意义上的缅甸文化。这种区域文化是以早期骠、孟、缅等民族的民族文化为基础，吸收了古代骠、孟民族文化精华和外来文化辐射，以孟、缅、掸、若开、克伦、克钦、钦等民族为行为主体的，以佛学思想为中心价值观的，以使用孟缅文字体系为标志的，有着共同文化心理、传统风俗习惯、文化艺术遗产和社会制度的关系密切的民族文化共同体。

缅甸区域文化是一个文化概念，其存在区域的界定应以文化的行为主体——民族的分布为基础。缅甸区域文化实际上是一种以功德为本位的佛教文化，有着较强的接受性和忍从性。在这种文化模式中，以孟缅文字拼写的巴利语作为文化载体的一大核心，对各民族的思维形成和情感表达产生了深刻的影响，而加强社会内部人与人之间连带意识的小乘佛教对整合各民族的社会形态则起到了核心的作用。从佛教衍生的各种社会规范更是渗透到了各民族社会生活的方方面面。这些基本文化要素的形成最终决定了缅甸区域文化深邃、柔和的特质。

第一章　缅甸的文化环境

第一节　缅甸文化的主体

一、缅甸的民族分类

民族是指具有共同语言、共同地域、共同心理特征和共同文化遗产的各种人的共同体，是文化存在的主体。缅甸作为一个多民族国家，共有135个民族。从语言谱系上看，缅甸的民族可以分为3大类：(1)讲汉藏语系语言的民族集团，它包括操藏缅语、壮侗语、苗瑶语的各个民族；(2)讲南亚语系孟高棉语的民族；(3)讲南岛语系古马来语的民族。其中讲藏缅语的民族有缅族、若开族、钦族、克钦族、克伦族、克耶族、刀都族、达努族、刀尤族、土瓦族、茵莱族、阿昌族、傈僳族、拉祜族、依喔族、马努族(浪速族)、勒期族、阿济族(载瓦族)、倮倮族(彝族)、独龙族、那加族等民族，约占全国总人口的88%；讲壮侗语的民族有掸族等民族，约占总人口的8.5%；讲苗瑶语的民族有苗族和瑶族，约占总人口的0.05%；讲孟高棉语的民族有孟族、佤族、布朗族、克木族等民族，约占总人口的3.1%；讲南岛语的有摩钦族，约占总人口的0.05%。除苗族和瑶族是近一两百年从中国迁入的外，其他各族在缅甸都有了上千年的历史。史学界认为，缅甸几乎所有的民族都是从中国迁入的。占缅甸人口99%以上的藏缅语支民族、壮侗语支民族、孟高棉语支民族的先民与古代生活在我国西南地区的民族集团有着历史上的渊源关系。

二、各民族先民的来源

站在文化的角度审视缅甸历史，不难发现缅甸独特的自然环境造就了其独特的文化类型。伊洛瓦底江流域是缅甸的中心地带，其周围是绵延起伏的崇山峻岭。伊洛瓦底江江面从北向南逐渐变宽，到最南端——孟加拉湾处形成一个出海口。这样的地理环境为早期民族的迁徙提供了通道。缅甸国土的五分之三是高原山脉，所有山脉均呈南北走向，将北部和南部连成一体。这些山脉曾给早期部族进入缅甸造成过极大的困难，但翻越这些山脉到达的平原地区则使他们受益匪浅。20世纪以来，考古工作者分别在伊洛瓦底江流域及掸邦高原等地，先后发现了大批旧石器时代原始居民的生产生活用具。由于早期缅甸境内的居住者不懂得如何利用自然资源，与东南亚其他地区的原始居民一样，他们进化缓慢，文化发展程度较低。作为旧石器时代的居民，逐水草而居是其天然属性。当时人们并没有固定的社会组织，过着茹毛饮血的生活，劳动工具以尖利的石器为主。后来逐渐为其他古代民族所取代。

在中国有史记载之前，从中国往缅甸和东南亚其他地区的民族迁移就已开始。缅甸史学家波巴信认为，石器时代后期，最先进入缅甸境内的民族是息銮—马来人，他们进入缅甸的时间可能在公元前17—15世纪。他们从北方进入缅甸，给缅甸境内的原始居民带来了新石器时代的文明。息銮—马来人为原始马来人部落，与我国的濮越民族集团有关。他们原来居住在中国云南到越南北部一带。其南迁分东西两路，西路从云南沿萨尔温江、湄公河、红河进入中南半岛。在沿西路南迁的部落群中，一部分人沿萨尔温江抵达掸邦高原和伊洛瓦底江流域，这些人后来被称作息銮—马来人。息銮—马来人不是定居民族，除了以狩猎、捕鱼、果实采集为生外，他们还掌握了一定的山地耕种技术。在他们的影响下，缅甸本土的原始文化发生了质的飞跃。早期进入缅甸的民族虽然都有自己的民族文化，但水平很低。加上处于历史性的民族大迁移时期，他们被后到的民族逐渐排挤到更南的地方，过着游牧游耕的生活。息銮—马来人进入缅甸以后，经历了从使用经过捶打软化过的树皮遮羞到以木棉纺织物制衣的过程。他们在缅甸停留了几个世纪后继续南下，进入马来半岛和南洋群岛，只在德林达依沿海岛屿中有少量的遗留。这些人后来发展成为摩钦族。

随后进入缅甸的民族是濮系的孟高棉人。在公元前10世纪左右开始进入缅甸的孟高棉系民族给缅甸带来了先进的农耕技术。他们开始种植水稻、高粱、大豆、豇豆、甘蔗、芋头、参薯、冬瓜等多种农作物，成为缅甸农业的先驱。其农耕文化类型改变了当地人民的饮食起居习惯。农业的发展使定居成为可能，缅甸由此出现了第一批村落，从而导致了社会制度的产生。前苏联考古学家在对中南半岛上的考古发掘进行充分研究后认为，公元前2000年左右曾有大批原来住在中国西南地区的孟高棉部落南迁中南半岛。他们以湄南河流域为中心，在湄公河、湄南河流域创造了辉煌的古代文明。这支讲孟高棉语的民族是东南亚稻作文化的先驱，其进化程度远高于邻近的其他民族。由于人口的增加，技术的先进，他们在新石器时代后期开始扩张。他们中的一部分沿湄公河到达今老挝、柬埔寨境内，成为古吉篾人的先民，另一部分往西越过多纳山脉在公元前10世纪左右进入萨尔温江三角洲地区成为古孟族的先民。而居留于滇西南的濮人则从先秦到近代一直没有大规模的迁移，只是偶尔在局部有所扩散，成为跨境民族如佤族、德昂族、克木族等民族的先民。

先秦时期，缅甸北部和中国西南地区活跃着一支不同于百濮的民族。《史记·大宛列传》云“昆明之属无君长，善寇盗……然闻其西可千余里有乘象国，名曰滇越”。滇越是百越最西的一支，以腾冲为中心。汉武帝时代（公元前2世纪）滇越就被认为是一个国家了。其形成年代不应晚于公元前3世纪。东汉时史籍中不再有滇越之称，而代之以掸，掸就是滇越。当时掸国以缅北为中心，地跨中缅印三国，成为一个强大的部落联盟。魏晋以来掸人被称为僚、鸠僚、骆、濮或闽越。唐宋时又被称为金齿、银齿、茫蛮、白衣等。6世纪时掸有了较大发展。10世纪末他们建立了以今瑞丽江地区为中心的勐卯国。当时掸人已遍及伊洛瓦底江上游和掸邦高原了。1283年随着元军在江新的胜利，掸人从高原山地开始来到伊洛瓦底江两岸，进入平原地区。古掸人部落后来发展成为今掸族、老族、泰族、傣族、阿洪族等民族。

缅甸现今民族中讲藏缅语的民族占缅甸总人口的88%左右。据考证，这一系民族来源于我国古代的氐羌族群。氐羌是中国上古三大族群之一，源于青海河曲。滇中氐羌南下时间甚早，可能在公元前10—前5世纪就已开始南下。史书所载氐羌大规模南迁则在战国时期。不同时期南下的氐羌部落相会于云贵高原，发展成为今藏缅语民族的核心。《后汉书·西羌传》载，汉代羌人已是“凡百五十种”。比较大的羌人集团有河湟羌、牦牛种越嶲羌、白马种广汉羌、参狼种武都羌、蜀汉徼外羌等。这一时期先缅人亲属民族如纳西、阿昌等的先民和先缅人开始从古羌人集团中分化出来，并与其他部落相融合。其中蜀汉徼外羌的最南支可能在公元前2世纪左右就已越过滇越地区进入伊洛瓦底江流域了。1958—1963年间，缅甸考古工作者在马圭省东敦枝镇对古代骠人遗址毗湿奴进行了6次发掘，获得了大量的一手材料。据碳14A测定，毗湿奴城建于公元1世纪。缅甸著名学者吴佩貌丁对骠文进行研究后认为骠语是一种藏缅语。这说明古代氐羌人在西汉时就已活跃于缅甸境内了。而缅甸主要民族缅族的先民此时仍在川西牦牛羌中，其亲属民族则应包含于叟、昆明夷等部落中。南北朝时期(420—589年)，缅系亲属民族开始从昆明夷中分化成祈鲜、寻传、裸形蛮、磨些、顺蛮、施茫等部落。隋唐以后这些部落先后进入缅甸境内成为钦族、阿昌族、阿济族(载瓦族)、那加族、纳西族、傈僳族等缅系亲属民族的先民。汉时先缅人部落白狼夷已开始有别于其他牦牛羌部落了。唐代，唐—南诏天宝之战后(8世纪中叶)，先缅人部落白狼夷离开了其原在川西雅州一带的家园，沿民族走廊南下。9世纪时到达怒江、澜沧江、伊洛瓦底江上游一带。9世纪中叶，先缅人通过恩梅开江和萨尔温江之间的地带，在骠国灭亡后出现在缅甸中部叫栖地区。后在向全缅推进的过程中，先缅人部落又发生了分化与融合，形成缅族、若开族、刀尤族、茵达族、土瓦族、达努族、依喔族等缅系民族。

三、现今缅甸的主要民族

(一)缅族

缅族是缅甸第一大民族，人口约4 000万，占缅甸总人口的65%。缅族在全缅各地均有分布，其中伊洛瓦底江中下游地区是缅族人口最为集中的地区。缅族在首都内比都及本部7个省的人口比重中占绝对优势，在7个少数民族邦中也有广泛分布。缅族是缅甸的主体民族，在缅甸的文化发展过程中起着主导作用。

缅族属于蒙古人种东南亚分支，个头不高，肤色呈棕色，讲缅语。关于缅族的起源主要有两种观点：迁移说和土著说。迁移说认为，缅族的祖先应是4000多年前居住在中国西北部地区的古羌人。他们发源于中国西北黄河上游青藏高原东部一带，从一开始就与中国的华夏民族交往密切。据《后汉书》记载，3000多年以前，一支原始部落——氐羌就业已活跃于中国西部地区了，他们与夏朝发生了战争后因战败而流离失所。其南迁的一部——牦牛羌南支白狼羌后来发展成缅族的先民。氐羌人属于藏缅族系民族，过着游牧生活。《后汉书》记录了氐羌与汉发生战争，被汉人俘获后遭杀献祭的情形。氐羌人为了躲避追杀，翻山越岭往南而迁。7世纪时吐蕃藏人强大起来后，他们又受到了藏人的欺压，不得不再次南下，迁至在当时属于南诏领地的云南境内。先缅人虽然深受中国先进文化的影响，但由于种种原因，他们原有的文化在不断迁徙中慢慢丢失了。正如历史学家卢斯教授所说："对于汉人的扩张，氐羌人是忍气吞声还是移居山林？是选择自由还是选择文化？他们选择了自由，并为此矢志不渝。但是为了这份自由他们牺牲了两千年的发展。公元前3000年时，氐羌人与汉人的文化发展水平相当。而到了公元700年，他们的文化水平就仅相当于公元前1300年时的汉人文化水平了。”

作为氐羌南支的白狼羌南部进一步南迁，到达伊洛瓦底江流域后休养生息，逐步发展成为缅甸的主体民族——缅族。同时，藏缅族群中的另外一些小支系也跟随缅人南迁，成为今景颇族、浪峨族、载瓦族、勒期族、傈僳族、彝族等少数民族的先民，分布于缅甸以及云南、四川等地。钦族、库基族、那加族、景颇族等民族南下的路线比缅族更为偏西，从缅甸的西北部进入缅甸。在南迁的过程中，这些民族为了生存的需要，逐渐由牧羊转为牧牛、牧马。当他们抵达云南境内的怒江、澜沧江地区时，已经是水平很高的牧马人了，并且会用桑树制弓，精通马术，善于作战。

关于先缅人南迁的原因，学者们给出了多种解释。历史学家认为，先缅人最初是游牧型民族，后来遭到华夏族的袭击，为了躲避战乱迁移到今中国青海、西藏的河源地带和青海湖附近地区。由于担心还会受到华夏族的袭击，他们又继续沿青藏高原东麓向南迁移。由于南迁的过程中一直没有找到可以落脚的地方，所以才沿着澜沧江—湄公河进入缅甸，其中有一部分在703年之前就已经到达了今缅甸的掸邦地区。据此，有人认为先缅人于700年，即缅历100年左右从南诏国(今云南)进入缅甸。由于缅甸北部伊洛瓦底江上游已被甘都人占领，他们无法到达伊洛瓦底江三角洲地区，因此先缅人继续沿东部山脉北上到达掸邦的罗梳、耶安地区，之后又穿越纳特山口来到了叫栖。

关于先缅人南迁的路线，另外一些学者提出了不同的看法。他们认为，四川和云南西部多山，多峡谷，先缅人正是沿着峡谷中的河流南下，并选择其中最近和最容易走的太平江直达缅甸的。在南下的过程中，先缅人沿江建村设镇。到达伊洛瓦底江三角洲之后，又逐渐向四周发展。向西直抵模河、亲敦江流域和西部山区，向东到达锡塘河、掸邦山脉，向南则到达了墨吉。

史籍中没有关于先缅人何时南迁的记载。但一般认为先缅人是在7—9世纪从东部的掸邦高原进入缅甸中部叫栖地区的。我国史籍虽没对此作特别的记录，但却认为到达永昌府最南端登尼或是锡袍的敏族人中似乎就有缅人。这个民族被称作“敏”是因为他们把自己的国王叫做“敏”或是“敏梭”。749年南诏入侵，敏族战败后便销声匿迹了。据此，我们推断先缅人当时就有可能已经到达了缅甸的中部地区。英国的霍尔教授在他的《东南亚史》中认为，早在公元前10世纪以前，羌人就因其频繁的活动和四处征战屡见于中国史乘。由于受到中国的压迫而向南迁徙，消失了多年之后又重见于南诏统治下的敏族人之中。为了摆脱南诏人的控制，他们又不得不从恩梅开江、萨尔温江源头地区迁至缅甸平原地区。但霍尔的观点遭到了一部分学者的反对。他们认为霍尔没有考证过缅甸古代历史，提出的观点不可靠。他们依据西藏历史文献记载提出了自己的看法，即10世纪以前，先缅人在中国的压迫之下逃往距其家乡黄河源头1 600多公里的缅甸北部，与骠人进入缅甸的时间大致相同。

大体说来，缅族在先缅人时期是以游牧为业的。进入缅甸后由于生活环境的改变，加上受孟族、骠族影响，从9世纪起就开始从事耕作，转为农耕民族了。农耕型文化的确立与否成为判断缅人与先缅人的标准。经济文化类型的转换对缅人的风俗习惯影响很大。1044年阿奴律陀建立了缅甸历史上第一个统一的王朝——蒲甘王朝。1057年阿奴律陀南攻直通，迎来了佛经，确立了佛教的国教地位，使缅族社会发生了革命性的变化。可以说缅族是伴随着佛教信仰的确立而形成的。缅族人热情好客、正直诚实、克己求善、乐于助人的民族品德来源于佛教的影响，各种伦理观念如尊老爱幼等都与佛教相关。因此，可以说佛教信仰是改变缅族文化进程的核心因素。

（二）掸族

掸族是缅甸第二大民族，人口约510万，占缅甸总人口的8.5%。掸族主要分布在掸邦、克钦邦、克耶邦、实皆省、克伦邦，多沿河而居，主要从事水稻种植业。掸族自称为“泰”，内部有大掸、小掸、汉掸（傣）、坎底掸、缅掸、木掸、桂掸、泰泐（水傣）、普通掸之分。

掸族属蒙古人种东南亚分支，其族源为汉武帝时代生活在中国西南、缅北和印度阿萨姆地区的滇越。10世纪末掸人建立了以瑞丽江为中心的勐卯国。随着元军在缅北的胜利，掸族开始扩展到伊洛瓦底江两岸，并把钦族赶出了钦敦江上游。1296年，掸族三兄弟问鼎缅甸中部地区，建立了邦牙、实皆两个邦国。1364年掸族建立了阿瓦王朝，在缅甸历史上扮演起重要的角色。掸族有自己的语言，掸语属汉藏语系壮侗语族壮傣语支。掸语有三种方言：泰泐方言、泰那方言、泰篷方言。泰篷方言是掸语的普通话，各方言又有次方言和土语之分。掸族有文字，文字的外型与缅文近似。掸族是农耕民族，95%以上的人口信仰佛教。掸族人性情温和、热情好客，把行善积德、追求来世幸福当作人生的最高目标。

（三）克伦族

克伦族是缅甸第三大民族，人口约372万，占缅甸总人口的6.2%。克伦族主要分布在克伦邦和伊洛瓦底江三角洲地区，在孟邦、德林达依省、仰光省、勃固省、克耶邦等也有分布。克伦族有斯戈克伦、波克伦、布维克伦三大支系。其中斯戈克伦人数最多，布维克伦人数最少。斯戈克伦和波克伦分布在东吁以南，也称南部克伦。南部克伦根据方位又可分为东西两支。布维克伦在东吁以北，称为北部克伦。克伦族各支系在语言、习俗上略有不同。斯戈克伦受缅族的影响较大，常被称为缅克伦。波克伦由于受孟族的影响，孟化程度较高，又称作孟克伦。

克伦人属蒙古人种东南亚分支，其族源来自中国。据斯戈克伦口传文学披露，克伦人的先民们早期居住在澜沧江上游，过着游牧的生活。克伦族的文学作品记载了该族南迁的时间在公元前739年。从克伦语属于藏缅语言来看，克伦族应是古氐羌集团中较早南下的一支。据蒲甘朝檀珊塔碑推断，斯戈克伦可能在8世纪就业已进入伊洛瓦底江西岸敏布地区了。9世纪初南诏摧毁骠人国家时，克伦先民们继续南下，在伊洛瓦底江三角洲地区和萨尔温江下游定居下来，他们中最远的一支抵达了德林达依地区。抵达各地的克伦族先民们与居留地的不同民族接触、融合，发展成为克伦民族的不同支系。克伦族有自己的语言，克伦语属汉藏语系藏缅语族克伦语支。克伦语有两大方言群：当杜—波方言群和帕拉奇—斯戈方言群，各方言群内又有次方言和土语之分。

克伦族是农耕民族，平原地区的克伦人以从事水稻种植为主，农产品有大米、甘蔗、花生、芝麻、咖啡、胡椒、烟草、槟榔等。耕作多使用牛和木制农具，灌溉较为普遍。山地克伦人以经营旱地种植和饲养业为主，至今仍沿用刀耕火种和每年转耕的生产方式。克伦人性情刚烈，尚武好斗。

（四）若开族

若开族是缅甸第四大民族，人口约300万，占缅甸总人口的5%。若开族主要分布在若开邦境内，共有五个支系：若开、延别、曼昂、昌塔、丹兑。若开族使用的语言属于缅语的若开方言。若开方言有五种次方言。若开话与标准缅语在语法上基本相同，语音、语调、用词上略有差别。

若开族属蒙古人种东南亚分支，人体特征与缅族相近，是一支由古若开人与先缅人融合而成的民族。若开族以经营种植为主，部分从事渔业生产。主要农作物有稻谷、玉米、芝麻、花生、豆类。大部分若开人信仰佛教，少数人信仰伊斯兰教或印度教。

（五）孟族

孟族是缅甸第五大民族，人口约180万，占缅甸总人口的3%。孟族多居住在平原地区，主要分布在孟邦、克伦邦、德林达依省、勃固省、仰光省，从事水稻种植和庭院种植业。农产品主要为经济作物，如水果、橡胶等。其他经济行业有制盐业和家庭手工业。

孟族是缅甸最为古老的民族之一，历史上曾建立过自己的国家，也曾建造过大型的水利灌溉系统。他们是东南亚水稻种植的先驱。其族源来自先秦时期活动于我国西南地区的百濮民族集团。公元前10世纪左右，进入萨尔温江流域的古孟高棉人与当地民族融合，发展成为孟族。在缅族进入缅甸之前，孟族曾占据了缅甸中部、南部的大部分地区。后因缅族、掸族的进入以及素可泰的强大，孟族逐渐退居到了以直通为中心的地区。如今大部分孟族与缅族混居，并逐渐为缅族所同化。

孟族有自己的语言，孟语属于南亚语系孟高棉语族孟语支。孟文孟语一度在缅甸影响很大，缅文便是依据孟文而创制的。孟语的基本语序为主谓宾，各地孟族有方言分歧。孟人性格温和，长幼有序，有敬老爱幼的传统。孟族还是缅甸最早接受佛教的民族。孟人文化曾深刻地影响了缅甸文化，是缅甸主流文化最重要的源泉之一。

（六）克钦族

克钦族是缅甸第六大民族，人口约150万，占缅甸总人口的2.5%。克钦族主要分布在克钦邦、掸邦、实皆省。

克钦族属蒙古人种东南亚分支，人体特征与缅族相近，是与古缅人有着渊源关系的亲属民族。克钦族与我国云南的景颇族是同一民族。据传，克钦族的祖先曾生活在我国青海的盐湖地区，即“木转省拉蹦”，唐代史料中记载的寻传蛮就是克钦人的先民。7世纪起克钦族先民开始沿横断山脉南迁，8世纪时已定居在高黎贡山一带了。11世纪他们沿恩梅开江、迈立开江进入缅甸境内。15世纪克钦族再次南迁，开始与缅族、掸族接触，接受缅甸文化。克钦系族有4个支系：景颇族、马努族（浪速族）、阿济族（载瓦族）、勒期族。

克钦族有自己的语言，克钦语属于汉藏语系藏缅语族景颇语支。克钦语是缅语的亲属语言，语法与缅语完全相同，基本词汇有60%和缅语一致。克钦族中操景颇语的人数最多，操浪峨语者次之。景颇语是克钦族的通用语，有6种方言，其中普通景颇语为教学用语。有根据罗马字母创制的景颇文。

克钦族以从事旱地农业为主，主要农作物有旱稻、玉米、大麦、花生、甘蔗、大豆、棉花、烟草等。耕作方式多为刀耕火种式。饲养牛、猪、鸡。农闲时也有从事狩猎和渔猎活动的。克钦人信仰鬼神，相信万物有灵。上层知识分子多信基督教和天主教。克钦族性格强悍，豪爽倔强，有团结助人的美德。

（七）钦族

钦族是缅甸第七大民族，人口约132万，占缅甸总人口的2.2%。钦族多居住在西部山区，主要分布在钦邦、实皆省、马圭省、勃固省、若开邦。由于钦族居住的地区山高林密，交通不便，因而形成了众多支系。缅甸学者按语言将钦族分为羯底钦和普通钦两大支。羯底钦人数不多，大部分居住在曼德勒省。普通钦又分为北部钦、中部钦、南部钦、老固基钦四支。相传钦族是缅甸古代帖人的后裔，我国史书称之为“祁鲜蛮”，原居住于户拱河谷、迈立开江西岸一带，于4—8世纪陆续南迁进入缅甸境内。

钦族有众多的语言，主要语言有44种。钦语属于汉藏语系藏缅语族景颇语支。有自己的文字，但使用范围小，行政及教学多用缅文。山地钦族人大部分相信万物有灵和基督教，平原钦族人信仰佛教。钦族以从事农业生产为主，山地钦族人从事刀耕火种的轮作式农业，平原钦族人从事定居农业，主要农作物有水稻、玉米、芝麻、花生、豆类等。

（八）克耶族

克耶族是缅甸第八大民族，人口约24万，占缅甸总人口的0.4%。克耶族主要分布在克耶邦、克伦邦境内，有克耶、嘎巴、盖可、克洋、伯耶、马努马诺、因伯、因德莱等支系。

克耶族属蒙古人种东南亚分支，人体特征与克伦族相近，是一支由古克伦人发展而来的民族。克耶族原称克伦尼，意为红克伦族，1951年10月5日改为现称。克耶族各支系均有自己的语言，克耶语是本民族通用的语言。克耶语属于汉藏语系藏缅语族克伦语支。克耶族受掸族影响较大，居民多信奉佛教，少部分信仰基督教。克耶族以经营种植业为主，坝区的耕作方式与掸族、克伦族相似，主要种植水稻、玉米、小麦、花生、豆类。山区仍采用刀耕火种的方式进行生产。克耶族的手工业较为发达，克耶漆器和铜鼓在缅甸非常有名。

第二节 缅甸文化形成的背景

从历史上看，缅甸文化有一个非常突出的特点，那就是作为文化主体的民族大部分都是从中国沿河流山谷南下，最后抵达缅甸平原地区并定居下来的。那些进入平原地区的民族在进入缅甸之后人丁渐盛，逐步形成了自己特有的文化类型。出于生存的考虑，定居平原的民族常会采取有效的措施来阻止上缅甸高原地区民族的侵袭。这种有效的防范措施促进了他们政治、军事能力的提高，而政治、军事能力的提高又使得防范更为有效。

从5世纪开始，缅甸境内各民族生存发展主要存在两个问题：平原地区的控制权问题和北部高原、山地的控制权问题。5世纪以前，文化发展程度不同的民族相继南迁，加速了北部地区人口增长和文化繁荣。同时也促进了早期贸易点和早期国家的形成。随着早期国家的发展，北方民族南迁速度不断加快，民族冲突也随之激化。

缅甸境内最早出现的国家有骠人国家毗湿奴、室利差呾罗，孟人国家白古、直通等。他们无一不受印度文化的影响。这种影响从公元前后开始，到9世纪时达到了顶峰。最初几个世纪，室利差呾罗最为强大，而后直通取而代之。

一、骠族早期文化

众所周知，最初缅甸为南岛族系民族所统治，后来骠族取而代之，成为藏缅族中最早统治缅甸的民族。骠族起先也为外来民族，到达缅甸后定居在伊洛瓦底江流域的瑞波地区，后来其活动范围逐步扩展到整个缅甸。骠族属蒙古人种，骠语属于汉藏语系藏缅语族语言。通过对古骠国毗湿奴城的考古研究可以发现，骠族在公元前几世纪进入缅甸，是缅甸最先建立国家的民族。他们先后建立了毗湿奴（1—5世纪）、汗林（4—9世纪）和室利差呾罗（6—9世纪），在缅甸称雄达千年之久，为缅甸文化的形成奠定了坚实的基础。

（一）骠族建筑艺术

从毗湿奴城出土的文物可以看出，毗湿奴骠族人作为藏缅族群入缅的先驱，其文化已经达到了很高的水平。毗湿奴的城墙用烧制精美的砖砌成圆形，充分显示了骠族在制砖和砌墙方面的高超技术。从毗湿奴城护城河的修筑方式来看，其城池是非常规范和坚固的。毗湿奴城占地面积大约为47平方公里，城外还有田地，面积比蒲甘城大。城门上雕刻有佛像和神像。

和毗湿奴一样，室利差呾罗城的建筑样式和结构也极其宏伟壮观。该城的西北、北部均有佛塔护城，城南有波波基佛塔守护。距佛塔64米处的城墙外放置着王室的遗骨石瓮。护城河环绕的城墙呈四边形，皇宫的一半被树木覆盖，地面上铺设了制作精细的大砖块。皇宫由砖墙围绕，其北面刻有面面相对的六尊佛像，附近有国王的遗骨瓮、宝座、佛像、碑铭以及刻有人像的泥板。皇宫南边宫墙和神龛里的佛像具有印度笈多王朝时期的艺术特色。

骠族立国时，其建筑水平已经达到了相当高的水平，建筑风格对后世影响甚大。建筑艺术中，骠族佛塔精美而有气势。主要建筑遗存有帕耶玛佛塔和波波基佛塔。波波基佛塔历史悠久，塔身由精美的砖石堆砌而成，高达46米。有一个由大石铺成的由12级台阶组成的楼梯通向佛塔北面的平台。佛塔两旁低矮的围墙下有两尊石狮。塔身由大块砖砌成，分为3层。中间一层有16个角，宽3米。第3层为圆形，直径为4.8米。每一层都有普通的塔檐围绕。平台最顶端有两个圆顶，圆顶之上修有一个高达22米、周长12米的中部稍小的蕉苞状物。佛塔的里面有通往西边的通道，出通道是一大片田地，通道内壁上没有任何装饰。往东是用粗糙的砖块砌成的楼梯，沿该楼梯可以到达通向佛塔西边的通道。通道的地面上有各种泥塑佛像。在修建佛塔时骠人就凿出了佛窟，其目的是为了减轻砖块的承重，同时又可以使整个建筑不显得笨拙。这样的建筑艺术在印度的亚扎吉利和中国的新疆也能看到。帕耶基佛塔、帕耶玛佛塔与波波基佛塔一样呈蜂巢状，不同于蒲甘时期的钟状佛塔。这两座佛塔藏舍利的塔龛上有大石覆盖，大石上雕刻有精美的佛塔图案。

室利差呾罗鼎盛时期也修建过钟状佛塔。骠人国家时期和蒲甘时期都有大塔包小塔的习惯，外塔和内塔都是在同一时期修建或是一次性修好的。往往外塔受损之后内塔还完好如初。室利差呾罗时期还建有八面佛塔。八面佛塔上雕刻的佛像左手置于大腿之上，指尖触地；右手持钵；面部圆润，鼻子扁平，双唇厚实；身体正直，腰部浑圆。这种造型不同于印度风格，说明骠族的建筑虽然沿承印度，但也有自己的特点。

室利差呾罗时期，骠族在城南造塔，并在佛塔下面修建佛堂。佛堂里有两尊雕刻在大石板上的佛像。骠人佛堂的天花板与印度的不同，是圆顶建筑。骠人是东方国家中最先修建圆顶建筑的民族。从当时的建筑水平来看，能够修建圆顶建筑说明骠人的建筑水平已相当高。

（二）骠族雕刻艺术

骠族在精通于修建寺庙、佛塔、城墙的同时也十分精通雕刻、首饰制造和铸铜等工艺。从早期骠国到蒲甘中期（1—12世纪）缅甸人一直有烧制浮雕的习俗。他们在泥块上雕刻各种佛像、罗汉、神灵、梵天。雕刻的佛像作品明显地显示出不同的人种特征。大部分佛像是盘腿坐在两层荷花之上，脚下是手持拂尘坐在垫子上的信徒。另外还有一些卧狮像。大多数佛像表现的是佛陀第一次讲法和佛陀得道时的情形。

佛像周围一般雕刻有念珠、荷花、荷叶梗、莲蓬和菩提树。下面有好几层砖台，每层砖台上面都刻有花瓶、盛开的荷花、朝拜的男女信徒，或是刻上带白伞华盖的佛陀弟子舍利弗多罗、目犍连子帝须以及四位守法之神、夜叉、帝释天和梵天。此外，还有手持荷花头带王冠，沐浴在佛光之中祈祷来世成佛的雕像。观音像有刻在泥块上的，也有刻在铜板上的。其中一种是手持荷叶梗坐在佛光之中。刻在铜板上的观音像丰乳纤腰，头带王冠，头发盘髻，盘腿坐在宝座之上，右手作预言状，左手持荷叶梗作僧嘱状。除了上述佛像以外，还有美女像、着冠男像、梳发髻的仙人像、长着神面或狮面的夜叉像以及国王入定像。骠族的这些雕像栩栩如生地刻画了不同层次不同种类的人，展现出了雕像所要表达的内容，显现出骠族人高超的雕刻水平，令人惊叹。

（三）金银器具制造工艺

除了雕刻，骠族还精通金银器具制造。从出土的骠王时期金银首饰可以看出，当时其金银首饰制造工艺已经达到了很高的水平，高于后世的蒲甘时期。骠人非常善于制作金饰、银饰、铜饰和琉璃饰品。梯利巴布瓦曼王布施的银盒雕刻有在波陀劫中圆寂的四位高僧像和菩提树像，做工精美，具有很高的艺术价值。

骠族还喜欢在佛像底部刻上骠文，说明佛的身份。佛旁边的弟子像上也刻有文字。佛塔像是用金子或是石头按其原来的样式雕刻而成，而佛像则大部分是银身的，很少有金身佛像。此外还有红铜像、黄铜像、铅像、玻璃像和一种绿色的合金像。这些像一般不超过23厘米。佛像一般都作预言状。除得道佛以外，还在金板上雕刻有四只手或是六只手的神像。曾经也出土过用琉璃雕刻而成的佛像。用金、银、铜制成的盒子、钵和圆盖上也刻有佛像，并且通常还会在上面用骠文刻上布施者的名字。盒子的盖和盒身用金线相连。另外，还有用金银制成的花、项链、钟、铃铛、小轮子、小杯子、绳子以及錾刀等物件。

金银制成的水杯和托盘上也有浮雕，并且还有用金银雕成的船、鸭子和乌龟等物。除各种颜色各种样式的琉璃念珠以外，还有用红宝石、水晶、蓝宝石、绿宝石制成的价值不菲的念珠。这些念珠既是骠人的佛教用品又是他们的饰品。骠人把宝石磨成圆形、方形、四角、六角等形状，并涂上颜色。一般都是圆形，大小如豆粒。琉璃念珠颜色各异，非常漂亮。骠人还善于制作陶罐，有一些陶罐上还画有花枝。

（四）骠族的钱币

钱币是一种独特的文化符号。它的出现表明社会生产有了相当的发展，经济体系业已形成，商品交换开始盛行，社会也开始形成严密的等级，各项制度均已健全。同时，造币业的发达、钱币图案的精致、铸造工艺水平的提高等无一不表明文化的进步。20世纪，考古学家们在骠族故都毗湿奴、室利差呾罗和汗林都发现了银币。据唐史记载，骠族的金币、银币形如半月。但考古仅发现了满月形的银币，没有发现金币。银币上有太阳和月亮的图案，与印度某些地方的钱币造型一致。骠族银币的形状和图案还与450年左右统治若开的提婆旃陀罗王时期若开人的钱币相同。银币上的符号也见于同时期的石币、铜币上。此外，这些符号与蒲甘前期人们所崇奉的佛迹中的符号也相一致。骠族似乎不把这些银币用于流通，而是作为装饰品来使用。

（五）骠族的信仰

信仰是一种文化最强烈的精神符号。骠族主要信仰佛教，其中也混杂着纳特崇拜。从大量出土的毗湿奴神像可知，骠族是非常信奉毗湿奴神的。印度教中的另一个神湿婆神像较为少见，而且往往刻于毗湿奴神像之下。文献记载，骠族主要信奉小乘佛教，同时兼有信仰敬拜菩萨的大乘佛教和崇拜毗湿奴、湿婆等神祇。我国史书显示，骠国的各种宗教信仰和平相处、相互交融。在发掘出土的骠族金箔、石碑上刻有用巴利文书写的佛理、教义。由此可以推断，骠族也使用巴利语，信仰小乘佛教。骠族深谙佛经中蕴含的深刻佛理，具有很高的智力水平和很强的思辨能力。金箔、银叶、泥板以及一册达20页的金制摺子书上刻有从因果报应论到毗婆娑那论的佛教教义便是明证。

（六）骠族的文字

骠族不但精通各种文字，还创制了自己的文字。从字形上看，骠文是由印度南部使用的一种文字演变而来的，但字形并不统一。现今发现的骠文既有印度北部果阿地区的书写方式，也有婆罗迷文、天城体文的书写方式。骠文与印度马达拉斯附近的建志补罗地区（古代叫迦檀婆或帕那瓦）5世纪左右使用的文字相近。考古发现早在5世纪时骠族就有了骠文碑刻。不同时期的骠文变化不大，如在汗林和室利差呾罗发现的6世纪左右的骠文就与刻于1112年的亚扎古曼碑上的骠文没有太大差别。

（七）骠族的音乐

在卑谬城瑞善达佛塔发现的江喜陀时期的碑文记载了王宫揭幕典礼上有四个民族的乐师前来演奏，其中就有一个名为特尔苏的骠族乐师。可见即便是缅人强大之时，骠族的音乐也是非常受重视的。中国史书也记载了唐朝人对骠族音乐的喜爱。760年，南诏阁罗凤打败骠族并将其置于自己的统治下。及至800年，阁罗凤之孙异牟寻向皇帝献上一支有骠族乐师参加的乐队。这支有骠王之子舒难陀跟随的乐队从南诏出发，历经两年，终于见到唐德宗，并为其进行了歌舞表演。白居易深为骠族歌舞所吸引，还为此赋诗一首，名曰《骠国乐》。诗中描述了乐器的组成以及乐队协调统一地奏唱各类乐曲的情形。

据《后唐书》记载，骠族的乐器共有22种，其中铁制乐器2种、牙制乐器1种、丝弦乐器7种、竹制乐器2种、弹拨乐器2种、皮制乐器2种、贝壳乐器1种及其他乐器等。骠国乐团在唐共演奏了12首乐曲，受到了唐人的广泛好评。

二、孟族早期文化

孟族是缅甸最早拥有成型文化的民族。他们到达缅甸的时间已很难考证。一般认为孟族发源于中国南方，其先民为百濮系民族。早在3000多年以前，他们就分批经中南半岛进入水草丰茂的下缅甸，定居在缅甸东南部一带了。孟族的活动中心在泰国湄南河到下缅甸的直通一带。孟族到达缅甸南部直通地区后修建了善法城，即现在的哥拉达榜。孟族人精通水稻种植，自进入缅甸境内起，其文化就对当地其他民族的文化产生了深远的影响。

孟族在缅甸定居的时期也是印度人进入东南亚的时期，因此孟族和印度人交往密切。印度人大多来自南亚次大陆东部沿海的羯陵伽、摩揭陀和案达罗等国。

孟族与印度人交往的时候已经有自己的文化，并在交往过程中有选择地接受了某些有利于自身文化发展的印度文化要素。孟族吸取了印度教教义、文字、服装、礼仪等精华，并使之与自身文化融为一体。印度人在建筑、星相、诗歌、音乐方面已达到了相当高的水平，因此孟族在这些方面受到的影响更为深刻。

在接受印度文化之前，对孟族而言生存是头等大事，而气候又是关系到生存的首要因素。因此，这一时期的孟族主要信奉土地神、雨神和风神。此外，孟族还崇拜龙蛇。公元前后佛教和婆罗门教随南印度商人一起传入缅甸。这些印度人主要定居在杜温那崩米（金地），当时该地区流行信奉毗湿奴神的婆罗门教。据考证，孟族地区佛教和婆罗门教并存。孟族通过印度人接受了从印度南部佛教中心朱罗地区的建志补罗传来的佛教以及与佛教有关的各种文化，如：建筑、雕刻、绘画、音乐、舞蹈、金银首饰的制造等。其中最重要的是迦檀婆文字。印度教是从得林甘和乌伊达传入缅甸的，孟族在接受印度教教义的同时也接受了与之有关的其他文化，如：摩奴法典、印度教祭祀制度和庆典制度、学术、巫术、医药、炼丹术等。

当时，孟族与印尼—马来人也有所交往。虽然印尼—马来文化也受到印度文化的影响，但是他们在舞蹈、音乐以及戏剧等方面独具特色，造诣较高。孟族在这些方面也受到了印尼—马来人的影响，还从他们那里学会了造船、航海和捕鱼技术。孟语中有关航海的词绝大部分来自马来语就是一个明证。

三、骠孟文化影响下的缅族文化

（一）骠族文化与缅族文化

考察古代历史，可知骠族与缅族是亲属民族，有着相似的习俗。缅族在进入缅甸之前为游牧型文化，善于骑马。宋人周去非在其《岭外代答》一书“蒲甘条”中就有蒲甘缅族“不鞍而骑”的记载。

从出土文物来看，骠族在公元初期就已建立起了国家，文化也相当发达。当时先缅人还在迁徙途中。7世纪后先缅人开始进入缅甸，与骠族杂居。缅族初入缅甸时，可能在缅北接触到了北部印度人，学习了他们的先进文化。由于骠族曾受南部印度文化的影响，缅族也可以通过骠族间接地受到南部印度文化的影响。骠国灭亡后，缅族继承了骠族的文化，得以立足于缅甸。骠族文化对缅族的影响十分深远。缅族的建筑知识就是在骠族建筑知识基础上形成的。尤其是佛塔艺术，缅族佛塔源自室利差呾罗时期骠族四棱锥形佛塔，佛塔加固技术也是从骠族那里学来的。

（二）孟族文化与缅族文化

如果说骠族文化为缅族文化确立了基本框架的话，那么孟族文化则丰富充实了缅族文化的内涵。室利差呾罗时期，缅族先从骠族那里接触到了佛教，然后又从孟族那里得到巴利文三藏经，从而对佛教的认识更加深入。

先缅人入缅时还是一个新兴的民族。虽然他们致力于发展本民族自身的文化，但当时的缅族文化尚处于起步阶段，不具备自身的特点，也称不上一个完整的文化样式。9世纪中叶，缅族开始在中部地区建立了第一个缅族国家——蒲甘。到10世纪中叶，缅族以蒲甘为中心，势力范围已达到南北320公里、东西130公里，并在11世纪中叶打败直通占领了南部地区孟族人的家园。

孟族文化对缅族文化最重要的贡献在于三藏经和文字。至于其他方面，由于缅族已有吸收借鉴，所以孟族文化更多的是给予补充与更新。骠、孟文化本质相近，都受东部、南部印度文化的影响。所不同的是，当骠族慢慢消亡时，孟族却在不断地加强与印度的交流，文化得到了长足的发展。

在阿奴律陀王统治缅甸之前，缅族与骠族杂居一处，友好相处，两者的文化融为一体。借鉴孟族文字，缅族创造了自己的文字。他们兴修水利，促进了水稻种植业的发展。他们提高社会组织能力，成为了平原地区最强大的国家。蒲甘时期缅族人笃信小乘佛教，1057年阿奴律陀率军占领直通，摧毁孟人国家后，将直通的三藏经典及大批的僧侣和能工巧匠掠回蒲甘，使蒲甘成为东南亚最著名的佛教中心。从那时起，缅族混合骠族文化、孟族文化后逐渐形成了缅甸的民族文化。

第三节 缅甸文化发展的动力

一、农业促使缅甸文化成型

世界各民族的文化一般都是在农业生产的基础上形成的，所以人类的社会和文化发展变化都是由农业引起的。人类为了生存，首先要解决衣食等问题。解决这些问题的过程实际上就是改造大自然的过程。通过努力，人类逐渐由放牧、狩猎为主的生活进入到了以耕种为主的定居生活。农业产生后，人类文化才得以迅速发展起来。对于一个民族来说，最重要的发展阶段就是建立起自己稳固农业的阶段。如果没有能力做到这一点，那这个民族很快就会消亡。

在缅人正式成为一个民族之前，他们与骠族杂居，并从骠族人那里学到了许多知识技能。公元前300年左右稻米种植技术传入缅甸时，孟族便进行了大规模的种植。缅族人进入中部平原地区后，人口迅速增长，食物供给成了首要问题，需要大力发展农业以获取粮食。农业因此得以发展。

室利差呾罗灭亡后，缅人以19个村寨为基础建立了蒲甘。蒲甘立国后的200年间百业待兴，人们还在为实现温饱和安定而努力。阿奴律陀王登基时，蒲甘王国南北长约320公里、东西宽约130公里，占据了缅甸中部约41 600平方公里的面积。蒲甘以北是南诏的统治区，以西是若开人的统治范围，以南是孟族建立的诸小国。骠族则与缅人杂居在一起。

在这种情况下，蒲甘若要得到巩固与发展，就急需将这些分散的小国统一起来，建立一个强大的帝国。只有建立了强大而统一的帝国，文化才能繁荣发展。因此，大力发展农业生产成为急需。阿奴律陀王执政后，开始组织大面积种植，并扩大了农业灌溉面积。蒲甘人首先在叫栖地区的班朗河、佐基河上修建了7座水坝。之后又在东敦、央米丁、密铁拉等地修渠建坝，接着又依傍这些水利工程立村设镇。发达的灌溉农业成为缅甸文化发展的支柱。

灌溉农业对于缅甸文化的作用主要表现在生产出更多的粮食以满足人们的需要上，这有利于人口增长，扩大社会规模和完善社会结构。此外，灌溉农业还使缅族人在劳动生产中学会了组织管理的方法。合理的组织管理制度促使蒲甘由一个地处缅甸中部的小国成长为一个军事强国。

蒲甘建国之初，政局不稳，辖地居民时有分裂的倾向。但灌溉农业作为一项需要集体合作的生产活动，能从思想上逐渐改变人们的分离倾向，加强团结合作。缅人在叫栖地区兴修的水利工程十分浩大，需要有高超的建筑水平，要求组织者进行严密的安排。工程竣工后还需要进行维护、分配灌溉用水等。这些都需要建立一个完善的行政管理机构来进行运作。虽然有人认为缅人进入叫栖前该地就已兴建了水利工程，但是谁也无法否认大规模地进行灌溉种植却是从缅人开始的。而且，水利专家也承认缅人兴修水利工程的技术较之前人已有很大的进步。缅人能精确地计算出挖掘水渠时所需要的深度，能准确地计算出水的流量。为避免水流过大导致决堤，缅人会开挖支渠导流。特别是缅人沿山麓合理设计开挖的水渠，至今还获得专家的高度评价。因此，古代缅甸高度发达的灌溉农业不仅促进了行政管理制度的建立和完善，而且还有力地推动了缅甸文化的发展。

二、文化交流促使缅甸文化快速发展

文化是一种社会现象，是社会历史的积淀，具有鲜明的民族色彩。文化需要推陈出新，创新发展。缅甸作为一个地域并不辽阔、历史相对较短的国家，地处中国与印度两大文明古国之间，其文化会不可避免地受到这两个大国的影响。特别是由于地缘接近，历史上印度文化对缅甸文化的影响至深。

（一）与中国的文化交流

1. 南方丝绸之路

中缅两国交往的历史源远流长。两国在2000余年前就有了密切的接触。当时，“南方丝绸之路”已开辟。它途经缅甸北部，是连接中国与西方诸国的交通要道。这条交通要道从云南始发，经过缅甸，横贯东西。西汉时期，中国还未能控制住这条通道。东汉时期（25—220年），汉朝统治者占领了云南西部后于公元69年在今保山地区设立了永昌郡。永昌郡管辖着湄公河上游地区，郡府设在萨尔温江以东，距缅甸边境约100公里的地方。据唐代高僧义净记载，3世纪末中国僧侣通过此路到了当时由笈多王朝统治的印度。但4世纪时，中国渐渐失去了对永昌地区的控制，最终于342年撤销了永昌郡，这条丝绸之路也因此而慢慢荒废。此外，1世纪希波罗开辟了连接东西方的海上航线后，人们越来越多地依靠海路进行交往。随着南诏的兴起，南诏王阁罗凤（748—779年在位）又重开了这条路。据成书于8世纪的《蛮书》记载，南诏到缅甸共有两条通道：（1）沿太平江直抵八莫；（2）由南诏南部出发到达曼德勒。商人们经这两条路进入缅甸后，再沿亲敦江向西到达曼尼坡、阿萨姆。中国文化自然会通过这些通道传入缅甸。

古代，许多国家都与中国有着各种形式的往来。由于中国视别国为化外之地，从不热衷于对外传播自己的先进文化。这也导致缅甸文化较少受到中国文化的影响。南方丝绸之路兴盛时期，正是骠族强大之时。骠族与中国的交往直到唐朝都还很频繁。但此后300多年，中国史书中有关缅甸情况的记录出现了空白。16世纪中叶明朝灭亡，明末代皇帝永历帝逃到缅甸。1662年，应清朝统治者要求，缅王将永历帝遣送回了中国。从那以后，中缅交往中断了约100年。在这之后，中缅双方发生了战争，最后又再次断绝了往来。

2. 与南诏的文化交流

缅甸文化是在吸收了大量外来文化精华的基础上形成的。南诏文化对缅甸文化的形成功不可没。685年左右，中国西南地区的白蛮、乌蛮的先民建立起了南诏政权。9世纪时，南诏已控制了跨越缅甸北部直到阿萨姆的大片土地。南诏对南抵八莫的缅甸北部地区统治了约200年。先缅人就是从由南诏控制的伊洛瓦底江与萨尔温江之间的通道进入缅甸的。后来南诏联合吐蕃发动了对唐朝的战争。缅北的先缅人被大量地征召入伍。南诏对这些缅人士兵管理严格而残酷。缅人也因此从南诏那里学到了各种作战经验以及生存手段。缅人花了大约50年的时间从南诏那里学会了各种文化技能，包括战略战术、骑马养马、平整土地、种植水稻等。从中国史籍中可以得知，当时缅人的养马技术非常高超，他们在与云南交界处开辟了很多牧场，以至于钦人和曼尼坡人称马为“缅人驯养的动物”。此外缅人还从南诏那里学会了用桑木制作弓箭。制作弓箭和骑马两项技能极大地帮助了缅人进入缅甸。

（二）与印度的文化交流

缅甸文化形成的另一个重要支柱是印度文化。缅甸文化从初始时期起就深受印度文化的影响。缅甸史学界有一种观点，就是认为古印度的释迦族人曾在缅甸建立了太公王国。据传，最早建造大金塔的答波陀和跋梨迦两兄弟在佛祖在世时去过印度经商。据此可以认为印缅两国的交流相当久远。公元前242年，印度阿育王组织佛教第三结集后向印度中部、南部、锡兰及其他地方派遣了多个传教团。其中以须那长老和郁多罗长老为首的传教团到达直通传教。公元前后，印度商人经由水路到达东南亚从事商业活动。早期印度商人在缅甸沿海和马来半岛沿海建立了许多贸易点。最初只是在沿海中心地带活动，收购昂贵的宝石、象牙和稀有的香料。在这种简单的商业活动持续了相当长一段时间之后，他们开始关注缅甸中部平原至三角洲这片区域。社会、政治、经济体系相对成熟的印度人在平原地区设立贸易点，无疑会对当地的文化产生深远影响。当时缅甸本土的居民在社会、政治、经济等各个方面都较为落后，无法不受比自己层次更高的印度文化的影响。他们根据自身需要接受了来自印度的宗教、农业技术等，从而使得先缅人的文化样式越来越丰富。缅甸平原地区的快速发展吸引了高原民族由北向南的迁移。公元前1世纪左右，三角洲地区的港口城市已经发展成为政治、经济、文化等各个方面的中心，促进了早期国家的形成。

从考古发掘来看，印度人从公元前后起从海路前往东南亚各国的航路先后共有三条：(1)从阿摩罗钵底港出发到达缅甸莫塔马港(2—3世纪使用)。阿摩罗钵底港位于印度克里希纳河口上，距印度东海岸约130公里。该地佛教发达。但也有一些学者认为人们是从戈达瓦里河口的固杜鲁港出发然后到达直通和萨尔温江流域的。(2)从胡格利河口上的多摩梨帝港出发到达莫塔马港和实兑一带(5—6世纪使用)。当时，直通是孟族的文化中心，莫塔马港是孟族及泰人共用的港口。(3)从建志补罗港出发到达墨吉、塔库阿帕。除了海路，印度人还通过南方丝绸之路从北部进入缅甸和东南亚。

卢斯教授根据中国史籍记载认为，2世纪末3世纪初，随着中国汉朝的灭亡以及印度人进入缅甸，缅人从此开始受到印度文化的影响。印度文化传入缅甸时，正值东印度人大规模向东南亚地区扩张之际。最早到达缅甸的是来自于印度羯陵伽的居民。羯陵伽盛行佛教，但统治者却是信仰婆罗门教的帕拉瓦人。此外，南印度的案陀罗人、迦檀婆人等也到过缅甸。

从1世纪到9世纪，印度人曾四次大规模地进入东南亚地区。印度人进入东南亚的原因众说纷纭。一种比较令人信服的说法是贸易说。因为在用梵语书写的东南亚文献中有许多以物产命名的地名。比如古籍中称爪哇为“耶婆提”，其意为“高粱岛”。由此可知当时的印度人是非常热衷于进行贸易，寻找海外市场的。当时罗马、埃及、印度、中国等文化发达的国家贸易往来日益增多，印度人也随着贸易的扩展遍布亚太地区。东南亚诸国盛产香料、佐料、珍珠、象牙、贝壳等，中国盛产丝绸，印度盛产布匹。各国之间的贸易从公元初年就开始了，并且规模逐渐扩大。在商人队伍中还有传教士、冒险家、落难王族等。起先，这些移居海外的人为能定居下来，会屠杀当地土著居民。但随着与本国联系的减少，他们便渐渐与当地土著居民融合了。

公元前3世纪，横跨缅甸北部的南方丝绸之路非常兴盛。这条路给缅甸北部的人民送去了印度文化和中国文化。而缅甸南部的孟族等则受到南印度文化的影响。大乘佛教、巴利文、梵文等也通过南方丝绸之路传入缅甸。不过外来文化在缅甸北部并没有扎下根来。这是因为跨越缅北的南方丝绸之路并没有长久存在；亚洲内陆的移民接连进入缅北，使得缅北动荡不安。南印度人从印度东南的克里希纳河和戈达瓦里河河口的码头出发，从海路来到缅甸南部后，与金地一带的孟族以及中部室利差呾罗的骠族进行贸易往来。他们中有羯陵伽人、德楞格那人、建志补罗人。

1926年、1927年在对室利差呾罗古城的考古发掘中，出土了许多诸如金像、银像、珠宝首饰、钱币、金钟、银钟、锅碗瓢盆等有6世纪笈多风格的文物。室利差呾罗出土的碑文、金叶文上，刻有梵文、巴利文和骠文，字形与南印度的帕拉瓦文字相似。另外还发现了具有印度5世纪风格的雕像。室利差呾罗发现的一块刻有梵文的碑铭表明当时印度教和大乘佛教均已传入缅甸。缅甸历史学家丹东教授认为，室利差呾罗前期缅甸较多地受到了笈多文化的影响，后期则是受波罗文化的影响。

缅甸南部的孟族受到印度南部文化的影响较深。孟文便源自南印度建志补罗地区使用的帕拉瓦文字。印度文化的传入促进了骠、孟文化的发展。骠族和孟族从印度人那里学会了建筑、雕刻、绘画、天文、历法、宫廷礼仪等诸多文化。他们还在与印度人进行贸易的过程中学会了织布以及制造各种日常器皿。当然骠族和孟族对印度文化的吸收并非原封不动地全盘照搬照抄，而是根据自己的需要吸收其精华并加以改造，从而形成了本民族自己的文化。

第二章　缅甸文化发展沿革

缅甸文化是一种以佛学为中心的东方文化，它由缅族文化在骠孟民族文化的基础上发展而来。灌溉农业和对优势文化的吸收是缅甸文化发展的基石。缅文的创制和使用标志着缅甸文化的正式确立。掸民族和若开民族的加入使得缅甸文化由单一文化发展为综合性的区域文化。

第一节　缅甸文化分期

缅甸文化在其形成的过程中主要经历了五个阶段：（一）缅甸文化酝酿阶段（11世纪以前）；（二）缅甸文化形成阶段（11—13世纪）；（三）缅甸区域文化初步形成阶段（13世纪末—1825年）；（四）外来文化侵蚀阶段（1825—1948年）；（五）区域文化复兴阶段（1948年以后）。

一、缅甸文化酝酿阶段

11世纪以前孟、缅、克伦、克耶，及稍晚的掸等主体民族陆续南迁进入缅甸境内，为后来缅甸文化的形成提供了可能，也为后来缅甸文化的存在提供了实体。

缅甸历史学家和人类学家认为当今缅甸的民族来自于两大语言体系的三个语言族群，其族源均源自中国。其中属于南亚语系孟高棉语族的孟、崩龙、佤、茵内、德诺等民族源于四五千年以前分布于我国长江流域、西至云贵高原的百濮。在3000多年前，这些民族的先民们因为种种原因陆续南迁，进入了中南半岛。他们中的一部分到达缅甸后，一方面带来了自己的文化，如水稻种植、水利灌溉；另一方面他们也吸收了当时缅甸境内原住民以及先于他们而生活在缅甸的息銮—马来人的文化。大约在公元前后，孟、崩龙、佤这一系的民族几乎遍及了缅甸中部与下缅甸地区。他们在缅甸境内建立了许多部落国家。公元前3世纪佛教传入孟族国家——直通，成为民族文化发展史上的重要事件。3—4世纪孟族利用南印度字母创造了孟文字体系，为孟文化的定型奠定了基础。5世纪时孟族僧侣佛鸣从锡兰抄录巴利文三藏经典带回直通更是孟文化发展史上的一个里程碑。从那以后佛学思想广为传播，佛教渗透到了孟族生活的每个角落。《摩奴法典》体系的引入和符合佛教规范的孟族习惯法的产生、王权观念的确立，使孟族有了自已成熟的文化。这些都为后来缅甸文化的产生奠定了基础。

在孟高棉系民族之后紧接着操汉藏语系藏缅语族语言民族的先民们也开始了南迁。大约在2000多年以前，这一系民族中的骠族进入缅甸。其后钦族、克伦族等也依次进入了缅甸。藏缅支系的民族据认为均源自我国黄河流域上游黄土高原的古代氐羌族群。氐羌为游牧民族，属于游牧经济类型文化。源于氐羌的藏缅系民族分东西两路进入缅甸。西路主要有钦、克钦、克伦等民族。其中克伦人在7—8世纪早于藏缅系另一支民族先缅人进入缅甸，而先缅人则在7世纪稍晚时候开始南迁入缅。在迁徒过程中先缅人分化为缅族、拉旺族、阿昌族、刀尤族、达努族、土瓦族、茵达族、若开族等多个民族。11世纪时，这些民族均已在缅甸境内定居了下来。其最南分布到了德林达依，西南到达了若开地区，并且与缅甸境内的其他民族杂居在一起。

至于壮傣系的掸族，它源于两千多年前我国南方的另一个族群——百越。公元前后开始南迁，并很快就在以瑞丽江为中心，东至湄公河、西抵阿萨姆、北接金沙江的广大区域内分布开来。13世纪以前，掸族主要活动于缅甸北部和东北部的山区、高原地带，是一个跨境民族。历史上掸族曾建立过孟卯王国。直到13世纪中叶，由于元朝蒙古军队的袭击，他们才大规模地进入缅甸中部平原地区。

在缅甸文化产生之前，不同源流的族群大致分三路移民缅甸。东路有湄公河、萨尔温江通道；中路有太平江、瑞丽江、迈立开江、恩梅开江、亲敦江、伊洛瓦底江通道；西路有布拉马普特拉河通道。在公元前10世纪到公元11世纪这一漫长的年月里，各系民族从不同的通道带着各自古老的文化先后来到了缅甸。他们在这片土地上共同生活、共同创造着一种文明。骠族文化、孟族文化后来成为这一文明的主体。骠族的建筑艺术、雕刻技术、城市设计，孟族纯正的宗教思想、伦理道德观念、文字、典仪制度等都为后来的缅甸文化留下了丰富的遗产。如果说11世纪以前缅甸现今各大民族的南迁为后来的缅甸区域文化准备了存在实体的话，那么发达的骠孟民族文化则为缅甸文化的形成打下了基础，为缅甸区域文化的孕育提供了母体。

二、缅甸文化形成阶段

缅族主动吸收骠孟民族文化的精华，从文化上向孟族靠拢，促进了孟缅文化的融合，形成了早期的缅甸文化，奠定了缅甸区域文化的基础。

在缅族大规模南下之前，今缅甸境内存在着两大完备的民族文化体系。这就是以毗湿奴、汗林、室利差呾罗为中心的骠文化体系和以直通、白古为中心的孟文化体系。从经济类型上看，这两大文化体系都属农耕型文化。他们都信仰佛教，有各自的文字，有一套自己的制度文化体系。这两大文化都受到了印度文化的影响。中国文化对骠族文化也有过渗透。1044年缅甸蒲甘王朝（1044—1287年）建立时，南部孟族的文化正处于上升阶段。但中西部的骠族文化，由于832年南诏对骠族毁灭性的打击，逐渐式微下来。作为骠文化的主体民族，他们或是流离失所，或是被人同化。到11世纪，他们便神秘地消失了。除了蒲甘时期少数几方骠文碑刻提醒我们当时可能还有少量懂骠语的民众外，骠族似乎没有留下任何痕迹。缅族及其支系在入主缅甸中部伊洛瓦底江流域时肯定接受了骠族文化。只不过由于历史的原因，孟族对缅族文化的影响要更大一些。

一般认为，缅族人在开始移居叫栖一带时，还处在一个从游牧型向农耕型文化转变的阶段。从孟族那里他们学到了许多种植方面的知识。孟族复杂的灌溉系统技术、骠族严谨的城池设计都启迪了缅族。蒲甘阿奴律陀王（1044—1077年在位）初期以佛教为主的混合宗教业已在缅族中传播开来。由于孟族国师阿罗汉的积极推动，阿奴律陀决定用纯正的上座部佛教取代蒲甘遭人怨恨的阿利教。在向孟王借经被拒绝后，1057年阿奴律陀挥师南下，攻占了孟族文化的中心——直通，掠回了完整的三藏经典。同时，阿奴律陀还把大量的孟族工匠、僧侣及官员带回了缅族文化的中心——蒲甘。此后，小乘佛教成为缅族人的国教。缅族文化受孟族文化的强烈影响使得孟缅文化交融在一起，孕育出了一种全新的文化——缅甸文化。

早期的缅甸文化是随着民族的迁移、各民族的共处和缅族对骠孟文化的吸收而开始确立的。阿奴律陀的征战基本上统一了缅甸，这客观上使得境内各民族之间的交流更为频繁、联系更为密切。作为征战胜利的民族，缅族深知自己文化的落后，故主动吸取他族特别是孟族文化之长。缅族在文化上与孟族趋于一致在客观上也有利于缅甸文化的形成与发展。早期的缅甸文化——蒲甘文化是一种以骠、孟民族文化为基础的跨民族的文化。在其孕育的过程中，缅族君王曾起到了很重要的作用。阿奴律陀王统一缅甸、引入上座部佛教有助于缅孟文化的融合，为早期缅甸文化的形成立下了汗马功劳。江喜陀王（1084—1112年在位）推崇孟族文化、引进孟族制度、任命孟族官员、使用孟族文字等等更加快了缅族文化向孟族文化靠拢的进程。另一位具有孟缅血统的国王阿隆悉都（1112—1167年在位）对促进缅甸文化的形成也起了重要的作用。他平定国内叛乱，维护了国家的统一；他多次出巡全国，巩固了民族的团结；他还将判例汇编成册，建立起了全国的司法标准；他首次统一了缅甸的度量衡，促进了经济的发展。在文字方面，蒲甘那罗波帝悉都王时期（1174—1211年在位）缅文经过约70年的完善终于取代了孟文和巴利文成为朝廷的正式文字，开始了其作为缅甸文化主要传承载体的历程。从阿奴律陀到那罗波帝悉都的历代缅族君王都有着强烈的文化从流意识。在他们的努力下，缅族汲收了大量的骠、孟民族文化精华，促成了骠、孟、缅民族文化的融合和早期缅甸文化的形成。同时也为缅甸区域文化的形成奠定了初步的基础。

三、缅甸区域文化初步形成阶段

统一和征战推动了民族间的交融，以孟、缅民族为基础的早期缅甸文化融入掸族的成分后，加强了对边缘民族的辐射，扩大和发展了缅甸文化。若开的臣服标志着更大规模的缅甸文化——缅甸区域文化的最后形成。

蒲甘后期，缅族吸收骠、孟文化的过程已基本完成。缅族向孟族文化靠拢，骠、孟、缅三种民族文化的融合构成了早期的缅甸文化。这种文化是当时缅甸境内的主导文化。它以农业经济实力为基础、以孟、缅民族为主体，对少数民族具有强大的辐射力。1287年元朝军队进攻缅甸，摧毁了缅甸第一个统一的王朝——蒲甘王朝。这次进攻导致了缅甸第二大民族掸族的进一步南迁，使他们占据了整个掸邦高原。同时，他们也开始大规模地进入到中部平原地区。叫栖地区历来是缅甸的粮仓和经济命脉之所在，掸族人在13世纪进入平原时，首先控制了叫栖。随着经济实力的加强，掸族的政治势力也开始膨胀了。蒲甘末期被称为“掸族三兄弟”的木连城侯阿散哥也、米加耶侯阿剌者僧吉蓝和宾里侯僧哥速迅速崛起，左右了蒲甘朝政。最后终于导致了中部蒲甘地区的朝廷换了主人。蒲甘王朝灭亡之后，缅甸历史上出现了所谓的“战国时期”，这时掸族的势力很大，被史家称为“掸人统治时代”（1287—1531年）。这段时间内，缅甸境内有许多小国兴起和消亡，大一统被打破了。在北方掸族崛起的同时，南方马都八的孟族首领伐丽流在1287年赶走了缅族官吏，自立为王，建立了孟族王朝。从文化上看，大一统的打破，伴随征战而来的便是民族的迁移、杂居和同化。而这恰恰又有利于文化同质因素的建立。掸族在中部地区的强盛一方面有利于在以孟缅为主体的缅甸文化中融入新的成分，另一方面也有助于掸族文化的孟缅化进程。由于文化向心力的作用，掸族自蒲甘那罗波帝悉都时代起就熟悉了孟缅文化。掸族首族与缅王联姻、统治者血统的混合都有利于双方文化的相互吸收，特别是掸族文化对孟缅文化的吸收。14—16世纪佛教在掸族中广泛传播更完成了掸族自上而下的加入缅甸文化的进程。佛教在掸族人中深入人心标志着缅甸文化又增加了一大主力。缅甸区域文化也由此宣告基本形成。

缅甸区域文化基本形成后，佛教又继续向邻近孟、缅、掸三大民族的有着多神信仰（纳特崇拜）的少数民族传播，从价值观上来规范边缘民族的文化。孟、缅、掸三大民族在伊洛瓦底江流域的争雄逐鹿使得民族的交融更直接、更深入。统一的国家政权和区域性民族政权的建立使得源于孟族的缅甸制度文化能得以传承。分治时期，各族统治者采取的和亲、人质、册封等政策也都有利于缅甸文化的整合。各族统治者阶层对缅甸文化的认同意识更是促进缅甸区域文化形成的一大因素。东吁缅王莽瑞体在1539年战胜白古后以孟族传统仪式加冕，掸族王宫中从典礼到日常用具的均依缅式等等，无一不出于统治者的文化认同意识。这当然促进了各民族的文化同一。至于一统时期，各种交流就更多了。通过交流，中央的典仪制度、法律法令、文学艺术等被传到了地方，地方的情况也被反映到了中央，又传到了各地。信息不断地交流，遍及全国，久而久之便形成了一种同质的文化。佛教的传播、典仪制度的确立、少数民族的称臣纳贡等都有助于同质文化因素的培养。

至于缅甸区域文化的最后形成，我们认为应在贡榜王朝时期（1752—1885年），以缅王孟云1785年征服若开统一全国为标志。我们知道，若开文化一直是缅甸文化中比较独特的单元。若开族与本土文化的联系时强时弱，不如其他民族那样紧密。若开文化虽属于佛教文化范畴，受到孟缅文化的影响，但由于其一直有自己的政治实体，加上地理上与孟加拉交往的便利，伊斯兰文化对其也有一些影响，因而呈现出异于缅甸本土文化的特质。孟云征服若开，将其纳入自己的版图，在政治上统一了缅甸，文化上也加强了这一地区与本土的联系。由于若开民族的语言、习俗与缅族相近，文化的同一也就显得十分容易了。

从蒲甘王朝到贡榜王朝之间的大约800年时间里，以骠、孟、缅为基础的缅甸文化不断融合其他民族的文化，通过征战、民族杂居、相互同化、建立一统扩大了文化的同质因素，使得境内民族在宗教信仰、价值取向、文化艺术、典仪制度、风俗习惯等方面日趋一致。掸族人接受孟缅文化，确立了缅甸区域文化的基本范围。佛教在边缘民族中的深入人心，山区民族与孟、缅、掸族的趋同更扩大了缅甸区域文化的覆盖范围。若开族的归化为缅甸区域文化的形成添上了最后一笔。

四、外来文化侵蚀阶段

1824年、1852年、1885年英国通过三次英缅战争一步一步地吞并了缅甸，开始了其长达一个多世纪的殖民统治（1824—1948年）。英国人成为缅甸的统治者后，缅甸文化便受到了入侵者的摧残，两种截然不同的文化体系发生冲撞，进而导致了缅甸区域文化的分化。

在制度文化方面，英国人废除了缅王的宫廷礼仪和三级行政管理体系。他们先是让印英政府派遣缅甸省督，后又升为副总督，1937年印缅分治后又由英国议会直接任命总督来管理缅甸。缅王行管体系中原来没有设乡一级政权和乡长，英国人占领缅甸后，引进了印度行政体系和印度文官制度。乡村一级的行政制度在1862—1897年间被引入到了缅甸。而英人在设立乡村行政机构时，对于乡的划分本着有利于征税的原则，完全不考虑历史文化因素，因而乡村政权和行政区划的管理很没章法。乡一级的行政体制的设置客观上破坏了缅甸原有的村社结构，瓦解了缅甸社会的基础。

殖民政府立法局的成立和司法专员的任命，改变了缅王时期行政司法不分的情况。1891年殖民政府取消了食邑侯的司法特权，代之以法庭。缅甸地方上层根据习惯法享有的司法权被取消了。以《摩奴法典》和《伐丽流法典》为基础的缅甸法系被完全废除，缅甸习惯法也为英式法律所取代。英国统治阶层和英商的来到，使英国的法律文化大量地进入到了缅甸传统文化区域。借助统治机器的力量，英人法律文化由城市向乡村一步步地侵蚀着传统的缅甸法律文化。

殖民时期，英文英语是官方文字和语言。缅文处处受到排挤，学习缅文无前途可言。在英文的冲击下，缅语为了生存而借用了大量的英语外来语。缅甸文化传承载体出现了污染。殖民者实质上的抑制佛教的政策，使巴利语作为宗教语言的研习功能受到了削弱。

17世纪开始的缅甸基督教传教活动在殖民时期取得了重大的进展。传教士作为推广西方文化的急先锋成功地使大部分山地民族，如山地克伦族、钦族、克钦族、纳西族、傈僳族、那加族和少量的克耶族等改信了上帝。英国殖民统治者为了长期霸占缅甸，对少数民族与缅族采取分而治之的政策加大了缅甸民族间的隔阂，挑起了各民族的不和。山地民族皈依基督，使得其原有的价值观受到了挑战。缅甸文化首先在边远山区民族中产生了异化。基督教给这些民族带来了另外一种思维方式、伦理道德，甚至另外一种民风民俗。缅甸文化慢慢从这些民族中消退了。

英国人入主缅甸，英国资本家和商人又找到了新的市场和原料基地。他们纷纷在缅甸设立工厂。工厂的增多和对劳动力需求的加大，使得缅甸社会中出现了资产阶级和工人阶级的阶级划分，传统农耕文化中又增添了新的成分。工人和资本家的出现、商品社会的发展、代表西方物质文明的新科技新事物的引进、西式教育在缅甸的兴起、现代知识分子和公务员阶层的出现等等都从思想上、制度上、物质上冲击着缅甸传统文化，慢慢地动摇了缅甸区域文化的根基。

19世纪末20世纪初，不愿做亡国奴的各族人民纷纷扯起了反帝爱国的大旗。国家的灭亡唤醒了缅甸人民的民族意识。这种意识对减缓西方文化对缅甸文化的冲击及对缅甸区域文化的分化有着积极的作用。另一方面，除了基督教对传统佛教社会的冲击和英人统治者对缅甸传统文化的刻意封杀，殖民者带来的物质文明和西方制度文化也在不知不觉中为古老的缅甸文化来了现代气息。诚然，缅甸文化以牺牲自己部分传统文化习俗为代价被迫接受了西方现代文明，但这反过来又在某种程度上有利于缅甸民族文化的生存与发展。

五、区域文化复兴阶段

由于前后几代人的努力和以昂山将军为首的爱国志士的英勇斗争，1948年1月缅甸终于摆脱了英国人的殖民统治获得了独立。缅甸文化也从被压迫状态下解放出来。独立后的缅甸政府在重建国家的同时，也致力于民族文化的恢复与发展。缅甸政府对传统文化的弘扬和对西方文化积极因素的吸收促进了缅甸文化的复兴与现代化。

宗教文化方面，佛教在殖民时期备受摧残，曾是缅甸人民反对外来侵略的思想武器。独立后，作为缅甸人民价值观的核心和传统文化标志的佛教又获得了新生。新独立的缅甸在宪法中强调了佛教的特殊地位。政府还组建了宗教事务部，颁布了一系列有关佛教的法律法令，用法律的形式肯定了对佛文化的弘扬。1951年缅甸成立了全国性佛教徒组织——佛教评议会。1954年在政府支持下，缅甸佛教界举行了佛教史上第六次结集活动，历时两年。第六结集使政府取得了全体国民的信赖，推动了佛教在少数民族中的重新传播。这次活动使得国内少数民族意识到了自己是缅甸文化带的一环，使国内各民族的凝聚力也得到了加强。缅甸政府还在1950年从锡兰，1954年、1994年、1996年、2011年四次从中国拜请佛牙到缅甸巡行，1955年新修和平塔及整修国内著名佛塔等等，这些都极大地唤起了缅甸人民的宗教热情。由于政府和佛教界人士的积极努力，缅甸佛教徒人数回升并超过了殖民前的比例。在受基督教影响的山区，佛教势力也稳步恢复。这无疑为排除殖民者对缅甸文化的否定、重塑缅甸各民族的精神灵魂起到了至关重要的作用。佛教的兴盛也刺激了与佛教有关的文化事业如雕塑、绘画、舞蹈等传统文化艺术的恢复和发展，对保存和推广缅甸传统民族文化有着积极的意义。

制度文化方面，独立后的缅甸政府吸收了英人时期制度文化中的有用部分，行政上建立了省县镇乡的行政体系。在少数民族人口集中地区成立了少数民族邦，给予其地方自治权。在农村，乡一级区划废除了殖民时期破坏村社结构的硬性划分，在恢复传统村社作用的同时也添入了新的内容，使得乡村政权和村社头人、乡村僧侣在地方管理中起到了互补的作用。法律上，政府采用了殖民时期的理性法律条文，废除了与缅甸传统，特别是与习惯法相抵触的殖民法律。民法方面政府依据自《伐丽流法典》时起就形成了的习惯法和司法精神融合现代缅甸社会的道德标准制定了适应缅甸人民传统文化心理及佛教风俗的多项法律，使得缅甸的制度文化在现代条件下有了新的发展。现代社会法律面前人人平等的原则使那些有分离主义倾向或已分离出去了的文化集团对缅甸的制度文化有了新的认同。

至于缅甸文化传承的载体——文字，在独立后取得了飞跃的发展。缅语被定为国语，成了缅甸各民族的共同语言。藏缅系的若开、土瓦、茵达、达努、刀尤、载瓦、阿昌等民族使用缅文缅语。除克钦、傈僳等族外，大部分民族都用孟缅文字体系来拼写自己语言。这些都从文化传承方面增加了各民族的认同意识，有利于缅甸文化在民族地区和少数民族中的发展。随着各民族交流的增多，现代科技的发达、加上行政上的扶植，缅文缅语已经渗透到了缅甸的各个角落。民族语言中缅语借用成分越来越多。有些有自己语言文字的民族，如孟族，甚至已开始用缅文缅语进行交流了。语言的趋同和缅语核心地位的确立又从另一个方面促进了缅甸区域文化的发展。此外，作为佛教语言的巴利语在各信教群众中广为应用，对强化以佛教为中心的缅甸各族人民的文化人格和新的缅甸文化的构建有着不可低估的作用。

现代科技发展迅猛，大量新技术新工艺以各种形式传入到了缅甸，为缅甸物质文明的建设加入了新的内容。现代传媒的发展、通讯交通越来越便捷使得缅甸文化在进入现代化的同时又以前所未有的速度进入和影响到了各民族文化，加快了缅甸文化对异质文化集团的同化速度。被外来文化分化了的缅甸文化在各文化存在实体的共同努力下又逐渐得到了复兴，并有了新的发展。

文化作为一种人类行为和社会现象，其形成均需经历由小到大的过程，缅甸文化也是如此。早期的缅甸文化来源于古骠族和孟族的民族文化。在文化势差的作用下，缅族人、掸族人接受了先进的骠孟文化，从而一同构成了缅甸文化的主体。缅甸文化的发展在于民族间的接触、交流和对外来文化的容摄。11世纪以前的民族迁徙为缅甸文化的发展提供了实体。随着孟、缅、掸成为缅甸文化的主体，缅甸区域文化也就初步形成了。在这个新形成的区域文化中，文化实体的流动和文化内容的交融反过来又壮大了缅甸文化的实力。

缅甸文化的核心在于佛教。在缅甸区域文化的发展过程中，缅甸文化是随着佛教的传播以点和线的方式结网成面而形成的。这种文化上的点便是遍布各地的佛教寺庙。它们为推广佛教、促进共同价值观的形成和规范社会道德作出了巨大的贡献。而文化上的线，就是贸易的通道和军队征战、民族迁移的路线。这些路线方便了各种各样的交流，促进了特质民族间文化同质因素的产生。点和线的结合便形成了缅甸文化之网。由于缅甸文化是骠、孟、缅、掸等多种民族文化交融而成的，这便从一开始就显示了缅甸文化的兼容特性。而正是这一特性又促进了后来缅甸区域文化的发展壮大和缅甸文化的现代化。

第二节　缅甸文化的特点

一、浓厚的宗教性

佛教文化首先是一种思想文化，它有着十分独特而丰富的内涵。佛教的基本教义是四谛、八正道，佛教把现实人生看成为“无常”、“无我”、“苦”，认为善恶行为产生因果报应，只有真正理解三世因果之规律，正业净因，才能免受其支配，摆脱生死轮回，达到涅槃的境界。因此，行善积德成了民众到达天国的必由之路。以佛文化为核心的缅甸文化从一开始便有了功德本位的精神内核，人们的一言一行、一举一动无不受功德观的制约。佛教的五戒，即：不杀生、不偷盗、不奸淫、不妄语、不饮酒，成了社会最基本的行为准则。佛教哲学观成为人们的道德规范。在强调修身养性的文化背景下，缅甸各个民族形成了克己求善、正直诚实、温和礼让、乐于助人的社会品格。同时，佛教还发展了绘画、雕刻、建筑、舞蹈等文化事业，使得缅甸各民族的文化出现了最大范围的同质。由于缅甸文化的基石是佛教，所以缅甸文化中的种种制度，如生活制度、社会制度和有关这些制度的各种理论体系，以及人们的思维方式、审美情趣、价值观念等无不打上了佛教的烙印，贯穿到了缅甸文化的始终。

二、多元共存性

纳特崇拜（多神信仰）作为一种文化现象是民族心理和民族习惯的反映。它是万物有灵论在缅甸的独特表现形式，反映了古代缅甸各民族对直接影响农业生产的自然规律无法解释、无法理解的心态。因而在当时人们的心目中，希望与恐惧交织，产生了对各种自然力的依赖感。对自然界种种现象的歪曲反映和对自然现象的神化形成了一种观念：相信万物有灵和灵魂不灭。人们认为各种事物的存在和发展无不受到神灵的支配。在孟、缅、掸、克钦、克伦、克耶、钦、若开、勃欧等民族当中有各式各样的自然神，如风神、雷神、雨神等；有地方神，如土地神、社神、寨神、门神等等。人们敬畏诸神、崇拜诸神，因而就产生了各种祭祀活动。各族中都有巫婆神汉呼风唤雨，求神保佑。

神文化是缅甸人的信仰中除佛以外的另一支柱。缅历九月“纳特多月”字面意思就是神月，这反映了纳特崇拜已经成为各民族生活习俗的一部分。通过考察缅甸人民的信仰史，我们发现缅甸文化中纳特崇拜是与早期婆罗门教的鼓动分不开的。我们知道，佛教成为全民宗教之初，由于小乘佛教中混杂了一些大乘佛教的教理习俗以及婆罗门教的踪迹，要发掘纯而又纯的佛教教义、达到佛祖在世时的法理委实不易。这时提倡偶像崇拜的婆罗门教鼓动已有了万物有灵观念的人民去接受和信仰这些神祇。佛教的兴盛推翻了对神的极度崇拜，向人们展示了佛祖

"无我"、"空"的教诲。但由于已有了万物有灵的心理定势，及婆罗门教的鼓动，加上纳特崇拜先于佛教产生了作用，故纳特崇拜继续存在了下来。佛教不得不正视这一事实，与纳特崇拜达成妥协并对其采取了宽容的态度。缅甸三大著名佛塔之一的蒲甘瑞喜宫佛塔院内37神神像的存在便是佛神相容的一大明证。佛及佛学教理规范了人们的思想行为，而纳特崇拜则在精神上抚慰了人们的心灵。佛与神互相包容、和平共处成为缅甸文化的一大景观。

三、社会封闭性

在缅甸传统文化中人们结集的基本单位是村社，每个村社都是一个独立的单元。村社有自己的行政人员——头人，有自己的法律——佛教戒律，有自己的调停机构和教育机关——佛寺。依据社会发展的不同情况，村社头人的作用也会有所不同。对于统治机构来讲，缅族村社头人不是王室公务员，他只是食邑官在乡村中的指定代表，负责劳役的安排、税务的征收和地方的治安。少数民族村社中的土司则多半名义上受王册封。土司的辖区有大有小。由于缅甸社会是佛教社会，每个村寨基本上都有佛塔和寺庙。村民们在寺庙内接受传统文化的熏陶，读书识字、修身养性等等。村社中僧侣们参与了秩序的维护、村民纠纷的调解。村社组织和佛教紧密结合维持了缅甸社会的正常运转。由于村社制度在经济上的自给自足性和行政上的相对独立性以及佛教对村社的凝聚作用，使得外来文化不易真正地渗透进来。缅甸村社有着明显的封闭性。进入现代社会后，村社与佛教特别是在传统佛教地区，结合仍十分紧密。虽然其封闭程度有所降低，但它在缅甸社会中起的作用仍是不容忽视的。

四、延续性和容摄性

缅甸文化最先是由骠、孟、缅民族文化融合发展而来的。缅甸文化在形成初期就有较强的吸收他族文化精华的属性。缅族和掸族的进入、骠孟文化的优势作用使得新迁入的民族能得以很快地将自己融合进来。缅甸文化从一开始就有了一种受容性。历代君王的崇佛和人们对佛陀的敬仰使得以佛教为体脉的文化在缅甸文化的连绵中起到了核心作用，导致千百年来缅甸文化的延续都以佛教的传承为基础。因而我们可以说佛教延续了缅甸文化，巩固和发展了缅甸区域文化。在缅甸文化史上，一般说来，专制统一时期文化发展较快，分治战争时期文化发展较慢。但不论在哪一时期，主体文化的辐射、社会环境的变化都在客观上加强了文化的交流与融合。而这种文化的交融又以中心文化的辐射、传播为主，兼带着主导文化对边缘文化的吸收。在外来文化强行闯入并分化缅甸区域文化时，以佛教为主的缅甸文化又予以了抵抗，在最大程度上保持了自己的特性。在长达一千多年的时间里，缅甸文化一直遵循了这样一条规律：在保持自己文化独立性的前提下吸收他族文化之长，以使自己的文化能得以继续传承和发展。

第三章　物质文化习俗

第一节　缅甸饮食文化

一、缅族饮食文化习俗

在漫长的生产活动及生活过程中，缅族逐渐形成了本民族物质生活上的共同点。由于缅族是外来民族，随着物质生活环境的改变及历史上与其他民族的长期相处、融合，物质生活习俗方面较先缅人时期有很大变化。

缅族人的生产活动以农业种植为主。缅甸盛产稻米、大豆，大米为缅族人的主食。传统缅族家庭一天吃两顿饭：早上九点、下午五点各一次。现在一般是一日三餐了。缅族菜肴以辛辣为主，喜酸、油腻。烹饪多用植物油，如豆油、椰子油等。做菜时常在菜中放大蒜、洋葱、咖喱粉、辣椒。常吃的菜有虾酱、酸菜汤。

缅族人休闲时有嚼槟榔和坐茶馆的习惯。平时的零食有棕榈糖、糕点和各种水果。吃饭时习惯用手抓饭。传统缅族家庭吃饭时父母要坐主位。主位一般是睡觉时头顶的方向。父母不在时，子女也应该虚出主位。父亡后，母坐主位。双亲健在时，母坐父之左，长子居父右，长女居母左，依次而坐。吃饭时长幼依次开动。父亲暂时缺席时，母亲要将好菜夹入为父亲准备的盘中，然后才能动手吃饭。子女有事需先吃饭时，得先为父母留出好菜。

图3-1　缅甸焖肉饭

来客时，缅族人有用槟榔、烟和茶待客的传统。槟榔盒是每家的必备。槟榔味道辛辣，略带涩味。槟榔包由茴香、儿茶、甘草、石灰、槟榔子包入槟榔叶中

图3-2 缅甸卷烟

图3-3 拌茶

图3-4 鱼汤米线

制成。嘴嚼槟榔时，常会产生一种鲜红的槟榔汁。缅族人只嚼而不吞食槟榔，并边嚼边吐槟榔水，最后将槟榔渣一同吐出。

与槟榔一起待客的还有缅烟。缅烟有两种：一种是卷烟，即是由槟榔叶、玉米叶、嫩棕榈叶卷成的成品烟；另一种是家制烟。传统缅族家庭的家制烟常是将原料分置于烟盒内，客人来后现卷现抽。烟盒中常放有7种制烟必备品：剪刀、线、烟梗与烟叶粉碎物、烟叶、碎烟梗、包叶、过滤咀。

拌茶是缅族的重要零食，也是上等待客品。拌茶由发酵的茶叶、炸洋葱、芝麻、姜、虾米、炒蚕豆、炒豆子拌匀后放少许食用油而成。

鱼汤米线是缅族人最爱吃的一种小吃，在大型活动中多用来招待客人。它既是小吃又可作主食。早上上班时，人们一般都喜欢在路边吃上一碗。鱼汤米线由在开水中捞过的米线配上特制的汤料而成。这种汤料常用鱼头、腌芭蕉杆等熬制，味道非常鲜美。

二、克伦族饮食文化习俗

克伦族是农耕民族，大米是他们的主食。斯戈克伦缅化程度较高，饮食习俗与缅族无异。相对而言，波克伦的饮食习惯更具有民族风格。波克伦人多依山傍水而居，除主食米饭和鱼虾酱外还喜食鱼类、蔬菜、水果。波克伦人口味清淡，不好油腻食品。他们传统上每日两餐：早餐在上午8～10点、晚餐在下午3～5点吃，农忙时也有吃三餐的。现在一般都是一日三餐了。克伦人在家里也养猪、鸡、鸭、羊、水牛等畜禽，但平时极少吃荤。与缅族一样，他们吃饭时只要有辣椒和鱼虾酱就会心满意足。鸡、鸭、牛肉、猪肉只有在节会或招待客人时才能吃上。他们最爱吃的菜肴有炒嫩菠萝蜜、炒缅茄叶竹笋、酸笋芋头。克伦人做菜时放油少、放佐料多，主要佐料有辣椒、姜、香茅草、金芥、香菜等。鱼汤米线也是克伦人最爱吃的小吃和重要的待客食品。克伦人喜欢喝加有椰肉汁、蔗糖的印度枳汁和罗望子果汁。克伦族妇女负责家庭每日的炊事。煮饭时她们喜欢滗干米汤。克伦男子只有在参加庙会和大型布施活动时才会做饭炒菜，而家庭主妇们此时主要负责招待客人和前往寺庙布施斋饭。克伦人吃饭时喜欢围坐在矮桌边或者干脆坐在地板上，也有将饭菜放在藤制圆桌上吃的。克伦人吃饭时家人要坐在一起，人多地方不够时小孩不上桌。有客人来时要分男菜和女菜。主妇与长女负责照顾饭局。普通客人来家时一般用槟榔、烟、清茶招待。若遇吃饭时间主人也会用酒肉待客。

除了虔诚的佛教徒外，克伦人一般不忌酒。他们在祭神品、拜祖先、祭死者、举行节会、办婚礼、招待客人时必须有酒。克伦族男女老幼都爱喝酒。克伦人的酒分烧酒、米酒、棕榈酒几类。波克伦人最喜欢喝烧酒，有“喝了酒做事才有劲”的民谚。克伦烧酒由蔗糖、熟菠萝蜜、糯米、普通大米酿制而成。北部克伦人特别是北部山区的克伦人多喜欢喝米酒。他们每家都有5～10个甚至20个可以装10缅斤酒的米酒坛子。克伦人做米酒时先将大米舂碎、洗去杂质，再用甑蒸，蒸熟后将饭晾开，拌上酒曲，放入酒坛盖上盖子封好口，发酵7天便成。米酒放的时间越久口感就会越好。米酒会因季节、工艺、酒曲的不同而口味各异。常见的米酒口味有甜、酸、苦3种。克伦人喝米酒时要先将酒糟放入竹筒中加入凉水，半小时后再插入吸管开始喝酒。山区克伦人常常会用米酒招待客人。通常的做法是在米酒竹筒中插一根吸管，主人和客人轮流吸酒喝，以表示主客之间亲密无间。酒在男女盟誓、部族会盟时占有重要的地位，所以北部山区的克伦人把酒看得比口粮还要重要。

三、掸族饮食文化习俗

掸族是缅甸最早种植水稻的民族之一，大米是其主食。掸族人喜欢吃糯米饭，一日三餐。掸族农村有不吃隔夜米的习惯。家庭主妇每天做的第一件事就是舂米，她们每次只舂够一天吃的米。腌菜是掸族人的家常菜。掸式菜肴以酸、辣、涩为主，品种较少。掸族人喜欢吃鸡、鱼、猪肉、鱼虾酱、豆豉。每家每户都会做豆豉。芭蕉饭和竹筒饭是掸族的名吃，特别是竹筒饭，色香味俱全。竹筒饭的制作十分简单。做饭时先将一节竹筒洗净，开口；在竹筒内放上糯米、香茅草、猪肉、盐和水，再在开口处塞上草，外面用泥封上口；之后便可以放到火堆旁烧烤了；烤至竹筒外壁炸裂时即可将竹筒内的饭取出食用了。掸族人吃饭时习惯于用手抓食。饭后不像缅族人那样喜欢喝凉水，而好喝清茶。他们喝茶时喜欢在茶中放少许盐，认为只有这样才够味。掸族风味的零食品种不多，较为有名的是“阔伯”红糯米糕。这种糕点是由熟糯米与炒芝麻捣碎后做成的。掸族人也有吸烟、吃槟榔的习俗。

四、若开族饮食文化习俗

若开族的饮食习惯与缅族相似，以大米饭为主，传统上每日两餐，现在一般为三餐。口味喜酸、喜辣。由于靠海，若开族人喜食海产品，其中最有名的是干鳕鱼。做干鳕鱼时要先将鱼骨去掉，将鱼肉切成所需形状和大小，用藤圈将鱼肉绷紧晒干。食用时将鳕鱼干捣碎，用油爆炒即成。每逢布施，干鳕鱼是若开人必不可少的布施品。与缅族人一样，若开族人也喜欢吃鱼虾酱。但若开鱼虾酱与缅族的鱼虾酱做法不尽相同：若开族人常将新鲜辣椒切碎后加入新鲜鱼虾酱、酸果、鱼松炒制而成，或者把辣椒、新鲜鱼虾酱烤焙之后加入盐、洋葱、酸果捣碎而成。若开的名小吃有若开米线、油炸饼、竹筒糯米饭等。待客食品有槟榔包、烟卷、泽茶。

五、孟族饮食文化习俗

孟族地区盛产大米，米饭是孟族人的主食。同缅族一样，孟族人也喜爱吃酸辣食品。菜肴中喜欢放一些辛辣或酸辣的佐料，油很重。海产品、鱼虾酱是孟族人家的家常菜。

孟族名吃主要有汀江饭。汀江饭是一种年节食品，常在新年泼水节时吃。做汀江饭时要先将熟米饭在水中冲洗3～4次，然后放入饭筐内。再备一蜡烛，在蜡烛上放上涂有蜂蜡的白檀香粉，用一空锅反扣后置于火上熏燎10分钟。之后，翻转空锅并倒入清水少许，得到有蜂蜡清香的清水。再用此水拌入米饭中，加上干鱼、辣椒、拌芒果丝后便成。汀江饭清香可口，深受孟族和其他民族的喜爱，成为下缅甸地区的新年必备食品。孟族的其他名吃还有椰子饭、汤圆、椰汁凉粉等。

六、克钦族饮食文化习俗

大米是克钦人的主食，玉米、大麦、小米、芋头、豆类等次之。克钦族喜欢用竹筒烧饭，把适量的米和水灌入一段有节的竹筒内，把竹筒口用草或芭蕉叶塞住，放在火塘边烘烤，等竹筒烤焦后饭也就熟了。这时用刀把竹筒破成两半，将饭取出即可食用。这种饭缅语叫做“基倒特敏”（竹筒饭），吃起来清香可口。在野外煮竹筒饭非常方便省事，只要身带一把刀，带上米和取火工具即可。农村地区吃饭时，克钦族人一般不用碗筷，每次进食时都要把食物用树叶或芭蕉叶分成若干包。不论宾主，不分老幼，每人二包，用手抓食。

克钦族人非常喜欢喝酒，不管男女老幼，每人都要随身携带一个装满了酒的竹筒或葫芦瓶。凡是婚丧、生子、乔迁新居、举行目瑙节等，他们都要大喝特喝。克钦人的酒量很大。喝酒时往往不需要下酒菜。

七、钦族饮食文化习俗

钦族习惯在屋内火塘上支锅做饭。他们认为被烟熏过的房顶更结实。炊具多为陶锅、铝锅，餐具有陶碗、铝碗、木饭勺、木盘子、竹盘子、葫芦瓢等。钦族人下地干活时一般用木制饭盒带饭，用葫芦带水。

居住在北部钦山区的钦族人一日三餐：早饭在下地干活前吃，时间是8～9点；午饭时间大约在中午12点～午后1点；晚饭大约在晚上6～8点干完活回到家里后吃。他们的主食有小米、玉米、旱稻等。菜肴基本为蔬菜，间或有家养的鸡、猪以及渔猎所得的猎物和鱼等。有些地区还以大薯、芋头、红薯、土豆为主食。盐是由平原地区运来的，油用得很少，一般用酱油代替，用油也是以猪油为主，喜吃辣椒。

钦族人喜欢喝米酒、抽旱烟。钦族家庭几乎每家都备有米酒。他们用酒敬神、待客，也把米酒作为一种强身健骨的滋补品饮用。有些地区喜吃槟榔，并习惯把烟叶加入其中。北部山区钦族人不吃槟榔，但喜欢抽旱烟。钦族人的旱烟锅上有一个接烟油的小壶。他们把小壶中的烟油收集起来后装在葫芦中，用以招待亲朋好友。

第二节　缅甸服饰文化

一、缅族服饰文化习俗

缅族服饰根据其功用的不同可以分为头饰、上衣、筒裙、拖鞋；男装、女装；普通服饰、传统民族服饰等。

传统男性头饰为包头（岗包）。包头风俗据传源于印度，缅族人包头巾的风俗始于阿瓦朝时期（14世纪中叶）。古代缅族男性以留长发为美。作为一种发式，他们常将发髻盘于头顶。为了不使发髻掉下散掉，缅族人借鉴印度人的做法，用布将发髻包上扎好，或在盘好的发髻外再围上一条布带。在古代，岗包是官员与平民、大官与小吏明贵贱的标志。到了贡榜朝后期（19世纪）缅族人不再蓄长发，岗包的功能也就随之改变，由实用转为装饰。现代缅族人一般不戴岗包，只有在正式场合如庆典婚礼上才系包头。包头巾完全成了装饰品。从质地上看，包头巾多为丝质，颜色多样。包头巾的右侧有包头巾尾。

女性头上无包头，喜爱盘发髻，并常在头上戴金花装饰。现代，缅族妇女还在头上插鲜花，在肩上披披巾。披巾始出于阿瓦，颜色较为鲜艳，贡榜后期曾大规模流行。缅王时期，披巾约有一肘宽（1.5尺），长过双膝，现代披巾较以前略有缩短。

男式上衣分衬衣和外衣两种。缅式衬衣多为白色长袖，立领。外衣分对襟衣和右衽衣两种。右衽衣较为少见，男女均穿，男式比女式长。现在男性多穿对襟衣。对襟衣无领、窄袖，一般有五粒布扣，三个兜，无兜盖。女式上衣为用素布或彩布做成的薄右衽外衣。无领、无兜、紧袖、紧身、短幅。

缅族男女下身均着筒裙，筒裙又称纱笼。穿筒裙之俗在蒲甘时期就有了。筒裙一般长4.5尺，宽5尺，用整块布缝接两头而成。男式筒裙称作“布梭”，多由大花格布或冷色调棉布缝制而成。女式筒裙叫作“特门”，颜色艳丽，上腰缝有两三寸宽的腰边，腰边多为黑色。系筒裙时，男子在腰间正前方系纱笼结，女子在左侧系纱笼结。

图3-5 缅族传统服饰

缅族人不论男女均穿人字带拖鞋。拖鞋质地上分牛皮底平板绒带拖鞋和泡沫拖鞋两种。旱季、凉季穿牛皮底拖鞋，雨季穿泡沫塑料拖鞋。

缅族妇女爱打扮，喜欢扎发髻，在头上插鲜花。妇女常戴的饰品有耳环、耳钉、戒指、手镯等。现代女性好用化妆品。传统上，缅族妇女常在脸上和身上擦黄香楝粉。黄香楝粉由黄香楝树干研磨而成。妇女们早上沐浴后，常把黄香楝粉调水，涂抹于脸颊、手臂上。黄香楝粉不但气味芳香，而且还可以润滑肌肤、祛热防晒。乡下妇女喜欢用黄香楝粉在脸颊上抹两个圆圈，或用牙刷刷成四方格子等形状。

缅族男子有文身习俗。文身起源于图腾信仰，为的是防灾避祸。后成为男子成人的标志。文身部位在上体胸前背后、腰至双膝之间，胳膊上也可以文身。文身的图案多为吉祥动物如伽龙鸟、龙、鱼等，也有文经文、咒语的。古代不文身的男子被认为是懦夫，常被人看不起，现在这种观念已经改变。大范围文身的现象已经很少见了，人们一般只在手腕、胳膊等处少量文上几个字或简单图案。

二、克伦族服饰文化习俗

克伦族的服饰在其3大支系之间以及各支系内部都小有差异。

斯戈克伦人的服装由岗包（包头巾）、上衣、纱笼或长裤组成。斯戈克伦男子的岗包为手织的长条形亚麻布，颜色多为红色。亚麻布中常嵌有一竖向条纹，包头巾尾端饰有穗儿。上衣为长袖衬衣和短袖套头长衫，袖口边上织有波纹图案。下身穿嵌有横条的纱笼。成年未婚男性与已婚者穿着无异。山区斯戈克伦男子大多穿黑色长裤，脚上着拖鞋。

波克伦男子的头巾与斯戈克伦人相同。上身常内着长袖有领白衬衣，外着短袖套头长衫或者开襟衫。套头长衫为鸡心领，收腰，下摆织有条纹，颜色为红底上带有白色或蓝色竖条纹。下身穿纱笼，脚着拖鞋。

布维克伦男子头扎岗包，其岗包一般用毛巾扎成，岗包结打在额头正中，稍露毛巾头。其上身着鸡心领短袖长摆套头上衣，上衣衣领、袖口上织有波浪形花纹，上衣多为白底、嵌有其他颜色的竖条，下身穿黑色长裤、着拖鞋，背缅式挎包。

斯戈克伦女子用白头巾包头，头巾两端常坠至胸前，她们喜欢戴银制、铜制饰品和金制首饰如耳钉、耳环、手镯、脚圈，喜欢用花头绳，喜欢根据避灾的需要挂不同的项珠。已婚妇女着深色套头衫和纱笼，未婚女子和小孩穿白色长套头衫。长套头衫如同连衣裙直垂膝下，套头衫的下摆常有穗儿装饰。

波克伦女子服装中少女装饰与斯戈克伦相同，一般穿白色套头短袖长衫，戴耳钉、耳环、手镯、脚圈等饰品。克伦邦帕安一带的成年妇女喜欢上身穿鸡心领短袖套头外衣，颜色多为白色和绛色，下身穿纱笼。未婚妇女的上衣多为黑底碎花或几何图案的短袖套头长衫。在衣服的领口、下摆、袖口处织有梅花、齿纹、波浪形花纹。下身多着黑色、红色、黄色、绛色纱笼，纱笼下摆有12厘米宽的带有4条条纹装饰的绛色裙边。

布维克伦女子的岗包多为白色纱巾，上衣为黑底短袖鸡心领外衣，外衣下摆和袖口、领口处织有花纹，下身着克伦纱笼。布维克伦女子喜欢戴耳钉、耳环、手镯、项珠等饰品，未婚女子好穿连衣筒裙。

克伦男子特别是帕安一带的波克伦男子仍有文身的习惯。男孩大多在13～14岁时开始文身。文身部位在膝盖以上腰以下。波克伦人认为文身是男子勇武的标志。波克伦少女选对象时主要看对方有无文身。克伦男子文身的图案多为狮子、得道仙人。为了防止蛇咬，克伦人喜欢在手背、脚背上文蜘蛛图案。以前为了能刀枪不入，克伦人喜欢在肩上文字母和实心物品。

三、掸族服饰文化习俗

掸族男子的服装有岗包、上衣、掸式长裤。岗包多为丝织品，一般在节会庆典时戴，颜色有白色、粉色等。掸族人的包头方式与缅族人不同，他们直接将头巾末梢掖于包头巾内。为了不使岗包掉下，有些人还特意别上别针。平时，掸族人多用毛巾包头。掸式上衣分为衬衣和外衣。衬衣多为白色，立领、长袖。外衣为细布无领对襟，纽扣为冷色调布扣，有5粒。掸式长裤裤管肥大，多为黑色和土黄色。

掸族女子服装与缅族相同。上身着大襟长袖短衫，下身着纱笼。掸族妇女常将长发盘于头顶，饰以梳子、鲜花。但也有不少妇女特别是农村妇女喜欢扎头巾。出门时掸族人常头戴篾质尖顶斗笠，背挎包，穿拖鞋。

掸族人崇尚文身，掸族社会有把男子文身看作是其勇敢的标志的习惯。掸族男子从11～12岁起开始文身。掸族的文身方式与缅族完全相同，都是以针刺刻画肌肤，再涂以紫黑色植物染料。先前掸族男子从膝到胸文满了各种图案，如老虎、狮子、大象、花草等等，也有刺经文梵字的。现在掸族男子只在手腕、手臂上刺少许图案了。掸族社会特别是女青年也不特别留意男子是否文身了。

图3-6 克钦、克伦、掸、缅族传统服饰

四、若开族服饰文化习俗

若开族缅化程度较深，其服饰与缅族基本相同。男子服装主要有岗包、立领衬衣、对襟上衣或大襟上衣、若开纱笼、拖鞋。女子服装有大襟上衣或对襟上衣、女式纱笼、拖鞋。

若开传统的男子服饰为红色或粉色长纱笼、紧身短袖上衣，30岁后开始戴红色或粉色岗包。古代男子戴耳饰、留胡须、扎发髻、文身。传统女子服饰为长袖紧身短腰上衣，两襟垂有菱形飘带；胸衣颜色多为黑色或红色，喜欢束银制腰带或红绸腰带，下穿横条纹纱笼，头束发髻，戴饰物。若开女子喜好堆发髻、插钗头。现代女子好化妆、戴金银饰物。女子上庙拜佛、守戒时常着一身白服。

五、孟族服饰文化习俗

孟族崇尚美。古代孟族男子喜欢穿长摆纱笼、对襟衣服，爱扎发髻、用丝巾扎包头；女子喜欢在发髻上插一把梳子。孟族人对发型颇有讲究，小孩不论男女都留宝塔头，即外边留一圈短发，中间留长发并扎成宝塔状。男孩子剃度后开始用白布扎头巾，有些人也爱将长发在头顶上打结包头。少女则喜欢将宝塔发型的外圈留成长发。孟族男童的饰物有耳坠、戒指，女子喜好佩带金耳钉、耳坠、项链、项珠、发夹、发簪、梳子、手镯、戒指、脚圈。

现代孟族服饰方面，男子主要有头巾、纱笼、上衣、拖鞋，女子服饰有斜襟上衣、纱笼、拖鞋。纱笼图案多为红白相交的格子，质地以棉布为主。孟族服装现在基本上与缅族相同。

早期，孟族男子喜欢文身，认为不文身的男子不能算男子汉，也不会被女性青睐，故孟族男童常在12岁时就开始文身了。孟族人文身依据人体部位的不同而有不同的图案。在腿上文身的图案常有动物如孔雀、象、虎、狮子猫、乌龟以及花卉、神仙图等；腰间常文的图案有鸟、鹭鸶、尖顶阁楼；腹部一般文对称的鸟，两只鸟之间常置一宝塔。孟族人文身时喜欢用红色或黑色，文身后孟族人常用煮铁力木水擦洗，据说这样可以使文身的伤口早日愈合。

六、克钦族服饰文化习俗

克钦族男子服装一般为对襟圆领的黑色短上衣，下身着筒裙。克钦男式筒裙质地多为棉布，颜色较深。图案一般为黑底上配有绿色粗格花纹。此外也有着短及膝盖的宽脚裤或穿长裤的。老年男子喜留发辫，用黑布包头。年轻人则好用白布包头。克钦族男子随身佩有长刀，肩上往往还斜挎着一个挎包。为了驱邪避祸，克钦族男子有文身的习惯。

克钦族妇女一般穿黑色短衫，下着深颜色的花筒裙，佩戴银项圈、银耳环和银手镯。妇女上衣往往饰有一排排的银泡。已婚妇女均包头，脚着拖鞋。有些妇女受住在坝区的掸族妇女的影响，喜好穿紧身白色上衣，用白布包头。

七、钦族服饰文化习俗

钦族各支系的服饰略有不同。北部钦山区的钦族不分男女都蓄长发，有穿耳、戴耳饰的习俗。男子包头巾，女子梳发髻。各支系发式略有不同，有的还可以根据发型知道其是否成家生子。

钦族男子上身大多穿衬衫或套头衫，系腰带；下穿长裤或男式筒裙。铁定地区的钦族男子上身穿长至膝盖的白色棉布长袖套头衣；哈卡地区的钦族男子上披白、红、深、灰、黄等花色披巾，系腰带，下穿长裤或男式筒裙；法兰地区的钦族男子上身穿白色长袖衬衫，披花色披巾，背挎包，系腰带，下穿长裤；敏达地区、马都比地区的钦族男子上身穿套头衫，下穿长裤或裙裤。

钦族女子一般都戴饰物，有耳饰、项链、手饰等。上身多着对襟长袖或短袖上衣，披披巾，下穿筒裙。铁定地区的钦族女子一般穿对襟长袖上衣，筒裙不缝合，长不过膝。哈卡地区的钦族女子上衣为白色或深色对襟短袖，披窄幅厚布披巾，筒裙长至脚面。法兰地区的钦族女子以披巾替代上衣，下穿普通深色筒裙。

南部钦山区敏达和马都比等地的钦族女子有文面的习惯。女孩到14～15岁时就由寨子里上了年纪的妇女文面，但北部钦山区一般没有文面和文身的习俗。

八、克耶族服饰文化习俗

克耶族各支系的服饰大体相同，但也有自己的特色。克耶支系男子留短发，包白色头巾；上穿立领衬衣和无领对襟外衣，下穿裤子。裤子有长短之分，颜色以深色、白色和红色为主。脚穿用生牛皮做的皮鞋。女子留长发，梳发髻，用红色头巾包头。上穿深色套头短袖衫，披白色长披肩，下穿红色或深色的粗布齐膝筒裙。乡村妇女多用黑色绑腿，戴银手镯、银发卡等。现在，克耶支系女子平时穿缅式服装，民族服装仅在节会时穿。

盖可支系男子的服饰古今略有不同。古代成年男子留长发，包丝质或菠萝麻头巾，上衣为棉布短袖无领对襟衣，下穿白色或绿色的粗布短裤，腰系银刀，不穿鞋。现在盖可男子不留长发，梳分头。大多数上穿衬衣、背心，下穿掸式深色长裤或缅式筒裙。女子留长发，发髻向后梳，用白色棉布头巾包头。戴耳饰、项饰，但不穿耳。上身穿白色或深色紧身长袖内衣，外套白色、红色套头衫，下身穿横条花纹筒裙。以前妇女不穿鞋，下地干活时用布包脚。

嘎巴支系男子留长发梳发髻，戴耳饰、戒指，包白色头巾。上身着白色长袖衬衣和黑色对襟外套，下穿肥大的裤子。女子留长发，发髻后梳，用木梳束发，用白色头巾包头。戴红花、银项链、戒指、耳饰。上身穿白色衬衣及粗布套头长袖外套。外套袖口和衣边均饰有花边。外套颜色多样，但多为黑色。下穿花格筒裙，束腰带。已婚妇女多穿黑色、红色外衣，未婚少女则只穿白色外衣。

克洋支系男子包头，包头巾图案多为红白格子或绿黄格子，有穿耳、戴耳饰的习惯。上身多着粗布对襟衣，下穿短裤。上衣外套胸部以上用白棉线纺织而成，以下用羊毛棉线混纺而成。束腰带，挂配刀。克洋男子平常着缅式服装，仅在节日时才穿本民族服装。克洋女子戴手镯、戒指，梳发髻。发髻分上下两盘，发簪别在上盘，前后又插两把银梳，脖子上戴多个银圈，一层一层，上下圈大中间圈小。上身穿长至膝盖的粗布套头衫，下身穿暗红色横格粗布筒裙，扎绑腿。小腿上套有银圈，着拖鞋。

伯耶支系有染齿的习俗，以齿黑为美。男子上穿宽松的红底直条粗布套头短袖衫，下穿白底直条短裤，腿上戴三四圈饰物，有戴耳饰、项饰的习惯，手上各戴一支铜手镯，但不戴戒指。节会时背挎包，佩带银柄或象牙柄短刀，也有佩带长刀的。女子一般上穿白色或深色直条棉布衬衣，下穿筒裙。筒裙一般为深色，也有大红格黑色或灰色镶边的，腰系长巾。小女孩穿像套衫一样的长衬衣，不戴饰物。成年后才留长发，发髻向后梳，用竹梳束发。有穿耳戴耳饰的习俗，脖子上常戴有银圈、铜圈，挂一至二个银质半月形饰物，戴手镯。除了大拇指外每个手指都戴戒指，扎绑腿，小腿以上膝盖以下戴铜圈。节会时披披肩。

玛努玛诺支系男子与克耶支系男子的服装非常相似。上穿无领无扣对襟长袖外套或白色短袖加深色对襟外套，下穿红色或黑色棉布短裤，也有穿掸式白色长裤，腰间束带，脚穿皮鞋的。女子留长发，用竹梳、银发簪束发。戴耳饰、手镯和项饰。没有专门缝制的上衣，只是用布从肩围到腰际。天热时围一个肩头，天凉就围两个肩头。下身穿深色横条或深色、红色、灰色、黄色方格粗布筒裙。筒裙长至踝关节，束腰带。现在也有些妇女着缅式服装。

因伯支系男子以前习惯留长发结发髻，用长长的竹发簪别发，发髻上包头巾。头巾花色多样，节日时有饰物装饰。戴耳饰、项饰。富有者还带银腰刀、象牙匕首、银槟榔盒。因博男子上身穿白色无袖内衣，配上深色半长袖无扣窄腰对襟外套；下穿至膝短裤，裤上有羊毛穗饰物。女子梳发髻包头巾，用竹发簪和梳子别发，戴耳饰、项饰。双手各戴一对手镯，腿上扎绑腿。上身穿白色或黑色粗布紧身长袖衬衣，下穿长至膝盖的黑色筒裙。肩披绒布或棉布深色方格披风，腰围花色围裙，围裙上系有白色毛巾。

因德莱支系男子留长发，发髻向右梳，包白色或花色头巾，戴金银耳饰。上穿粗布白色对襟短袖衬衣，外穿粗布衣。下穿宽大的棉布裤子，系腰刀。女子留长发梳发髻，用银簪或象牙簪束发。包头巾，戴项饰、手镯。上穿宽大的粗布对襟半长袖衣。衣服上有两个口袋，口袋、袖口和衣边均饰有红色花边。下穿长至小腿的暗红底黄、绿横格粗布筒裙。

第三节 缅甸民居

一、缅族民居

缅族喜欢聚族而居，往往有血缘关系者结成一个村落。村落多建在有水源的平地上。每个村寨一般有50～60户人家，村寨周围多种有椰树、棕树等，并有木栏围护。村内房屋沿道路两边排开。各家自成院落，有篱笆围绕。院子前部多种有香蕉和瓜果蔬菜，房前多种有大树，树下搭有用来乘凉休息的竹榻、木榻。传统缅族住房为木结构，楼板和墙壁均用木板做成。房顶为人字架构，用锌板或白茅草铺盖。这种建筑属于典型的干栏式结构类型，分上下两层。上层住人，下层养牲畜和堆放杂物。正门外有楼梯。上楼梯后有一小廊，为脱鞋处。进屋后便是客厅。一般缅族家庭在房子东头设有佛龛或神位。佛龛中常放有佛像，供有鲜花、清水，装有灯饰。客厅地板上铺有竹席，放有小矮桌，没有凳子。客厅和前廊相通，大多无隔板。前廊比客厅地面稍低。传统缅族家庭也有在家中挂椰子尊房神的习俗。尊房神习俗来源于多神信仰。据传，摩诃吉利姐弟为人所害而成神，蒲甘朝时为王所敬仰。宫中盛行拜摩诃吉利神，后流入民间成为家神。缅族人相信在家中挂椰子可以免灾、发财。椰子常挂于室内或室外房头。木楼上层房屋的后半部为卧室。卧室里铺席子。铺盖常被卷放在一边，睡觉时才打开。主房后面或者旁边常搭有披房。披房一般作厨房用。房子后面的院中有水井。缅族人常在井台边洗衣、洗澡。洗澡时，一般用水瓢从头往下淋水，也有下河洗澡的。在房后稍远处，常建有独立厕所。

图3-7 缅族民居

二、克伦族民居

克伦族的居住习惯因地而异。一般说来平原地区的克伦人与缅族的居住习俗相同。传统克伦民居为干栏式建筑，多为竹木结构，少数为砖瓦结构，屋顶一般用茅草或大块木板盖成。克伦族民居不太注重庭院的保有。房屋的内部结构与缅族大体相同。但楼梯口不像缅族那样正对着大门，而是开在前廊一侧，与前廊成一直线，前廊与房间之间有木板隔开。在有些山区斯戈克伦人与父母分家后并不远离父母，他们往往在父母住房旁并排建造自己的住房。所以许多克伦村寨的房屋都是成排连片的。为了来往方便，克伦人常用竹子搭建通往各家各户的走廊。以前，山地克伦人有迁耕的习俗，所以排屋每隔上3～4年就得搬一次。现在这种情况基本上没有了。

三、掸族民居

掸族民居为干栏式建筑，多用竹子建成，也有用木料建的。每户人家一般都有一幢竹楼。竹楼建在院子中央，周围种有果树和蔬菜，院子常用竹篱笆围起。掸式竹楼大约占地10米见方，用3排共21根木柱支撑，楼板用竹子或木料铺成。房屋为人字型屋顶，墙壁也常用竹篾粗席隔成。掸族竹楼的房屋结构与缅族竹楼的大体相同，楼上住人楼下养牲畜、堆放杂物。掸式竹楼上层靠近楼梯处为走廊、阳台。阳台上放有水缸、凉水罐，是全家洗漱的地方。楼梯一般开在楼下屋内（楼下无墙，仅有支撑房子的立柱）。楼上以中间排的柱子为界，外为堂屋。堂屋是全家饮食起居的中心，设有一米见方的火塘。内为卧室，是全家休息的场所。掸族民居的卧室为长方形，一家数代同居一室。掸族人不睡床铺，在楼板上铺上席子后就可入睡。睡觉时按长幼顺序由里而外，老人睡在卧室的最里边，年轻人则靠门睡。家人睡觉时要分席睡，席与席之间仅隔有蚊帐。客人来访不能穿鞋上楼，不得碰靠房间的中柱，不得进入卧室，不许跨越火塘。若要借宿，客人只能睡在堂屋。

掸族村寨一般只有30～40户人家。寨子中都有佛塔、寺庙，每家的堂屋里都放有佛龛。掸族人建好房子后常会选择吉日搬家，举行迁居仪式。搬家的当晚，主人要请亲朋好友来读法讲经，以食物待客。次日早晨要请僧用斋、受戒、念消灾经、布施。

四、若开族民居

若开族房屋为干栏式建筑，多为竹木结构，分上下两层。上层住人，下层为进行手工劳动的场所。房屋结构类型与缅族相同。若开族建房时有许多规矩。若开族房屋一般为坐西向东或坐东向西，梯子级数必须为奇数。他们在选房梁、房柱时要选没有木结的原木，认为有木结的原木不吉利。房梁运到建房地点后要给木柱泼香水，晚上要在柱子附近点灯敬神。建房前宅基地要用犁犁过，要撒上宝石以敬土地神。建房时要先立正房东南角的柱子。柱子上要系上红布，挂香蕉、弓、椰树叶柄、椰子、枣树枝。房子放上横梁、横木后要先隔中间的墙壁。隔墙时要在一个缠线的水罐里插上番樱桃树枝，在屋子里立一支船桨，之后要向墙壁泼洒香水。如果建三居室房屋，房柱要从中间立起，之后再上房梁、托梁、房檩。若开族人建房时寨子里的所有人都会来帮忙，主人管饭但不付工钱。建好房子后要举行乔迁礼。举行乔迁礼之前，要择定吉日向和尚布施，要在新居念消灾经，用糕点饭食招待客人。只有消灾祈福后，新房子才可以住人。

图3-8 若开族民居

五、孟族民居

孟族房屋为干栏式建筑。建房材料一般用竹、木、宽棕榈叶。房屋由6根立柱支撑，用木板做楼板，墙也用木板隔开，用排棕叶盖顶。房顶呈人字型结构，大门开在房子正面。房屋多为坐南朝北，厨房一般建在正房之后，与正房相接，也有单建厨房的。有些房子还建有披屋，披屋一般不隔墙壁。孟族传统住宅在房子前部设有客厅，房子后部为卧室，房子东头还设有佛龛。每栋房子前都有前廊。房子的东头不设楼梯，楼梯开在屋子的正面。依主人的经济状况，在房屋周围留有一定的空地作院子。孟族人多喜欢在自家院子里种树。他们一般在屋前种油柑树，在屋后种芒果树，屋子东北边种印度枳树，东边种椰子树、香蕉树，东南种牛角树，西南边种菠萝蜜树，西边种枣树，西北边种龙船花树和睡莲。

孟族人建房十分讲究，建房前必须选好宅基地。若宅基地朝北、东北或东方倾斜则是好地，往南或西方倾斜则不好，它可能会使家人倒霉。选好宅基地之后要择黄道吉日动工盖房。孟族人认为缅历二月、五月、八月、十月、十二月最宜建房。从星期上来讲，每星期二、星期六不宜建房。孟族在选好宅基地、挑好开工日期之后还要计算好住房面积，因为房子面积对全家人的前途也有影响。一般说来，房屋的长度、宽度相加后再乘以3除以8，其所得余数必须为5。孟族人相信只有这样全家人才会吉星高照。建房时孟族人要定好护宅龙头的方向，依龙头的方向确定挖洞立柱的人，并依次立上神柱、王后柱、臣子柱、王子柱、家人柱、猎人柱。

建房时左右邻舍往往会自发地前来帮忙，男人们参与盖房，妇女们提供后勤保障。孟族人在立房柱前要在堆放木料的地方摆放鲜花、水果拜敬柱子，要泼洒香水、念诵偈陀进行祷告。偈陀一般要念7～37次，念完之后要斋请八方善鬼，之后方可开工建房。房子建好后常要选择吉日迁入新居。搬家时要先搬大水缸，然后再依次搬入种子筐、铺盖、枕头、磨刀石、海螺、纺纱机。入住新房子前，主人还要用竹篾将梯子包上三层。各地孟族人搬家的程序不完全相同。也有些地方是佛像先入新屋，再由老人、父母领子女进屋，之后才搬入纺车、转轴、犁、耙、刀等用具。对帮忙搬家的亲友，主人常用饭菜招待。在搬完家之后、入住新居之前，还要举行消灾仪式为新居消灾。之后，房子主人要面东拜敬佛、法、僧三宝，朝南拜敬父母、往西拜敬土地神和村神、向北拜敬师长。同时，女主人也要跪拜男主人。跪拜时男主人会问女主人会不会以礼待客，女主人作肯定回答后男主人再象征性地将家中事务交由女主人处理。最后是听消灾经、分福和以食品招待客人。

六、克钦族民居

克钦族一般将寨子建于海拔1 500～2 000米的高山上。每个寨子一般为十至几十户人家，大的可达百余户。为了防火，克钦人的住房互不相接。各寨之间相隔近则半公里远则十多公里。

克钦族人的房屋为长方形，分两层，上层住人，下层养牲畜。房屋屋顶一般为人字形架构。克钦族老百姓的住房称为“荫达”，山官、土司的住房称为“腾努”。住房的称呼虽然不同，但基本结构相同。“荫达”与“腾努”的区分在于腾努里装饰有太阳、月亮的图案，供养着“玛岱”天神。除少数山官、土司住瓦房外，一般百姓都住竹木结构的茅草房。一般而言，克钦人的住房多建在山坡上，一边接地，一边架空，也有建在离地面二三尺高的木桩上的。克钦族认为如此建房既可防潮，又可防蛇。克钦族房屋全用粗大的树干作为支架，地板多由剖开的竹子捆扎而成，墙则用粗竹席隔出。房子前面安放有进户入室用的木楼梯。传统的克钦族房屋设有安放祖先及神灵牌位的“鬼房”。鬼房的柱子上要悬挂一条红绿巾和一些牛头，鬼房不允许外人进去。克钦族传统民宅一般开有前后两个门：前门为活人出入之用，后门是专门为鬼魂而开设的。客人要是误入鬼门，主人便认为是奇耻大辱，要罚这个走错门的客人杀牲祭祀，以安鬼神。此外，有些克钦族人家还专门设有一间称为“英拉达”的少女住房，也有将贮存粮食的房间临时当“英拉达”用的。

克钦族的房屋最多只住七八年，之后他们便要重新盖房。克钦族人常常是一家盖房多家相助。小的房屋一般一天就能完成，大房子两三天也能建完。建房时，主人不仅要用白酒、米酒和饭菜招待帮忙者，而且还要送给作为主要建房者的木匠师傅一个舂米碓和一副三脚锅架。新屋竣工后，要请巫师用两片干竹片磨擦生火，烧起大火塘，然后要用大火塘的火点燃其他各个火塘，以此表示妇女们可以开始在新屋内煮饭烧水了。入住新房时，克钦族人还要举办庆祝仪式。

七、克耶族民居

克耶族生活在山多林密、峡谷纵横的地区，民居多为干栏式建筑，以竹木结构为主。一般用树木作墙壁，竹子铺地板，白茅草做屋顶。房屋分两层，上层住人，下面养牲口或作为进行其他副业劳动的场地。各支系由于地域差异，起居习惯会有所不同。

图3-9　克耶族民居

克耶支系大多选择在水源好的地方建房居住；玛努玛诺支系喜欢在山坡上建房，全村的房屋屋顶都连成一片；因德莱支系的房屋大多建在山石之中；克洋支系在建房前要占卜选址，家中专门设有供奉家神的小房间，每个寨子都设有“小伙子公屋”，是专门为青年人谈恋爱准备的。

第四章　民间信仰与禁忌

第一节　神灵信仰的起源与分类

一、神灵信仰的起源及其分类

宗教与人类社会一样，经过了一个由低级向高级、由简单到复杂的发展过程。在原始氏族社会阶段，各个氏族都有许多神灵信仰和崇拜。这些神灵信仰经过了由物到灵再到神的发展过程，最后趋于组织化、系统化，从而达到一定程度上的完善。佛教传入缅甸以前，在原始拜物教基础上形成的神灵信仰在缅甸人心目中占有统治地位。佛教的传入丝毫没能改变这种状况。从种类上看，缅甸人的神灵信仰主要有3种：自然神信仰、婆罗门教神信仰、本土神信仰。

（一）自然神信仰

自然神信仰就是把自然界的某一事物或某种现象崇拜为神的信仰。它是远古时期人们对复杂的自然界缺乏认识而导致的一种崇拜现象。原始社会阶段，生产力发展水平极其低下，农业生产停留在刀耕火种阶段。人们对影响生产、生活的各种自然力量无法解释，也无法干预，从而产生了对自然力的依赖感。他们畏惧自然，对自然现象加以神化，产生了万物有灵和灵魂不灭观念，认为人世间的万事万物无不受神灵的支配。缅语称神灵为“nat”。缅甸人认为神灵有善恶之分，善神能保佑人们幸福安康，恶神只会给人带来灾难。

20世纪70年代末，考古学家在掸邦西部发现了原始人居住的洞穴——帕达林洞。洞中出土了大量的石器，发现了多幅洞壁岩画。画中有龙蛇、野象、野牛、鹿、鱼、太阳等图案。这些图案不但反映了旧石器时代原始人生产生活的场景，也反映了人们崇拜自然的一面。进入阶级社会后，缅甸境内的居民对自然物的崇拜进一步强化，逐渐形成了一系列的自然神，如太阳神、月亮神、宇宙神、土地神、风神、雨神、水神、火神、树神等等。在对骠族城邦毗湿奴城、汗林、室利差呾罗城的多次考古挖掘中，发掘出了大批带有日月、星辰、龙蛇、水纹、鱼等图案的器皿和银币，从一个侧面揭示了缅甸古代民族的原始信仰。

如今，缅甸纯粹的神灵信仰者大约有100万人。信众中克钦族、那加族、钦族等边远山区少数民族占了绝大部分。他们主要信奉自然神。虽然自然神的信仰在各个民族中或多或少地存在过，但在主体信仰单一宗教如佛教、基督教的民族中相对要少许多，而信仰非系统性宗教的民族中则要多些。由神灵信仰而导致的祭祀活动在各地、各民族间也不尽相同。农业祭祀和社神祭祀各地均有。祭神活动形式上分为家中祭祀、野外祭祀，或单独祭祀、集体祭祀等等。

由自然神信仰而衍生出的灵魂信仰在缅甸社会中也十分盛行。全缅各地都有神汉、巫婆。他们宣称能呼神唤鬼，使神息怒，保人健康。人们每每向其献上供礼后，神棍们就跳神舞、唱神歌，尽可能地虚张声势。各地的敬神仪式一般都有请神、供神、求神、神灵附体、驱魔及送神的程序。缅北、缅西北地区，神汉巫婆们还要搭牌楼、彩棚，用糯米、鸡、鱼、香蕉、椰子等敬奉神灵。伊洛瓦底江流域及沿海地区的居民还在船上敬神，以求河神、海神保佑。

（二）婆罗门教诸神信仰

缅甸人信奉的神灵当中，婆罗门教神是属于宗教类的神灵。众所周知，缅甸人是虔诚的佛教信徒，他们尽可能地遵循原发的、纯而又纯的佛教教义。然而要达到佛祖入灭前的法理委实不易。婆罗门教鼓吹神学，鼓励人们信神、敬神、畏神，训导人们要接受神示。佛教的兴盛虽然推翻了对神的崇拜，但却没有赶走神灵信仰。缅甸人在内心深处仍给神留下了一个空间。据文献记载，3世纪以后，随着大批印度商人的到来，婆罗门教传入了缅甸。商人们请来婆罗门僧侣，建造婆罗门寺庙，发展骠族、孟族人成为婆罗门信徒，对缅甸人的早期信仰影响极大。包括国王在内的人们开始信奉婆罗门教三大主神：梵天、毗湿奴、湿婆。骠族早期都城被命名为毗湿奴城就是毗湿奴神受到广泛崇拜的明证。蒲甘王朝时期的阿奴律陀王建造卧神庙，内置婆罗门教神毗湿奴、湿婆的神像供人敬拜。始建于1059年的蒲甘瑞喜宫佛塔围墙上砌的“内37神”是缅甸最早的系统神榜，它包括了诸多婆罗门教神如帝释天、湿婆、欢喜天、艺神等。江喜陀王继承王位时，曾手持毗湿奴神法螺，口念消灾经，举行了净土仪式。他还令人将其信奉毗湿奴神的内容镌刻于石碑上。信佛的上层人士中信奉婆罗门神者也为数不少。以前，每到缅历九月各地都要举行祭神会，受祭神明中有一部分为婆罗门教神。缅王时期在缅历四月举行的田耕祭中要有婆罗门教僧侣按印度教传统举行。近现代缅甸人的灌顶仪式中也保留有拜请印度神祇的内容。祭神会上婆罗门教神和本土神混在一起，缅甸人也照拜不误。由此可见婆罗门教传入缅甸后，婆罗门神在缅甸人的神灵信仰中始终占有重要的位置，已经成为传统文化中密不可分的组成部分。随着本土神的产生和发展婆罗门教神的影响正在逐渐降低，其位置也在慢慢地被本土神所取代。到贡榜王朝后期，妙瓦底敏基确定的37神神榜中除帝释天外其他婆罗门教神如梵天、毗湿奴、湿婆等均已不在神榜之列了。

（三）本土神信仰

本土神是相对于外来的婆罗门教神而言的，它是本民族产生的神。本土神不同于自然神，自然神是神化自然事物或现象而形成的。缅甸的本土神有一个发展和逐步完善的过程。现在的本土神一般指37神，它来自于对死者灵魂的崇拜。这些神大多是缅甸13—17世纪存在过的历史人物。他们有不同的装束、称谓、典故。每尊神都附带着一种习俗，常在一定的时间和地点朝拜。

传统神榜从蒲甘时代起就被明确为37神。这主要是因为37在佛教徒心目中为最大至尊之数。在缅甸人的传统文化中3、5、7、9、37是非常吉祥的数字。宗教上“3”涉及佛、法、僧“三宝”;“5”与佛教五戒有关;“7”关乎七位圣人的品德;“9”预示着佛祖的九项恩德；“37”联系着三十七提善分法。这些对于佛教徒来说都是十分重要的。习惯上人们念咒、念揭陀也要三本、七本、九本地念，以取3、7、9之数。此外，在文学、艺术、军事、文化等领域37也是一个吉祥之数。所以神榜中把神定为37尊也就十分自然了。

二、本土神的形成

4世纪以前，人们信奉的主要是自然神和婆罗门教神。骠族立国后婆罗门神对缅甸影响巨大。4世纪梯利干王时代，缅甸开始产生第一组本土神朵德榜神组。这组神共有7位，以摩诃吉利神为首，包括南玛多枝神、瑞纳伯神、东玛基神、东漂辛神、东班拉神和信尼米神。他们是缅甸最早形成的本土神，被供奉于卜巴神山。朵德榜是太公国和室利差咀罗时代的著名君主，这组神的产生与他直接相关，但朵德榜王本人却没有成神。据传，太公国时代太公国王杀了铁匠貌丁德，霸占了其妹玛索米。貌丁德死后变成摩诃吉利神。玛索米在其兄火化时跳下高台随兄而去，成为南玛多枝神，亦称金面神。朵德榜王在世时，有一妃子，被打入冷宫后仅作为一织布女供养。该妃怨恨而死后成神，名东班拉神。东班拉有女，名信尼米，因思念母亲抑郁成疾，死后成神。东玛基神和东漂辛神是貌丁德与龙女瑞纳伯之子。貌丁德死后，朵德榜王令兄弟二人相互打斗，双双死于非命，成为神灵。貌丁德之妻瑞纳伯因思夫念子，忧郁而死，成为神明。朵德榜神组是缅甸神灵信仰上升时期产生的一组本土神。此神组的出现表明骠族时代缅甸神灵信仰日趋完备。婆罗门教神开始与本土神共处也说明本土意识的抬头与民族自信心的增强。本土神的出现为缅甸人的神灵信仰增添了新的内容。

图4-1 本土神

蒲甘王朝建立后，缅甸人敬神之风日盛。国王在蒲甘城附近的卜巴山上建有神庙，每年缅历九月敬神月时上自国王下至百姓都要上山祭神。蒲甘百姓每家每户都立有神柱，平日供奉不断。阿奴律陀王确立小乘佛教的国教地位也丝毫没有降低民众的神灵信仰热情。这一时期是本土神产生最多的时期，也是民众由婆罗门神灵信仰转向本土神信仰的转折期，共产生了14位本土神。这一时期产生的14位神灵分别属于阿奴律陀神组和阿隆悉都神组。其中阿奴律陀神组有9位神：瑞彬瑙神、瑞彬尼神、执白伞神、信敏贡女王神、执白伞母后神、曼德礼波道神、良钦神、貌信神、信瓜神。阿隆悉都神组有5位神：敏悉都神、觉妥神、瑞德班神、瑞萨卡神、昂刷阿比神。这14位神明中瑞彬瑙、瑞彬尼二神最为著名。据传，此二神为兄弟俩，具有印度血统，力大无比。阿奴律陀王当政时，曾前往大理国恭请佛牙。当时兄弟俩作为侍从随王前往。在迎请佛牙返国途中，因不从王命而被处死在刀彬村后成为神明。阿奴律陀王在刀彬村兄弟俩被杀处建立了神庙。每年缅历五月上缅甸的传统节会——刀彬神会就是为祭祀这兄弟俩而举行的。

由于蒲甘时期神灵信仰泛滥，影响到了佛教的发展，所以阿奴律陀王下令在蒲甘城建立神庙，将所有神灵归置其中，供人祭拜。同时，禁止在其他任何地方建庙塑神，以限制神灵信仰的发展。此外，他还下令清除各地的神龛，将神像用铁丝穿绑，砌于瑞喜宫佛塔围墙上。围墙内侧神像称为内37神，外侧神像称为外37神。虽然当时内37神已经够数，但外37神却只有22位，且内37神中也还混有一些婆罗门教神灵。作为本土神灵的37神直到东吁王朝时才最后发展成型。据传，阿奴律陀王将神像砌于围墙上的目的是为了降低神的地位，提高佛的威望，以促进佛教的进一步发展。

邦牙王朝时期缅甸只产生了一位本土神，即貌波多神。貌波多是一位商人，被老虎咬死后成神。阿瓦王朝时，本土神再次大发展，产生了6位神，史称阿瓦敏贡神组。他们是敏达亚神、昂彬勒辛漂信神、额悉信神、信贡神、瑞努耶陀神、西宫娘娘神。阿瓦王朝时，神灵信仰发展到了鼎盛阶段，人们的求神心理得到了进一步的巩固与加强，各种祭祀连绵不断，神庙、神龛数超过了历史任何时期。

东吁王朝时缅甸又产生了8位本土神，称为莽瑞体—莽应龙神组。包括莽瑞体神、东吁敏贡神、北方主神、萨多加神、敏耶昂丁神、敏漂神、信多神、云布因神。加上众神之王帝释天，缅甸传统意义上的37尊本土神经过1000余年的发展，至此已全部形成。37神全部形成后，神灵信仰更加普遍。用猪、牛、鸡等动物祭神的现象愈演愈烈。以至于国王莽应龙认为动物祭祀动了杀戒，违背了佛理，还影响了农业生产。于是，他下令缅历九月禁止礼祭摩诃吉利神及其他一切神灵；禁止各家自立神柱、神龛。鉴于莽应龙的威望，这一时期缅甸人的神灵信仰受到了暂时的抑制。此事后来被史学家称为“莽应龙禁神运动”。

贡榜王朝时，神灵信仰在孟云王的支持下又有所抬头。各地的神殿、神庙得到了修缮，波巴神山上的摩诃吉利神像也贴上了金箔，戴上了金冠。历史上神灵崇拜虽受到佛教的排斥、封建帝王的反对、以及现代文明的冲击，但作为传统文化的重要组成部分，它已在缅甸社会中深深地扎下了根。神灵信仰与佛教已经在相当程度上结合在了一起，其影响力仅次于佛教。当今缅甸许多佛教徒同时也是神灵信仰者，这表明了神灵信仰的顽强生命力。现代，缅甸人的神灵信仰主要表现为10种形式：挂椰子风俗，敬吴信基神风俗，葬礼上的敬鬼风俗，拜敬各路神灵风俗，护身符、生辰八字图风俗，收魂习俗，遇事择吉日习俗，信命运习俗，信兆头习俗和卜挂看星相习俗。神灵信仰中被认为能给人带来吉祥幸福而常受敬拜的神有：观世音、守经女神、摩诃吉利神、吴信基神、刀彬神、九城主神、白马王神、玛纳蕾神和卷席神。

纵观缅甸本土神的形成过程，我们发现本土神多为历史人物，且多在缅甸境内成神。本土神所涉及的民族也有多种，以缅族为主。如本土神中有缅族神28位、孟族神2位、掸族神1位、云族神1位、印裔神3位、婆罗门后裔神2位。本土神的性别构成上，由于缅甸妇女的历史地位历来比较高，所以本土神形成时没有排斥女性的现象，37神中有女神10位。从成神条件上看，37神的构成主要有4类：（1）著名人物，如37神中有国王、王后、邑主等22位；（2）力大过人或做过惊天大事者，如瑞彬瑙神、瑞彬尼神；（3）死于飞来之祸者，如被虎咬死的貌波多神；（4）命运多舛者，如死于麻风病的云布因神。他们成神主要是因为在缅甸人的传统观念里帝王将相和猝死、恶死等非正常死亡者容易变成神灵的缘故。另外在37神之外，也还有一些影响较大的地方神灵。人们一般可以根据需要来敬奉相应的神明，以达到保佑自己幸福平安的目的。

第二节　各民族的民间信仰

一、缅族民间信仰

缅族是一个多信仰的民族，他们认为拜佛、持戒、行善为的是进入天国，而拜神却多为祛病除痛。

（一）万物有灵

缅族人从远古到近代都一直保存着其万物有灵信仰。在相信佛祖的同时也崇拜诸神。缅族人的神有两种：（1）天国中的诸神，由国王与有德者死后变成。如内37神和外37神；（2）主控自然界的精灵。如水神、树神、房神、村寨神等。在传统村寨入口，木棉树下都建有神龛。神龛大小不一，小型神龛如鸟笼状，有时挂于树上或挂于竹桩上。神龛内一般置神像，神龛有门，供人供奉祭品、清水。重要的神有村寨之神，主管一方土地。家中添丁、减人都应报告给他。村里每隔三四年要举行一次神会。做会时由神婆跳舞，取悦村神。

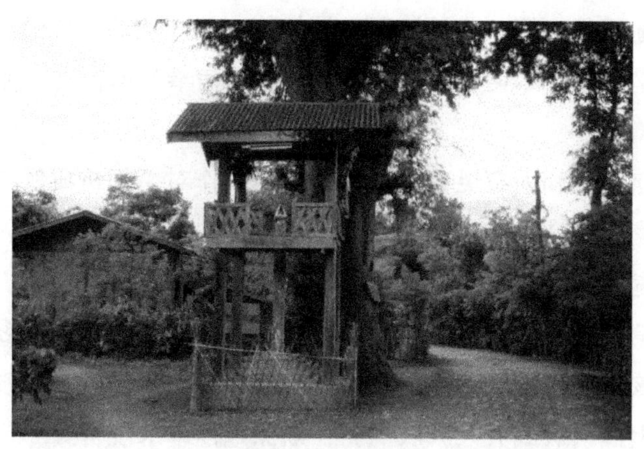

图4-2 村头神龛

缅族人认为每个人有12个神相伴。其中男女神各半，吉凶神各半。这些神一直都在挖空心思找对方的岔子，以占上风。如果凶神占上风，那么这个人就会败运、生病，故请神的目的主要是为了健康。缅族人认为家神是众神之首，叫摩诃吉利，其神位一般用白布系于房脊立柱上。家里也有用挂椰子来代替敬摩诃吉利神的。挂椰子习俗为敬家神的象征，因为摩诃吉利姐弟是入火为神的，而传统上医治烫伤常用椰子水，所以用椰子来代替。缅族家庭常在雨季之初换椰子，代表家神的椰子要无疤痕。雨季过后要用钱、米饭、鸡蛋、水果敬神，以求神为自家消灾。将椰子拜置于神位时，要把椰子放在贴金的高脚盘上，戴上贴金帽饰，挂上布扇，用香水泼洒敬奉。平时要注意不让椰子里的水干了，否则家人会头痛、生病。一般的缅族家庭，在竹楼前廊中常放置一个消灾罐。消灾罐形状像广口大肚陶罐。消灾罐中一般放有番樱桃树叶、竹枝、桐花、椰叶等。每月给消灾罐换一次水。每当家里有人远行或要消灾时，就用罐中的水泼洒房屋，有时也把番樱桃树叶挂于房檐门上，以达防灾、消灾的目的。

缅族对于不同的神有不同的请拜时间，但请拜的程序大同小异。拜神的目的在于消灾、祛病、添财。请神时，要有主祭师。一般在请神之前应在家中或家门外事先摆好神台，献上供品。由祭师念祭文，请神出山，告知事主的请求，尔后送神归山，事主则在家静候佳音。缅族人主要敬奉的神祇有：观音菩萨、守经女神、摩诃吉利神、吴信基神、敏基敏卡垒神（刀彬神）、九城主神、白马王神、玛纳蕾神、卷席神九神。此外，仰光一带的渔民在每年缅历四月举行敬神会，敬拜貌印基神。上缅甸敬奉酒鬼吴敏觉神。中部干旱地区在干旱时拜祭管收成的瓦帕箩神。全缅各地还拜主管丰收的棚玛基神等等。就拜神的习俗而言，拜守经女神的要挂鸳鸯女坐像，拜摩诃吉利神的要挂椰子，信奉刀彬神者不能吃猪肉。

（二）鬼魂信仰

缅族人相信鬼怪和人有灵魂。认为鬼怪与人作对，伺机要领走人的灵魂，使人生病。因而产生出许多信鬼魂的风俗。

1. 投食斋鬼

缅族人相信婴幼儿最无抵抗能力，容易被鬼怪侵害，所以对婴幼儿的照顾极为精心。在小孩出生前后，家里要做多次法事，以保婴儿健康。夜晚抱婴儿出门，要在婴儿额头上抹锅灰或大人脚底的泥，以保鬼怪不来侵害。

缅族小孩子如果每到天黑时哭啼不休，就会被认为是丢了魂，大人们这时就要斋鬼招魂了。一般投食斋鬼的方向为小孩的主宰星宿方向。投食斋鬼时用一敞口钵子，铺上香蕉叶，里面放米饭和红白颜色的饼，然后置于小孩星宿方向，使鬼怪饱食后不再害人。

大人们认为自己被鬼缠身或中了妖术时，则要施“哇恰”斋鬼礼。斋鬼时将一旧竹匾拿至斋鬼地点，在竹匾中放一反扣的陶罐盖，在盖中放些饭菜、肉食。然后用水滴绕锅盖转动，形成水圆。也有用灰代替水的。之后，用勺子敲一下陶罐盖，招呼野鬼来用斋，并求其保佑。

2. 巫医治病

有些佛教徒生病后一般要请郎中来医。郎中医不好时会认为是中了邪，要请巫医来治。巫医治病时要看生辰八字。如果确认是中了邪或是鬼魂附了体，则要用绳子捆绑病人，问鬼何故。得到答案后，病人要在自家门前斋鬼，满足鬼欲。如果斋鬼一晚病情仍不减轻，则要捉鬼。捉鬼方法一般是用藤条抽打或针扎病人，或者在病人眼睛中放辣椒面。病人呻吟得越厉害巫医会越高兴，因为巫医们认为不是病人而是鬼怪在受苦，只有这样鬼魂下次才不会再来害人。有时如果认为是因命不好而生病，巫医则要将一人偶放入小棺材中埋掉，让人偶替病人受苦。对中邪者，巫师的治法是持藤条立于中邪病人前，让病人合十挨打。巫师边打边问中邪的原因。缅族人认为一般都是因女巫作怪、报复而使人致病的。问明原因后，巫师开始惩罚作怪者。此时病人家属要为作怪者求情，交罚款。巫师警告作怪者不得使坏。

3. 招魂术

缅族人认为人死魂仍在，人由灵魂出窍而死。而灵魂不会老附在身躯内，灵魂离体远行会引起人做梦。晚上灵魂到处游荡，对人来说是很危险的。因为鬼怪会吓唬灵魂，使它不能入窍。灵魂找不到回路，人便会死。一些缅族人生病了找郎中开药，医不好时，有时会认为是丢了魂，因而要请法师招魂。招魂一般于深夜时分在室外或村外进行。招魂时要准备好米饭、香蕉、干豆等食物。然后请鬼怪用食，放回灵魂。一般认为鬼怪会装成狗的模样来吃。招魂要举行多次，直到病人痊愈为此。如果鬼怪贪食，把灵魂吃了，人就会死。

传统上，缅族人对难产而死的产妇及其生产的活婴常要施分魂术。一般认为要将随人而至的灵魂分开不是件易事。分魂时要叫来一位妇女，让她念念有词地走近尸体，将一镜子放下，然后在镜子上面放一些棉花，警告因难产而死的孕妇不要领走小儿的灵魂。这位妇女还要将一块手绢盖在镜子上，再慢慢拿开，放到小孩胸前，使母亲不再为难孩子，领走他的灵魂。缅族人一般不叫醒熟睡者，以防吓跑他的灵魂，使其生病。

二、克伦族民间信仰

（一）灵魂信仰习俗

克伦族十分注重人的灵魂，认为每个人的身躯内都有灵魂存在。灵魂常在人入睡时离开人体外出游荡。灵魂十分胆小，受到惊吓时往往找不到回身躯的路，这时人就会生病、死亡。当克伦人认为灵魂受到了惊吓，就要抚慰受惊吓的灵魂。在一些重要场合如婚礼、成年礼、斋神、葬礼、安放遗骨仪式之后常要收魂。收魂时由行家用线将被收魂者的手镯等系在一起，然后招魂祈福。

克伦人家中有人去世时还有驱魂的习俗。克伦族认为由于家人居住在一起，他们的灵魂相互之间也会十分亲密。家人去世后他的灵魂仍在，还会留恋家人。而死者的灵魂在家中停留会吓着小孩，会使他们生病、做恶梦。因此克伦族认为家人死后，其灵魂不应再停留在家中。克伦人在斋神或招魂时也会叫上死者的灵魂，告诉它们不要继续留在家里，要到应该去的地方。这样，将死者灵魂赶走后家人才会健康地生活。

（二）驱妖斋鬼习俗

克伦人认为这个世界上会有许多对人怀有敌意的妖魔鬼怪。它们常常附体于人身上，引起各种疾病。所以信神的克伦人常常要收魂、喝符水、拜神问卦、驱妖。特别是在埋葬死者时如遇到乌鸦叫、狗叫，尸体火化时竹子破裂等均会视为不吉，认为寨子里可能会再死人，故而要驱妖。驱妖时要拿上14根剖成半边的竹子、7根刺藤、7个竹甑。在寨子与坟地之间找一个地方，将14根半边竹子两头扳弯插入土中。竹子两根一组，共分为7组。每组之间放入竹甑、刺藤，再在不远处挖1个小坑，坑中放入饭包。主持驱妖者这时要说"死人，你就留在阴间吧，不要再来寨子里捣乱了"。之后用蒺藜将饭包刮下，其他人则用尖竹子戳饭包，再在饭包上点上蜡烛，淋上白酒，蜡烛灭时再用尖竹子戳饭包。主持驱鬼者这时要问："死了吗?"其他人则回答道："死了。"答完后要将带来的活鸡放掉，说："妖魔鬼怪随鸡去吧。"然后驱妖者回家用大叶解宝水洗脸，驱妖仪式完成。

有些克伦族家庭遇事不顺或者有家人生病时就会认为有鬼在作祟，故而需驱鬼。驱鬼时要将所有的房间打扫干净。然后取一只旧背篓，在背篓里放上饭菜、盐、辣椒等食物，口中念道"鬼呀，我已经请你吃过饭了，你不要再赖在这里了，快走吧"。然后将盛有饭菜的旧背篓放到房子附近的树底下再赶一次鬼。再将树下打扫干净，将扫屋和扫树底的扫帚扔掉，驱鬼完成。

（三）"多威"神信仰习俗

多威是供拜佐克宾山麓多威塔信众的一种信仰，以拜多威塔而得名。多威信徒主要敬拜多威塔。多威塔外型与一般小佛塔无异，多建在榕树下。每个多威塔都有神汉守护。多威塔信仰以佐克宾为中心，在帕安、大其力地区有众多的信众。多威信徒在结婚、剃度、远行时均要祭拜多威神龛。他们可以与信仰其他神祇的信徒通婚。信徒祭拜多威神时要供奉米饭、芝麻、椰子。

（四）波克伦家神信仰

部分波克伦佛教徒家庭流行供奉家神。波克伦语家神称作"昂索枷洛"，人们又叫它"榕木水罐神"。家神大约有2.5厘米长，以榕木水罐插上鲜花，在水罐边上写上神名的形式出现。波克伦人把家神供奉在家里。据说供奉家神能保佑家人平安。信仰家神的波克伦人家中如有布施、剃度、死人等大事时，要先报告给家神。子女结婚时新人们也要祭拜家神。祭拜家神多在晚上进行。供品有米饭、甘蔗、香蕉、点心、两朵红花、香水、八柱蜂蜡。此外，每年克伦历三月、十月要各拜一次家神。供奉家神的房间一般不让外人特别是不熟悉的青年男女进入。

（五）波克伦树神信仰

波克伦人中有一部分人不信仰多威，而相信波波基树神。与其他神灵信仰者一样，信徒们认为信奉树神可以祛病消灾、五谷丰登，使家庭兴旺发达，也可以使邻里亲友间更加亲密和谐。信奉波波基树神者多喜欢在村口榕树或其他大树下修建神龛。全寨子的人会在一定的时间里祭拜。整体而言，各地祭拜树神并无统一的时间。戊当地区每年要在克伦历五月、七月、九月三次祭拜波波基神。拜神时由神婆、神汉带领全寨人员到神龛前给树神献上公鸡母鸡各一只、白酒一瓶、红花五朵、槟榔包五百个以及米饭、糯米、清水，也有用猪肉祭神的。祭神后剩下的猪肉要平均分配给寨子中的每户，各家要用此猪肉回家斋神、收魂。寨子里拜祭树神时妇女应回避。家里斋神时家长要头戴白色岗包，并避免把家中物品拿到室外。若斋神时有客人串门，客人需等斋神完毕后方可离开。

（六）波克伦祭祖习俗

东部波克伦人认为人的灵魂不会灭亡。家人特别是祖先死后仍有灵魂存在，故他们特别看重对祖先的祭拜。通过祭奠祖先、怀念祖先的恩德也可以加强家族观念、增加家庭中的亲情。同时，祭奠祖先也可以请他们保佑家人。各地克伦族的祭祖风俗不尽相同，有一年内祭祖一次的（在克伦历七月），也有一年内祭祖三次的（在克伦历五月、七月、九月）。家中祭祖时所有家庭成员，包括已分家另过的成员（特别是女儿）都要赶回父母家。若不能回来则应事先通知。祭祖在傍晚举行。祭祖时先要在一个大圈浅竹盘中放上米饭、白条熟肉、一杯清水。全家要围坐在浅竹盘旁，由母亲召唤其祖父母的亡灵。亡灵到后用水洗手脚，再拿供品请亡灵享用。供品中也有用鱼、鸡、芝麻代替猪肉的。祖父母的灵魂享用完供品后，母亲要先动手吃供品，然后其他人跟着吃。祭祖时不能讲话，小孩不得喧哗吵闹。祭完祖，母亲要给儿孙分发穿有金银块的线圈。是夜全家人要睡在一起。祭祖一般要进行两天，第一天晚上祭母系祖先，第二天晚上祭父系祖先。两晚祭祖的程序完全相同。祭祖后次日，子女们便可分别回自己家了。父母去世后，子女可以在自己家里祭祖。

（七）斯戈克伦拜祖治病习俗

斯戈克伦人有家人生病、小孩闹夜时要祭祖。祭祖前要用鸡骨占卜。祭祖时要取公鸡、母鸡各一只，割断气管，用火燎掉鸡毛，开膛后用盐和辣椒煮熟，由病人的父母供奉给神灵，请其照顾病人，早日解除病人的痛苦。之后由父亲领头先吃一块鸡肉，子女、祖父母依次各吃一块鸡肉，然后一家人围坐在一起吃饭。次日，父亲要选一只小公猪，用手将猪放入水中溺死后宰杀。父亲杀猪时，家人要将双手置于准备好的芭蕉叶上。猪死后用一根竹竿贯穿猪的身体，开膛破肚，察看胆囊是否完好，若有破损则要再杀一头猪。然后将猪内脏、猪蹄用盐、辣椒清炖。熟后向神祈祷，再按长幼顺序各吃一块后一起吃饭。剩下的猪肉要分给邻居和亲友。病人的父亲还要在离住宅不远的树下搭一个小棚子，取一只白鸡杀后褪毛，置于小棚中斋祭凶鬼，让其远离病人。之后将光鸡取回，与家人一起煮食。

三、掸族民间信仰

（一）寨神信仰

掸族地区每个家庭都敬有家神，村寨都有寨神，每个地区也有土地神。居住在掸邦东部地区的掸族最为迷信，敬神意识极为强烈。其他地区的掸族人敬神观念则较为淡漠。大部分掸族人只在有事相求时才敬，且每年只敬一次神。农业是掸族最主要的产业，因而农业祭祀最为频繁。稻田耕作过程中要进行多次祭祀活动，如雨季开始时若风不调雨不顺就要拔河祈雨、祭祀神灵、参拜佛塔。秧苗发生病虫害时要请求神灵保佑。稻谷收割捆扎后要用两个熟鸡蛋、少量点心敬拜稻穗。新谷进仓时要在通往稻仓的道路上放上小堆稻谷，与神灵一起分享收获的喜悦。所有祭祀活动中，最重要的是祭寨神。寨神作为村寨的保护者要供奉于寨子旁边的树林中。掸族人一般在雨季插秧前和稻谷收割后祭拜。各寨的祭拜互不相同，有一年拜一次的，也有一年拜多次的。祭祀可以以户为单位，也可以以寨子为单位。祭祀前必须备办祭品。祭品主要有鸡、酒、蜂蜜、香蕉、鲜花、糯米饭。全寨性的祭拜活动由头人带领。祭拜时要关闭寨门，隔绝与其他村寨和人员的往来。掸族人认为，祭拜寨神时如果有外人闯入就会冲跑寨神，达不到祭祀的目的。祭祀时一般要诵读祭文，顶礼膜拜。祭寨神是每个村民的义务，特别是在迁入或迁出寨子时村民必须以供品祭拜，以求寨神批准和给予保护。

（二）家神信仰

和缅族一样，掸族也有家神信仰。掸族人认为家神是房屋的守护神，能保佑家人健康和出入平安。掸族的家神多供奉于卧室上方，每日要用清水供奉。掸族房屋有3排立柱，每排7根。其中第2排第4根最为重要，它是家神的栖居之地，称为中柱。人们不能在中柱上钉钉子，不能靠着中柱坐。为了方便家神出入，掸式房屋在侧面都开有一道门。家中若有人生病或者要出远门，掸族人都会祭祀家神。东枝一带的掸族，在男主人远行时女主人常要给佛龛献鲜花以求其夫能平平安安。

四、若开族民间信仰

（一）寨神信仰

若开族相信自然界有各种神灵，特别是相信山川湖泊、村寨有许多守护神，他们平时要祭拜神灵以防遭到各种凶报。

若开村寨都有神龛，供养护寨村之神，有些神龛建在树上。若无神龛则可在树上贴金代替。每年缅历三月要选星期二或星期六在城镇村寨附近祭拜守护神。祭拜时要给神明供奉一个开口的椰子、一碗五色米、一把香蕉和两盏油灯。灯油燃尽时要叫上邻居一起吃喝。

有些村寨每年在固定时间举行一次全村性的祭神会。祭神时要给神灵献上鸡、鸭、羊、白酒，叫上30～40位神婆跳神舞，其他人也可以参加。还要演奏颂神曲，并头挂神鼓，吹奏演唱歌颂神明的歌乐。若开族在耕种前要在田边大树上贴两块金箔、点上两盏油灯敬奉土地神，以求五谷丰登。

（二）斋鬼习俗

若开族人相信鬼魂，认为人生病是因为鬼魂在作祟，故他们认为只有斋鬼才可以避免病痛。如果一个人是在上山后生的病，那么斋鬼时要选公鸡、母鸡各一只，宰杀后褪净鸡毛用清水煮熟，再破膛，除去鸡肠留下鸡胗、鸡肝，装入锅中，再拿到病人去过的林子或受惊吓的地方，大声喊道："鬼怪大人，请你吃鸡了，你不要再附身了。"然后围坐一圈将鸡吃掉。其他人见后也可以坐进来一起吃鸡，但主人不能邀请别人来吃。平时生病可在黄昏时将猪肉、鸭子、池鱼装入小竹篮中斋鬼。

（三）收魂习俗

若开族重巫术，认为一些居心叵测者和恶鬼常会出来吓人，使人丢魂。因此要口念"别因、别因"、"别克友"来收魂。以前，若开人傍晚出门常要找一把屋顶的棕榈叶插在耳根后驱鬼。深夜回来时为了驱鬼，要在进门前要磕三下脚后跟，口中念道"别克友、别克友"。另外，如果有人中了巫术或被鬼魂附身，就要请巫婆治疗，或者念咒、戴符箓，或者戴咒圈驱鬼。

五、孟族民间信仰

（一）诸神信仰

孟族传统神灵大致可以分为两类：守护型神祇和生产型神祇。守护型传统神主要有椰子神（家神）、服装神、竹筒神、护树神4种；生产型传统神有土地神、山神、森林神等。孟族家庭的家神祭拜之职由长子负责，女性家庭成员不负责主祭家神。孟族会因家族的不同情况而祭拜不同的家神。孟族女子婚后要祭拜夫家家神。孟族人祭拜守护型神灵旨在保佑家人健康无恙、出入平安；拜生产型神灵旨在求得风调雨顺、五谷丰登。孟族人拜神时有许多程序，如请巫婆传旨、跳舞迎神、供品敬神等。公共的敬奉神灵仪式除了要供奉椰子、香蕉、糯米、糕点、服饰外还要跳神舞。特别是每年毛石豆兰花开花时节，孟族人常会用毛石豆兰花敬神，举行迎神舞会。迎神舞由神婆领舞，舞姿随歌声变化而变化，跳舞者人数由神婆指定。常用的乐器有半月鼓、唢呐、大鼓、小鼓等。跳完神舞后再用鸡敬神，守寨神则用内脏敬奉。跳舞请神时先请家神，之后再请其他神灵，也有搭彩棚接神的。有些还将神的成神过程用舞蹈的形式再现出来，神舞可多达32种。

1. 椰子神信仰

椰子神也称为勃固神，是守家神。和缅族一样，孟族祭拜的也是摩诃吉利兄妹。信仰此神者要将椰子用红色或白色御用岗包包上，并与套鼓一起悬挂于屋内的神柱之上。家中有人生病时要拜敬椰子。若椰子中的水干了，就要马上更换新的椰子，更换椰子时要问神婆有何禁忌。不跳神舞迎神时，需为神灵供奉上蒸米粉条、发糕、糯米饭、小粒汤丸、椰子、香蕉、槟榔等供品，否则容易遭祸。

2. 服装神信仰

供奉服装神者必须小心地保存好供神的服饰。供神的服饰包括长纱笼、对襟衣、佛珠、耳环、白头巾、戒指。这些服饰若有破损必须马上更换。敬神时要在家中搭神棚，跳舞迎神。神棚可以只搭1层。敬神时要有糕点作供品，同时需有乐队伴奏。

3. 竹筒神信仰

竹筒神由5、7、9个竹筒组成，悬挂于神柱之上。竹筒内装有红花。家中若有人生病，则要跳舞请神，更换竹筒。也有人在竹筒内浇入皂角水、香水后装入竹篮，挂于神柱之上的。敬竹筒神时要用50～60个椰子、100把香蕉、一些油炸饼、糯米、白酒、两只活公鸡、适量的烤鱼、黄瓜、木瓜和一个背篓供奉。

4. 波波仙人信仰

波波仙人也称信基，是村寨、城市的守护神。孟族人常在每年缅历三月末雨季开始之时和缅历七月结夏节时用糯米、椰子、香蕉供奉，也会在家中适时供奉。有急事相求时也可祭拜。祭拜此神时神婆会挨家挨户通知，要求捐献，村民们大多会积极响应。

5. 水路诸神信仰

孟族认为陆地上有陆地上的神，水中有水神，水神负责水中的事情。如果要走水路旅行或进行渔业生产，求水神保佑是必不可少的。渔民们常会在出门捕捞之前在船头供上一些放有鱼菜的米饭，或用猪肉、香蕉、椰子孝敬水神。走水路者也会用斋饭拜敬吴信基神。

6. 生产型神灵信仰

孟族是以从事稻作种植业为主的农耕型民族。他们相信土地山川都会有神灵主宰。为了能使农业生产有个好的收成，孟族对农神的敬奉十分虔诚。农民们常会在插秧前、稻谷扬穗前、开镰收稻前敬奉农田的土地神，求神保佑能有好的收成。有些农民甚至还在农田中搭起小竹楼或是在住房外建神龛敬拜。他们用蒸糯米饭、小粒汤丸、鸡蛋、白酒敬神，求神灵保佑家人平安、粮食丰收、稻谷免遭虫害。农民们还会在缅历八月里用椰汁和上炒糯米花放在田舍前的水罐架上敬神。

稻谷收割后为了求得好的种谷，农民们会在稻捆堆上树一根竹竿，竹竿顶端绑有一大捆稻子，意在谢神。也有在稻谷收割当月的月盈日施斋敬神的。施斋敬神时需用一捆蜡烛、一个椰子、45小盆软椰子饭斋敬八方神灵。孟族农民在丰收后还会用鸡、白酒再次敬神。敬神时要把整只鸡抹上姜黄和盐，放入马莲果脯、洋葱、辣椒炖熟后再供奉给神灵。同时还要用杯子装上白酒洒到地上，表示请四周的神灵享用。

（二）鬼魂信仰

孟族认为人是有灵魂的，如果人生了病就有可能是鬼魂附体，因而必须驱鬼压惊。

1. 投食斋鬼习俗

孟族人生病时常会去问星相。如果星相师说是得罪了鬼神，那就得请巫师斋鬼。斋鬼前孟族人要先用竹篾或菠萝蜜树叶作为盛斋食的供盘。供盘内要放上用香蕉，红、白、黑三色米饭，一支烟，100粒槟榔，以及用米浆做成的人、鬼、象，病人的指甲、头发、衣服，并用三角旌旗、红白花、蜡烛装点，置于病人脚头。再由巫师请鬼魂或施法者来享用供品，请求其免除病人的苦痛，并用刀从上往下刮病人的身体，之后再把斋食投往指定的地方。在投斋食时要把病人转移到别处，家中也不许人员进出。

2. 招魂习俗

人病后如果星相显示需要招魂，就必须先试一试卦相的真假。要先将7片槟榔叶涂上石灰，取7片剖成半边的槟榔放入水中，念道："槟榔向天，病痛靠边。"若槟榔全部朝上浮则不需要招魂，若有槟榔朝下浮则必须招魂。招魂仪式由神婆主持。招魂时神婆先在水盆中放入一撮棉花，将戒指用绳子系好放入盆中，口念咒符。如盆中棉花朝神婆方向移动病人就会痊愈，否则病人的病情会恶化，需另想办法。

六、克钦族民间信仰

克钦族社会主要相信万物有灵，认为神灵、鬼魂掌管一切，主宰一切。因此要定期举行祭祀活动祭祀神灵。克钦人相信来世，认为好人会有好的来世。他们还相信灵魂不灭，在家人死后，死者家属必须把死者的灵魂送到"疏刚"（天国）。克钦族的整个社会生活都与神灵分不开。人们从生到死要经历大量的供神、祭神、求神、问神的活动。克钦族村寨每年都要在寨子的入口处举行3次大型的祭神会。祭神期间，所有人都必须停止一切生产劳动，前来祭祀。

（一）众神之王"格莱格散"

在克钦族的信仰中，"格莱格散"是神与人的主宰，宇宙的最高统治者。格莱格散神长生不老、无病无灾，住在天国的最高层。人们在供奉他时只能放生不能杀生。格莱格散管辖地上的神、天上的神、家神等诸神。

（二）自然神信仰

克钦人的自然神信仰包括地上的神和天上的神两类。地上的神指与大地有关的神灵，包括山、川、树、石及鸟兽等。最大的地上神称为"色底"。"色底"神按照格莱格散神的旨意管理大地。天上的神包括日、月、星、风、雨、雷、电、虹等神。克钦语中天上的神统称为"茵萨"神，其中地位最高的是"玛岱"神。相传玛岱神的女儿与克钦族的土司（"杜瓦"）结婚，成为克钦族"杜瓦"的"丈人种”亲戚。所以只有“杜瓦”才能祭祀玛岱神以及玛岱神的繁衍者“色底”神。又由于雷神的女儿嫁给了普通的克钦人，故雷神为普通克钦人的“丈人种”亲戚。因而普通克钦人能祭祀雷神。

（三）家神信仰

克钦族的家神为自己家庭的保护神，主要由自己家中已故的祖先充任。家神中以“木代”神为最大。克钦族的家神随家庭的扩大会在数量上不断增加。每户克钦族人家都有专门的神龛供奉家神。习惯上克钦人在祭天上的神之前，必须先祭家神。

除善神外，克钦族认为还有给人类不断制造灾难的恶神。有专门为难渔夫和猎人的恶神，有专门为难产妇的恶神，有专门让人受伤的恶神等等。祭祀恶神时只能用猪、鸡、鼠等供品，而不需用大的牺牲。

（四）神职人员——巫师

为了酬谢善神、讨好恶神，克钦人有许多祭祀活动。这些祭祀活动一般都由巫师（拿特萨雅）主持。巫师根据能力的大小又有所区别。地位最高的巫师是“斋瓦”，他们主持最大的宗教祭祀活动目瑙节，主祭目瑙神。“斋瓦”是克钦族中最有学问的人，他们谙熟祭祀事宜，有着丰富的经验，而且还熟悉克钦族的历史。“斋瓦”之下有称为“董萨”的巫师。“董萨”分为三级：一是“戛董萨”，能主持天上的神和地上的神的祭祀活动；二是“素董萨”，可主持家神的祭祀活动；三是普通董萨，只能主持一般的祭祀活动。“董萨”下面还有称为“仲肯”和“盒龙”的助手。他们在祭祀活动中专门管理祭品。此外，还有一些低级巫师，如“能文董萨”和“迷蜕”等，也可以从事与宗教相关的活动，主要是占卜打卦。

习惯上，克钦人认为祭品的规格越高巫师的法力就会越大。所以在祭品使用上对巫师也多有规定：普通董萨只能用水、酒、鸡蛋和干鱼作供品，素董萨可用一缅斤猪肉作供品，戛董萨就可以用牛作供品。一般的祭祀活动对巫师的服装没有要求，但特殊的祭祀活动必须穿专用的服装。

七、钦族民间信仰

（一）神灵信仰

神灵信仰是钦族人最原始的信仰，几乎所有的钦族人都信仰神灵。他们把神分为家堂神和屋外神。家堂神主要是指保佑家人健康幸福的祖先和护家神。屋外神主要住在山林中。他们认为屋外神既能为人谋福也能给人添灾。

(二)保景浩信仰

保景浩教是19世纪末20世纪初起源于北部钦山区的本地信仰。保景浩是钦族人,生于1859年,其父母信仰神灵。保景浩成年后得到“帕仙”(Pasian)的启示,能祈佛治病。据说保景浩为154个寨子驱赶过68种凶神,从而使得信徒增多。保景浩教教徒主要集中在北部钦山区,以铁定和法兰地区为最。

八、克耶族民间信仰

克耶族主要相信鬼神和巫术。克耶人家中一般不设神龛,也不放神像。他们习惯把神龛建在寨子外,神龛中没有神像。克耶族的支系克洋人不相信鬼魂,但相信传统神——德功代神(“德功代”意为“幡柱”,也称为“咕都坡神”)。每年缅历四月每个寨子都要举办“德功代”节会(幡柱节)。克洋支系的佛教徒把咕都坡神视作土地神或帝释天。

伯耶人和玛努玛诺人在生病时用鸡骨或抽签占卜,并按照卦相祭祀神灵。因伯人信仰传统的“咕都坡神”,认为“德功代”是帝释天的拐杖,每年都要举办幡柱节。他们还相信山神、林神、河神、村神、家神等。每个寨子都有神龛。神龛形状像蘑菇,长3米、宽1.8米,用竹子制成,白茅草盖顶。因德莱人一般为佛教徒,同时也相信传统神灵。因德莱人非常重视“咕都坡神”,在立幡柱的地方都供奉有咕都坡神的神龛。

第三节　预兆与禁忌

一、缅族的预兆与禁忌习俗

缅族人有着十分浓厚的迷信心理,认为凡事都会有预兆,人们必须依照预兆行事,否则就有可能给人带来不测。征兆与禁忌是缅族人对社会事物、自然现象的一种心理反映。缅族人的征兆与禁忌心理存在地域差异。

(一)征兆

1. 吉兆

蜂在家做窝,兆头好。蜥蜴在,家安全。鼠咬床、衣服,兆头好。梦见死人,身体健康。梦见僧侣、水、太阳、月亮，兆头好。鼻子跳，对象在想你。右眼跳对象在思念。手臂跳，有福气。腰跳会得衣服。上嘴唇跳会吵架、有吃运。手脚指分开兆头好。

2. 凶兆

出门见蛇横爬过路，预示路远，兆头不好。听到凤头鸡叫兆头不好。狗叫时有鬼怪来。梦见穿新衣、打雷、地震均为不祥之兆。鹿进村，村子会毁坏，会带来灾祸。草鸮村里叫，会有人员死。走路遇绊，兆头不好。马车、牛车碰篱笆院墙，不吉利。吃喝时打哽，有人讲坏话。梦见某人抹香水，某人会有灾痛。梦见被狗追咬是凶兆。席子、垫子、衣服、纱笼上烧洞，兆头不好。镜子掉地，兆头不好。

3. 财运

梦见死人有财发。财神喜爱灵魂漂亮者。触到乌鸦、壁虎屎有财发。梦见蛆、豆、瓜果会发财。梦见吃瓜果会发财。手掌痒有钱赚。秃鹫在房子上歇脚不会发财。壁虎叫会停财运。

（二）禁忌

1. 生活禁忌

吃饭时有声响会变穷。吃完饭时不要讲“又完了一餐”，容易变穷。走路时脚步不能太重，容易变穷。不能踩饭、踩米糕，容易变穷。睡懒觉，会变穷。剪指甲后指甲要丢出去，留在家里会阻财。

在大树底下小便，树神会来附体。晚上端牛肉、鱼和其他食物进屋前应掰一块扔掉，否则鬼怪会危害小孩。房前停尸时要给小孩抹脚灰，否则鬼怪会附体；晒有衣服时，也应立即收回，不能让鬼魂沾上。上床时不要沾饭粒，否则饿鬼会来吓人。

孕妇不应做枕头之类的针线活；不能吃并蒂香蕉，不能吃丧家之饭，不能去丧家；泼水节不能泼水。傍晚小孩子不应出门。男子不能从绳子下走过。林中行走时，听到有人叫自己的名字不能答应，否则会丢魂。

礼仪方面，小辈从长辈前走过时需躬身低首。给长辈送东西时，不能用一只手送。与人交往时，不能摸别人的头。上佛塔进佛寺时要脱鞋脱袜，遇到僧侣时要礼让。

2. 结婚禁忌

缅族认为，周一生人与周五生人、周二生人与周三生人、周三生人与周日生人、周四生人与周六生人八字会相克，因此不宜结婚。

3. 建房禁忌

每月不宜在初三、十三、二十三打地基，否则房主会生病。初九、十九、二十九打地基，房主会变穷。初八、十八、二十八打地基家人会被抓。初六、十六、二十六打地基，家中有案件发生。

周日出生的房主建房时，周二、三出生的人不能拿测桩线。周日出生的人不能打桩；周一出生的人不得为周二出生的房主打桩；周二出生的人不得为周三出生的房主打桩、不得为周四出生的房主建房拿测桩线；周三出生的人不得为周四出生的房主建房打桩，不得为周六出生的房主建房拿测桩线，否则会招灾、破财、倒房。立桩时，桩不能立在龙头上，否则房主会死父母。建房时禁止在南面开门，容易遭劫。在西南开门则容易失火、失盗，在西南、西北开门房主家会变穷。

4. 睡觉禁忌

缅族人认为睡觉时，头不能朝西、朝北。夫妻不能睡在有神龛佛像的房间里。

5. 缅历中的黄道吉日

缅历中的下列日子是黄道吉日，在这些日子做事会大吉大利。

缅历一月的周一、周五日	缅历七月的周二日
缅历二月的周四、周六日	缅历八月的周五日、周三下午
缅历三月的周二日	缅历九月的周一、周六日
缅历四月的周三、周日日	缅历十月的周四、周六日
缅历五月的周三日	缅历十一月的周二、周四日
缅历六月的周四、周六日	缅历十二月的周三、周日日

（三）缅族占卜风俗

缅族人认为世上的一切都是由佛和各种神祇安排好了的。他们干什么事情都有问神卜卦的习惯。占卜结果显示为合神意、兆头好便能干，否则不行。特别是举行与公众有关的节会、敬神会时，都要就开始的时间、需供奉的祭品等问题问星相。生病、结婚等人生重大事项都要问卦求神。剃度、结婚时要问星相以选吉日。有事出门、买牛时要问，遇事不顺时更要问。每个缅族人出生后都有一个记载出生日期、时辰、星相等内容的生辰八字图。生辰八字图在儿童五六岁时由星相师制成。做法是在棕榈树叶上记载儿童出生的年、月、日、时辰、小孩的名字，以及出生时的星象、房屋等。在反面常刻有小孩的天宫图和发生凶吉的时辰。小孩的父母要好好保存小孩的生辰八字图，长大后再交由他个人保存。生辰八字是一个人最重要的东西。缅族人认为一个人一出生，他的命运就由其所属星相决定了。因此，遇事看生辰八字图就可以帮其解困。人死后，生辰八字图也要烧掉。据悉，生辰八字图的风俗是由印度传入的。

缅族人相信命运，喜好算命。以星相算命者多栖身于庙宇、佛塔广场上。看相时需要交钱。一般人遇事好问凶吉。遇凶则要设法做补偿，如放生消灾、做法事、捐旌旗等。算命时，算命师傅无一不问生辰八字。他们要根据星宿八字算出是否来财、是否有祸，是否走运等等。除了看星相外，缅族人也喜欢看手相。看相者主要依据掌纹来预测凶吉，出主意帮人消灾。

二、克伦族的禁忌习俗

（一）禁忌

克伦族有许多禁忌。家中的禁忌有：家中不能放酒，喝了酒的人不能进屋；房子底层不能让猪进出；不许在家中穿鞋、吹口哨、吹水牛角、拍手臂；不得哭闹、吵架；不能用石头砸他人房屋；不能在别人屋檐下大小便；去别人家时要从梯子上进屋，不能翻栏而入；客人不得踢打、拍击主人家的房柱；未婚男女在家中不得有过分亲密的举止；有不正当男女关系的青年不得上别人家；小伙子不得擅自进入闺房；上楼时要对着房子，下楼时也要面对房子，忌讳背对着房子。

村寨禁忌有：不得未婚同居，因为未婚同居会给寨子带来危险；搬运死尸时不得穿越寨子。

农业禁忌有：牛车不能穿越收割后尚未捆扎稻穗的稻田，若不得不经过，则事先要在田里撒少量的稻谷；象、猪不能进入晒谷场地；晒谷场地不能放酒瓶。

生活禁忌有：不能与参与遗骨安放的人讲话；吃饭时不能打喷嚏；饭没有吃完，同桌的人不得离开；祭祖时忌讳将屋里的东西拿到室外；安居期间及母山鸡叫时忌结婚；不能无故敲击铜鼓；女主人的背篓忌讳别人拿。

克伦人认为违反了禁忌就会给事主和物品所有者带来如生病、长疮、东西毁坏等灾祸。故若是自己犯忌则要诚心道歉并象征性地赔偿一个槟榔，若是母亲一方的亲戚犯忌则无须赔偿。一般人若犯了大禁则应在上半月赔偿，犯小禁则在下半月赔偿。礼赔时可以赔一只鸡。主人收到鸡后要放掉鸡，让鸡带走恶运。礼赔也可以赔香水、钱物等。若冒犯了神灵，冒犯者还必须祭神斋鬼。若犯忌冲撞了某人使其生了病，赔礼时犯忌者要从礼赔的鸡身上拔一根鸡毛，将嚼好的饭粒抹到病人身上，祝病人早日康复，并把礼赔的鸡放跑。但在克伦历一月却百无禁忌。

（二）克伦族占卜习俗

克伦人信神敬神，依靠神灵来远离灾祸。但是如果违反了常规，没有满足神的需要，神明们就会通过征兆来表达自己的不满。这时便要占卜问卦，问凶吉了。若遇不吉就要考虑敬神斋鬼、祭祖收魂等来消灾避祸了。

克伦人为了预先知道某件事情的结果都常常会卜卦，如在刚干某一件活时、在有危险时、在亲戚朋友去世时、丢失东西时、姑娘们找对象时。克伦人卜卦的方式有十多种，其中影响最大、使用最为频繁的是用鸡卜卦。克伦人用鸡卜卦的方式有3种：（1）鸡头卜卦。鸡头卜卦时要先将一只活鸡打死，察看鸡死时鸡头的位置。如果鸡头转向卜卦的师傅则为吉卦。鸡头如转向别处则要捡起死鸡，从鸡身上拔一根鸡毛竖到厨房中，再卸下一条鸡腿，褪去鸡皮洗干净后将鸡毛插入鸡腿的孔中。若鸡毛可以插稳则是吉卦，鸡毛杆折断则为不吉，插后反弹回来则为凶卦。（2）竹签卜卦。卜卦时将小竹签插入祭神用的供品鸡两侧翅膀中。依据竹签的位置来卜凶吉。（3）鸡腿骨卜卦。用鸡腿骨卜卦时，先由问卦者带上两根鸡腿骨，卜卦的师傅用树叶将鸡骨包好，捆上线，看着问卦者的脸念咒语。之后在两根鸡腿骨上的小孔中插上竹篾。根据竹篾的形状来解卦象。

三、掸族的禁忌习俗

（一）禁忌

掸族人的禁忌非常多，各地不尽相同。如串门时不能穿鞋上楼；不能背靠中柱；不能在中柱上挂东西；中柱的楼下部分不得栓牛；忌讳客人私自进入主人的卧室，忌讳客人走神门；任何人不得从火塘上面跨过，不能移动火塘上的三角架；客人不能坐主人的位子；客人不得在商贩家吹笛子、口哨；招待的东西客人要食用；留宿时客人只能睡在堂屋头，不能对着主人睡；妇女不能靠近佛龛坐；在信卷席神的掸族人家里做客不能上房屋北边；婴儿未满半个月，不要去他家串门；别的寨子死了人，在死者下葬前不要去那个寨子。

（二）掸族占卜习俗

掸族人迷信心理较重，遇事好卜卦问吉凶。掸族人有两种方式卜卦：（1）鸡骨卜卦。鸡骨卜卦多用于卜健康状况和东西遗失情况。(2)稻谷卜卦。稻谷卜卦常用于选地择日盖房修庙。卜卦时要先捧一小堆稻谷，用物遮挡住，然后许愿。次日再揭开遮盖物将谷粒一一数来。若谷粒为双则吉，为单则凶。还有一种方法是将谷粒数除以四，以余数论吉凶。

除此之外掸族人还相信征兆。如果梦见活的马、象、虎、钱与宝物、花、已经过世的朋友、打开的雨伞、好吃的东西，或梦见自己在空中飞翔、逆水行舟、坐船过河则是吉兆，会发财添福。如果梦见婚礼、铜板、月亮、溪流，或自己在洗澡、穿新衣、被狗追咬或被蛇咬、米饭开了、船顺流而下、马跑下山则是凶兆。梦见包头巾丢了最不吉利，而梦见自己手抓月亮则最吉利。

四、若开族的预兆与禁忌习俗

(一)预兆

若开族认为任何事情都会有凶吉征兆。凶兆可以找到破除之法。若开人认为梦见寺庙倒塌、大旗幡、王宫冒白烟是凶兆，大病会流行。此时要手持与自己生辰八字相合的鲜花在佛塔下洗头。梦见自己的纱笼被烧是生病之兆，要洗头、往佛塔上贴金箔。

若开人新婚时，新人把吃剩的喜饭装在罐子里盖好后置于床尾，满7天后再打开看时，若是生了蛆则视为吉兆，会发财;若长了霉则是凶兆，会受穷。另外，猫头鹰叫、蜂做窝、蛇上楼、白蚁窝凸起是凶兆，要请和尚念经消灾。

(二)禁忌

若开族人忌讳买白牛，认为白牛败家。忌讳用手指果树上的幼果，认为被指过的幼果会坏。他们不在房屋周围种植榕树、木棉树、铁力木。若这些树木自然生长在房屋周围，房屋主人也要尽早将其拔除，否则它们会伤害房屋主人，使房主受穷。若开人一般不在房屋的南边和屋前种香蕉，香蕉要种在房屋北边或侧面。房屋前面不能种葫芦瓜，容易破财。房屋正前方不能放旧水罐、水杯，它们会挡断财源。渔民们出海时不能吹口哨、说粗话。捕到鱼时不能说“鱼很大”。进了产妇家的渔夫不能拖细网。

若开族忌讳用刀碰房子和墙壁。不选倒在溪流、小河中的树木建房。若建房前房主去世，建房用的木料则要捐出来建寺庙凉亭。不要拿着旧水罐、旧水杯进出别人家。房屋换梯子时新梯子不能短于老梯子，梯子的级数必须为单数。

若开人忌讳在一年内办剃度礼、婚礼两项大礼。若确有需要，这两项大礼需要相互回避。即剃度在泼水节期间办，婚礼在其他时间办；或者在这一年中增加一次布施礼。如果家中有孕妇，则忌讳办大礼。路遇送亲队伍时忌讳从队伍中间穿过。若开人忌讳在饮水池中洗漱，也忌讳在池塘里洗脚。

配偶去世后，头七之内不能上别人家，不吉利。为死者反手、泼水、洗脸者在上半月不得去别人家，为死者端饭者在人死的当月也不得上别人家。

若开族孕妇也有许多禁忌。忌讳天黑后出门，如果非出门不可，则要在其头上插缝衣针，以防鬼魂侵袭。夜间有客人来访时不陪客人聊天。孕妇还忌讳出远门、踩坟地、送葬。孕妇的丈夫不能抬棺木，不能从绳子、藤条下经过。孕妇忌吃生菜、糯米饭、竹笋、蘑菇、并蒂香蕉。不能坐在梯子口、大门口；不能缝枕头、床垫；不能提前准备婴儿衣服；不能参加婚礼或送贺礼；不能买刀具；不能种树；天黑后不能洗澡。流产或堕胎的妇女一个月之内不能出入别人家。产妇生产时男子不能进产房。

五、孟族的预兆与禁忌习俗

（一）星相与征兆

孟族人十分相信星相与征兆。认为要发生的事情事先都会有征兆出现。要是兆头不好，孟族人就会拜神消灾。孟族人的征兆观主要集中在农业生产和人生祸福方面。

有蜂从森林往田里飞会有雨下；翠鸟鸣雨来临；水牛脚印朝外翻不会再下雨；紫柳花盛大雨会来临；红蚂蚁在树下做窝会有大风。

海龟进屋产蛋主人会死；蜂从屋头进来在屋子里聚集是凶兆；蜥蜴进屋是凶兆；鹿进屋是凶兆；秃鹰停屋头，凶兆，房屋不宜再住人。泼水节第三天东方打雷牛多病。东边打雷会发水灾、人会病、稻谷会减产，东南边打雷会死树木，南边打雷会有战祸，北边打雷会有大水。

锦蛇进屋主人会享福；西北打雷人幸福，东北打雷五谷丰。月亮偏南谷价低，月圆谷价稳定。牛犊吸奶兆头好财运足。出门见蛇会有远行。

（二）禁忌

孟族人民在长期的生产生活中逐渐养成了一套完整的禁忌习俗，认为某件事情必须怎么怎么做，否则就会得罪神灵等等。佛教信仰强化了孟族的禁忌观念。

1. 生活禁忌

在饮食方面，孟族人煮饭时勺子不能放在锅上，吃过的剩饭不能放回锅中。妻子吃饭时丈夫不要去凑热闹，妻子吃过的槟榔丈夫不能接着再吃。舂米、煮饭时不许找虱子。敬过神后才能吃龟肉、龟蛋。

在起居方面，孟族人逢星期一、星期三不能理发，星期二、星期六、星期天不能剪指甲。洗脚时不能剩水；男女服装不能混放；包头巾不能系于腰间；扁担不能踩；接神之前不能戴毛石豆兰花；病人不得去孕妇家；妻子有身孕时，丈夫不能抬死尸、打铁棍；睡觉时头不能朝北、朝西；孕妇不能坐在大门口；去别人家串门时不能直腿坐或者躺卧；嫂子有身孕时小叔子不能结婚；一户人家一年内不能办两次婚礼；丈夫出门时妻子不能洗头，要给佛像献鲜花；用船或牛车载货物卖时不能捎客。

月蚀前不能干重活、大活。月蚀时要敲仓门、用硬币驱鬼，出门要先拜佛陀、父母。

2. 建房禁忌

星期二、星期六不宜建房；用作房柱的木头不能上大下小或者中间大两头小；树好的房柱如果倒了就不能再用；缅历一月和坐夏期间不宜建房。

3. 生产习俗与生产禁忌

耕地时不能唱歌；不能拿筛子、石碓进碾谷场；捆稻穗之日、晒稻谷之日不借谷给外人；两块稻田之间不能种糯谷；星期日开始犁地，星期一播种，星期二开镰，星期三收稻，星期四稻谷入仓，星期五浸种，星期六簸谷。

4. 购物禁忌

星期日不宜买日常用品、星期一不宜买服装、星期二不宜买地、星期三不宜购物、星期四不宜买珠宝、星期五不宜买金、星期六不宜买牛。

六、克钦族的禁忌习俗

(一) 生活禁忌

克钦族男人最忌讳人家摸头，人们也不可以随便玩其头巾。若有人故意去碰他的头或玩他的头巾，便会认为是对其莫大的侮辱。

在婚姻方面，克钦族忌讳妹妹先于姐姐结婚。若妹妹先结婚，便会被认为是对姐姐的一种侮辱，姐妹之情有可能因此而断绝。

在起居方面，克钦族人有许多忌讳，如男子不能从楼梯下走过。有女人在楼上时，男人忌讳进入屋的下层。男子还忌讳穿女子的衣服，不能用女子用过的棍棒什物等。远方客人来访时，进寨要下马，进屋须赤脚，否则定遭主人的拒绝。客人进屋要重步行走，如果是轻手轻脚、无声无响地进屋，便会被怀疑为盗贼。客人带来的东西要放在主人指定的地方，不能自己随便乱放。客人挂刀时，刀口必须向外，不然就会被当作刺客。

在饮食方面，克钦族人也有许多迷信和忌讳。如果某人痴呆，便会被认为是他吃多了猪尾巴的缘故。某人胆小，便说他吃多了乌鸦肉，胆大则会被认为是吃了老虎肉。小孩不能吃鸡蛋，吃了鸡蛋手脚就无法长大。妇女怀孕时，忌吃蜂蜜、豪猪肉、狼肉、长臂猿肉，否则就会流产。怀孕期间孕妇不能过江河，不能把自己身上的任何一件饰物送人，不能爬高上低。妻子怀孕时，丈夫也不能出远门，不能过江河，不能安装刀柄，不能磨刀。

（二）生产禁忌

克钦人经常祭祀土地神，以祈求风调雨顺、五谷丰登。但在祭祀后的一段日子里，人们不能去祭祀的地方，不能跨过围着祭祀品的圈子。年轻人不能到神龛附近谈情说爱，不能在村子里舂米、砍柴，也不能串门。稻谷成熟时，不能带着藤蔓、藤捆和山羊穿越稻田，不能带着核桃树叶等经过稻田，不能让客人到脱粒场。脱粒场上不能穿鞋，也不能带刀枪等武器，

七、钦族的预兆与禁忌习俗

（一）征兆

钦族的征兆主要与占卜和信仰有关，涉及地质灾害、动物活动、人的梦境以及人类生产活动等方面。南部钦族人在建新屋时要与巫师和长者商量，请巫师选地基，巫师在选定的地基上埋下谷子、玉米和豆子，如果第二天埋下的谷物没有了，就认为这个地基不好，要重新再选。钦族人在新开垦荒地时也要请巫师。巫师把要开垦的地里的土块放在枕头下，如果做好梦就开垦，梦不好就要重新选地。有的寨子有人生病或丢了牛也要问巫师，巫师就会请神附体，问病能不能好，牛能不能找到。钦族人进山打猎前也要用鸡占卜，用红色羽毛的鸡祭礼山神。

钦族人相信有鹿进村，村子会遭火灾。暴风雨袭击寨子，会有人暴毙。发地震，会有大疫。日落时出现晚霞或不该下雨时下雨，谷物会遭虫灾。看到蛇交尾，

兆头不好。打猎时熊、鹿挂在树上死了，不是好兆头。家里养的猫往外跑、狗上屋顶或厨房长出蘑菇，会有灭顶之灾。白蚁冢长蘑菇是好兆头，会发财。出门落下东西，不是好兆头。听到啄木鸟叫，不是好兆头，路上会有危险。寨子里、家附近的树上或家里蜜蜂做窝，兆头好。野蜂进家做窝，家里种的树枝繁叶茂的话主人会发财、谷物的收成会好。赶路时看见蛇从高往下爬是好兆头，反之则是不好的兆头。上嘴唇跳要吵架，下嘴唇跳有好吃的。上眼皮跳是福，下眼皮跳是灾。下地或打猎时左腿遭绊会有妨碍，右腿遭绊是好兆头。

梦见家里遭火灾，会死人。梦见吃牛肉，就要去打猎。梦见臼齿掉，父或母会有难。梦见前牙掉，朋友有灾；梦见犬牙掉，会死一个家人。

（二）禁忌

钦族的禁忌因地而异。一般来说，钦族人最主要的禁忌是避讳家神不喜欢的行为。

1. 生活禁忌

妇女怀孕时不能吃没熟的水果、猴子肉和蛇肉；不能淌过有流水的河流；不能折树枝。有的地方孕妇还不能用墓地的东西；不能用难产而死的人家里的东西。客人不能去看放在屋角的炊具；不能说要用枪、刀打死、杀死谁。戴老虎牙和虎骨能避邪。缅历三月不能结婚。

2. 建房禁忌

钦族人建房时用材很讲究：不能用三杈木，不能用砍伐时掉进河里的树，不能用有鸟巢、蜂窝的树。立房柱时，柱子不能相碰。房屋不能建在土岗上，也不能建在坑多的地方。

3. 生产禁忌

雨季下第一场雨时不能下地干活，否则收成会不好。妇女不能参加打猎。进山打猎时，不能说别怕虎、别怕其他动物的话，说了是会有危险的。打到老虎后不能唱歌，虎头虎身不能拿进寨子。打猎时不能在河流湖泊边小便。打猎结束后不到家不能解开头发。

八、克耶族的预兆与禁忌习俗

（一）征兆

克耶人认为出现月蚀的月份建房不好。嘎巴人认为地震对胎儿会有影响；还认为星星陨落、打旱雷会有战事；发生日蚀就预示着会有土司或国王去世；月蚀是凶兆，为了消除凶兆必须敲鼓。盖可人认为日蚀和月蚀是凶兆，克洋人认为旱地遭雷击是不好的兆头，要杀猪祭祀；在地震时要大喊“我还在”，否则地震会一直不停；星星朦胧会有战争发生。伯耶人认为地震是不祥之兆，会有大疫；有流星出现就会出贤人；出现月蚀农作物会收成不好。玛努玛诺人认为月蚀是山狗在吃月亮。发生月蚀，农作物会减产。因伯人、因德莱人认为地震发生就会有圣人出现，是好兆头。

克耶人认为梦见自己穿深色衣或是打扮一新就会生病；梦见进山就会受苦；听到编鼓音乐是不好的兆头；梦见捡到钱就会生病；梦见捕鱼就会得到物质利益。嘎巴人认为梦见捕鱼会倒霉；梦到去世的家人打不到猎物。盖可人认为梦见捕鱼就会得到物质利益；梦见吃东西不是好兆头；梦见太阳、月亮是好兆头。玛努玛诺人认为梦见死人打猎就会得到很多猎物；梦到采蘑菇去钓鱼就会钓到很多鱼；梦到家里遭火灾就会有一个亲友去世；梦见大象进村寨或梦到牙齿断了自己就会死掉一个儿子。因伯人认为梦见火灾会碰到困难；梦到捕鱼就会得到钱；梦到老鼠就会有外人在背后说坏话；梦见鸡就会有亲友在背后说自己的坏话。

克耶族认为猫头鹰、肉垂麦鸡、枭等进村寨或叫着从寨子上空飞过都是不祥之兆；鹿进寨兆头不好；深夜狗叫也是不祥之兆。也有的地方认为狗进寨，寨子会遭灾；蜂窝挂在房上是好兆头，但挂在屋檐下就是不好的兆头。

克耶人认为临外出时家人打喷嚏或路上碰到鹿兆头不好。嘎巴人认为父亲去打猎时孩子说要跟着去不是好兆头。盖可人认为上眼皮跳有难，会生病；临外出时腿遭绊不是好兆头；做买卖时碰到蛇或鹿在前面经过就会亏本；也有的认为在路上碰到蛇、遇到下葬都是好兆头。克洋人认为在路上碰到蛇从路右边向左边爬行会发达，反之则是不好的兆头；碰到麂子从路左边走到路右边是不好的兆头，绝对不能继续上路；在做生意的途中看到妇女露腿露臀洗澡就会破财。伯耶人外出要占卜看是否有利于出行。玛努玛诺人外出时碰到蛇或老虎或家人打喷嚏会认为兆头不好。

（二）禁忌

克耶人耕种和狩猎前忌食大豆、忌食刚死过人的人家的食物和敬神的祭品。在收割期间，割稻者不能理发，田地的主人不能见客，不能和客人交谈。孕妇忌食鸡蛋，怕胎盘只有鸡蛋大；不能见蛇和猴子，怕婴儿像蛇一样吐舌头，像猴子一样顽皮；忌食蕉苞，怕难产。忌食芭蕉，怕一胎多子；分娩前，丈夫不能砍龙舌兰，怕婴儿嘴唇外翻。盖可人孕妇不能砍伐藤葛缠绕的树木，不能洗挂包，不能补枕头上的洞，不能坐在门口，怕难产。她们也不能接触沾有树脂的网，怕胎儿沾在母亲体内。

嘎巴人禁止妇女在经期割稻、进入打谷场和搬运稻谷。克洋人禁止在月圆和月晦日插秧、割稻、狩猎；禁止妇女吃敬神祈求丰收的祭品；禁止在月亮半圆的日子里盖房子；出发狩猎前忌食大豆和虾酱；不能把猎获的兽头带入寨子中；狩猎期间要关闭寨门杜绝客人来访；客人有急事非进寨子不可时，要交钱25缅分；狩猎期间寨子里不能煮酒，不能纺纱织布。

伯耶人狩猎前忌食牛肉、野猪肉、野猫肉和野鸡肉；在去狩猎的路上碰到亲友时不能打招呼，怕一无所获；举行丧葬前不能狩猎和开山种地；盖新房进山取材的第一天碰到熟人时不能交谈；孕妇分娩后一个月内不能接近神龛和到丧家串门。玛努玛诺人禁止携带结婚时的礼物出远门；狩猎时不能在寡妇家借宿，怕打不到猎物。因德莱人过幡柱节时忌食鲤鱼、蜥蜴；孕妇的丈夫不能随大家进山砍伐用作幡柱的木材。

（三）克耶族占卜习俗

鸡骨占卜、折篾占卜在克耶族中十分盛行。鸡骨占卜有两种方式，一种是占卜时把鸡骨投向贝叶经，用经文来断定凶吉祸福；另一种是把鸡脖子拧断后用腿骨占卜。若腿骨卦相与巫师的祷告相合则是吉卦，反之则是凶卦。

折篾占卜也有两种，一是折断的篾片长短一致，这是吉卦。若前面的断片超过最后一节的一半，不吉也不凶，若短于最后一节就是凶卦；第二种是根据自己的需要折成单数或双数，祷告数与结果一致就是吉卦。

第五章　宗教文化

缅甸人主要信仰佛教，其次是基督教、伊斯兰教、印度教和神灵崇拜。根据缅甸政府1994年的统计，当时缅甸约有89.28%的人信仰佛教，5.06%的人信仰基督教，3.78%的人信仰伊斯兰教，0.5%的人信仰印度教。而根据英国经济学家情报部编《各国情况报告：泰国/缅甸》（1992/1993年）的统计，缅甸有佛教徒3 500万人，约占缅甸总人口的87.2%，占缅族人口的95%；基督教徒约230万人，占总人口的5.6%，其中三分之二是克伦族人；穆斯林约147万人，占总人口的3.6%；印度教徒约41万人，占总人口的1%；纯粹的神灵信仰者主要是克钦族和钦族，约100万人，占总人口的2.6%。

第一节　佛教

缅甸是一个传统的佛教国家，其佛教体系属于南传巴利语系佛教。根据缅甸政府统计，1994年缅甸有佛教僧侣143 152位，沙弥206 668位，尼姑23 017位。僧尼总数占全国总人口的0.77%。

一、佛教的传入和早期佛教

从现有材料来看，佛教最先传入下缅甸孟族地区。传入的时间最早可以推至佛祖在世时。据仰光大金塔一块刻于15世纪的碑铭记载：大约在公元前6世纪杜温那崩米地区（金地）的孟族商人答波陀、跋梨迦兄弟俩，赶着500辆牛车去印度卖粮，路遇佛祖乔达摩在菩提树下坐禅。兄弟俩拜见佛祖，布施听道。后佛祖赐其8根头发。回到缅甸后，他们在丁固达拉岗上建立起一座佛塔，将佛发珍藏于塔中。这塔便是仰光大金塔。

又据锡兰《大史》、《岛史》记载，公元前242年（阿育王时期），佛教僧侣在华氏城举行佛教第三结集。随后，阿育王向9个地区派遣法师弘扬佛法。其中须那法师和郁多罗法师来到了杜温那崩米地区弘法。这个地区就是以今直通为中心的下缅甸孟族地区。据悉两位长老弘法的当年便有6万众生获得真法。3 500名男子、1 500名女子剃度为僧尼。

相传，5世纪时孟族高僧佛鸣长老将其在锡兰大寺中整理的巴利文三藏经典及其注释带回直通，为孟族引进了纯正的上座部佛教。后来上座部佛教又流传到室利差呾罗、掸邦、若开等地。1906年考古学家曾对骠国故城室利差呾罗一带进行考古发掘，发现了大量的佛像和巴利文经典残片。证实了5—9世纪时缅甸中部曾十分盛行上座部佛教。佛教在骠国盛行的情况也见诸中国史乘。《新唐书·骠国传》中就有骠族"喜佛法"、"民七岁祝发止寺，至二十，有不达其法，变为民"的记载。在上座部佛教盛行于骠国的同时，上缅甸地区也有大乘佛教传播的迹象。这一地区出土了青铜观音菩萨立像。7世纪起，印度的密宗也开始传入缅甸。在卑谬的骠国故城，梵文"诸法从缘起"的密宗偈语碑文也有发现。11世纪以前，蒲甘一带还盛行一种大乘教派——阿利僧派。阿利僧着蓝色僧服，留寸发，生活放荡。传教士人数逾万，弟子6万以上。阿利教有森林派和聚落派两个派别。它的产生和发展可能与婆罗门教的性力派有关。1044年，阿奴律陀继承王位后取缔了该教派。

综上所述，对早期佛教我们可以勾勒出如下线索：上座部佛教于公元前3世纪由水路传入缅甸南部孟族地区，尔后虽有衰落，但未曾灭绝。3—4世纪时上座部佛教沿伊洛瓦底江北上，传入骠国。之后，大乘佛教和密宗也相继由水陆两路从印度传入中部地区。11世纪中期以前，大乘阿利僧教派还曾在蒲甘流行。

二、国教地位的确立与佛教的兴盛

1044年以前，缅甸境内存在着许多独立小国。阿奴律陀登上王位后征服了各路诸侯，统一了缅甸。他整饬教派，发展农业，为蒲甘王朝的发展奠定了基础，也为佛教的兴盛创造了条件。由于在佛寺隐居多年，阿奴律陀深受佛文化的熏陶。继位后又受到来自直通的孟族高僧阿罗汉的影响，他立下了改革教派，弘扬佛教的志向。阿罗汉长老精通三藏，为弘法来到上缅甸地区。他经人引荐，见到了阿奴律陀国王。长老的学识及对佛理的领悟深得国王的敬重。1056年，阿奴律陀王采纳阿罗汉的建议扫荡了阿利教势力，废除了大乘、密宗、婆罗门等教派。他定佛教为国教，尊阿罗汉长老为国师。由于阿罗汉初至蒲甘时未携带完备的三藏经典，便建议国王遣使直通，向孟王摩奴诃请赐三藏经典和佛舍利，但遭拒绝，引起了阿奴律陀的不快。于是阿奴律陀派兵进攻直通。围城3个月后攻陷直通城。击败孟王摩奴诃后，阿奴律陀王令人将直通的三藏经典及注释用32头大象运回蒲甘，同时将500名高僧及30 000名能工巧匠带到了蒲甘。征服直通是缅甸文化史上的重大事件，它使蒲甘的佛教、文化艺术和手工业都得到了前所未有的发展。

征服直通后，阿奴律陀王又与锡兰通好。派遣僧团前往锡兰迎请完备的三藏经典。他还广建佛塔寺院，塑造佛像，改革佛教，使其盛行全国。江喜陀王继位后，仍大力推崇佛教。江喜陀去世后，其外孙阿隆悉都继位。阿隆悉都也一如其先辈，在各地广建寺塔，保持了佛教繁荣的局面。这时的蒲甘实际上已成为继锡兰、直通之后的又一佛教中心。

1173年那罗波帝悉都登位。缅甸与锡兰间的宗教往来仍十分频繁。国师般他求也西渡锡兰，在锡兰求法6年，于1173年回国。此后，缅甸佛教开始较多地受到锡兰大寺派的影响。般他求的弟子、后来的国师乌多罗耆婆长老也于1180年率领众僧赴锡兰求法，受到大寺派接待。长老本人也被誉为“遍历锡兰第一法师”。乌多罗耆婆长老回国时，留下了孟族沙弥车波多。车波多在锡兰大寺受比丘戒，留学10年，1190年返缅。与他一同返缅的还有4位外国比丘：尸婆利、多摩陵陀、阿难陀、罗睺罗。他们在蒲甘创立了缅甸的大寺派。由于大寺派戒律严格，因而受到了国王的青睐。在那罗波帝悉都王的支持下，大寺派在缅甸获得了较快的发展。缅甸的佛教从此分成了两派：车波多的锡兰派（又称为后宗）和前国师阿罗汉所传的缅甸派（又称作前宗）。

乌多罗耆婆和车波多两位长老赴锡兰求法归来后，大大地促进了缅甸佛教的发展和佛经的研究。车波多长老学识渊博，论著丰富，深受那罗波帝悉都王的赏识，被封为国师。车波多的重要著作有《经义释》、《阿毗达磨简释》、《行者明灯》、《律兴起解释》、《戒本明解》、《戒坛庄严》、《发趣论注》、《法集论研究》等。其中以《阿毗达磨简释》和《行者明灯》最为著名，是研究上座部佛教论藏的重要参考经论。

11—13世纪的蒲甘王朝是缅甸佛教发展的黄金时期。经过几代国王的热心护法，传教长老的竭力弘法，直通孟族地区的上座部佛教传统在全缅发扬光大。从锡兰引进的上座部大寺派传统也从一个侧面促进了蒲甘佛教的纯洁。蒲甘威名远扬四方，更使得佛教精要汇集于蒲甘。蒲甘的壁画、雕刻、建筑艺术在繁荣的佛教的推动下有了长足的进步。蒲甘成为当时东南亚名副其实的佛教艺术中心。

三、佛教的发展与整合

上座部佛教经过蒲甘王朝的辉煌后继续蓬勃地发展。佛教从孟缅地区向境内其他少数民族地区的传播，取得了很好的成效。1287年，元朝蒙古军队南下，推翻了蒲甘王朝。缅北的掸族乘机南下，把势力扩展到中部和南部地区。缅甸出现了群雄割据、互相征战的混乱局面。北方掸族王国邦牙聚集了许多阿奴律陀时代被驱逐的阿利教僧侣，上座部佛教十分微弱。后来上座部比丘小阿罗汉和天眼来邦牙弘法，得到国王的崇信和扶植，上座部佛教才开始发展起来。1324年乌阇那继位后，建立77座佛寺供养来自蒲甘的阿罗汉派和阿难陀派僧侣。两派发展，人数增至数千。1364年，实皆王他拖弥婆耶战胜邦牙并迁都阿瓦。由于国王信奉阿利教，上座部佛教又受到暂时的压制。1368年，明吉斯伐修寄王登位，礼请其师大寺派高僧差摩遮罗长老担任国师，佛教才又得以快速发展。1429年，锡兰高僧室利萨达磨楞伽罗和信哈罗摩诃萨弥带着5颗佛舍利来缅弘法，受到南方勃固国王的冷遇。阿瓦国王闻讯后派遣40艘船只亲迎其来阿瓦弘法。锡兰僧人与原有3派僧侣和合共住，探讨佛法，阿瓦佛教逐渐兴旺起来。1540年，阿瓦国王思洪发感到佛教太盛，危及其统治，加上他认为各地佛塔与佛法无关，只是帝王藏宝之处，于是下令各地拆毁佛塔，遭到各方强烈反对。这更使思洪发感到了佛教的威胁，决定剪除佛教。他设计在阿瓦附近的刀巴奴举行斋僧大会，邀请阿瓦、实皆、邦牙等地的3 000名比丘赴会。正当僧侣们用斋之际，埋伏在四周的军队一齐出击，杀死了360位比丘，其余比丘则侥幸逃脱。随后，思洪发下令毁佛塔、烧经书，致使阿瓦佛教遭到重创，史称“思洪发灭佛运动”。

在南方的勃固，1453年女王信修浮继位。由于女王贤明，国泰民安，勃固佛教蒸蒸日上。信修浮王在位8年后让贤给驸马达磨悉提。达磨悉提是位还俗和尚，在位20年。他统一了当时勃固的6个佛教派别，改革了勃固王朝的佛教。1475年，他派僧团赴锡兰受戒。僧团归国后，他择地创设“结界”之地，下令各派比丘重新依照锡兰大寺派传统受戒。经过3年的整饬，有800位高僧，14 265位青年比丘，601位沙弥受戒。在他的推动与参与下，以往300年来的派别对抗自此统一于大寺派的传统之下。

16世纪以后，缅甸历代君王都热心护法，佛教一直繁荣兴盛。特别是东吁王朝的莽应龙王，笃信佛教，护持佛法。他在位30年，广建寺塔，供养各方僧众。

他自毁王冠，装饰佛塔，大量印发经书，鼓励研习。他严禁杀生，要求境内的掸族和穆斯林全部皈依佛教，把上座部佛教推广到缅北边境地区，使佛教盛极一时。

贡榜王朝时期，孟云王兼并若开后，将若开的佛像法宝运回缅甸本部。1802年，他派遣5位比丘赴锡兰传法，建立了阿摩罗补罗教派，成为锡兰佛教三大派别之一。为缅锡（兰）佛教交流做出了重大贡献。1856年，即敏东王继位后的第3年，为了弘扬佛法，决定兴建新都曼德勒城。在兴建新都的同时，大批佛教寺塔、经楼、戒堂也拔地而起。由于无法实现其政治理想，敏东王转而全身心地弘扬佛法。1871年他召集2 400名僧侣在曼德勒结集，对巴利文三藏经典加以校订。这次结集以律藏为重点，史称“第五结集”。僧侣们用5个月时间齐诵一遍三藏之后，又花5年时间将其刻于729块大理石上，以使经文长存，佛法永驻。

在部派争论方面，15世纪后期根据勃固国王达磨悉提的旨意而统一起来的僧团，由于对戒律理解的不同而孕育着分裂的迹象。僧团间的争论在18世纪达到了高潮。1700年东吁王朝娑尼王时期，求那比兰伽罗长老认为披袈裟袒右肩和用棕榈叶扇遮阳不违反戒律，因而受到排斥。僧团由此分裂成两派：偏袒派和被覆派。东吁王朝时被覆派势力较大，而到贡榜王朝时主张偏袒右肩的阿杜罗长老出任雍籍牙王的国师，偏袒派占了上风。到孟云王时期，由于国王认为偏袒派论据不足，命令其与被覆派统一。1784年，两派结束部派之争，重归统一。

纵观缅甸佛教的发展，可以说13世纪后期至19世纪中叶是缅甸佛教的大发展时期。具体表现为佛教向边缘少数民族地区的传播、佛教的深入人心、僧侣学者对佛经研究风气的日盛、缅甸佛教在锡兰民众中威望的不断提升等。部派纷争的平息和教派的多次统一也展示了佛教强大的一面。

四、佛教的暂时衰落

1824年、1852年和1885年，英国通过3次英缅战争吞并了整个缅甸。缅甸从此沦为英属印度的一个省。在英国的殖民统治下，缅甸社会中的许多制度遭到了破坏。佛教方面，僧侣的宗教作用和社会地位大为降低。天主教、基督教大行其道，西方文化借助国家机器一时成为主导文化。佛教遭受了越来越多的压制和排挤。

在英国统治的地区，即1824年后的若开、丹那沙林，1852年后的勃固，1885年后的上缅甸，佛教先后失去了国教的地位。殖民当局表面上保持宗教中立，不愿对佛教有所干涉。但由于失去政府的支持，佛教僧侣没有了统一的中央组织，各寺院自成一体，佛教的影响和作用大为减弱。僧侣们也丧失了过去受国王和官员尊崇的地位。僧侣界被剥夺了僧侣犯小罪由僧侣内部惩罚的传统权利。随着注册寺庙学校的迅速而大幅度地减少，僧侣也快速地丧失了传统文化教育传播者的地位。传统寺庙教育在西式教育的冲击下奄奄一息。巴利语也随之失去了传统的价值。佛寺作为佛教传承研习中心的功能也大大削弱了。缅王时期一村一寺的景象不再，三四个村子共用一座寺庙的现象多了起来。佛教在殖民时期开始了全面的衰退。

1887年，首席专员查理斯·克鲁思威特拒绝了国师提出的承认僧侣享有传统特权的要求。1895年，国师般若萨弥圆寂，殖民当局不肯任命新的国师，企图使影响国民最深的佛教群龙无首。缅甸人民与殖民者之间的矛盾日益加深。为了缓和矛盾，1901年英国首相库松访缅时委托缅甸僧伽团体自选僧王，由英国政府加封。1903年，当温法师继为僧王，被英政府封为“教统”。教统的职责和地位与国师相当。1922年，当局被迫同意将教统的宗教司法权扩大至下缅甸地区。殖民者还设立巴利文考试奖以笼络僧侣学者。1938年，当温法师圆寂，教统一职又空缺了起来。殖民当局对佛教的麻木态度引起了全民信佛的缅甸人民的强烈不满。为了振兴佛教，维护自身权益，僧侣们纷纷组织起来参与政治斗争。1891年的缅甸佛教协会、1898年的护法会、1904年的仰光佛教学会、1906年的佛教青年会、1918年、1920年的仰光和曼德勒僧伽团等组织的相继成立成为佛教与政治相结合的先声。1920年缅甸佛教团体总会的成立则标志着以佛教为旗帜的各种进步思想汇集成为一股抗英反帝的政治力量。广大的爱国僧侣普遍认识到振兴佛教、争取僧侣权益与反对殖民统治、维护民族尊严、争取民族独立是分不开的。为此，他们积极地参加争取独立的斗争。吴欧德玛法师和吴威沙拉法师就是其中最杰出的代表。高僧们的英雄事迹震动了佛教界和整个缅甸社会，极大地鼓舞了缅甸人民的抗英斗争。

1930年的农民反英大起义——塞雅山起义就是在这种情况下爆发的。起义中许多佛教僧侣成为塞雅山的追随者和各地起义军的领导者。寺庙成了起义军“咖咙会”会址和起义指挥中心。僧侣们还是1938年全国反帝大罢工的积极参与者和支持者。在反抗殖民统治、争取民族独立的斗争中有许多僧侣献出了自己的宝贵生命。

总的来说，殖民时期由于帝国主义者对佛教的文化排挤和打压政策始终没有改变，失去了政府扶持的佛教在西方宗教、西方文化和殖民政治的多重冲击下无可奈何地衰落了。

五、佛教的复兴与再发展

1948年1月4日，缅甸脱离英国的殖民统治成为一个完全独立的国家。在沦为殖民地的半个多世纪里，佛教是缅甸人民反抗外来侵略、争取民族独立的思想武器。独立后，佛教又成为全体国民的精神寄托和传统文化核心的标志。缅甸独立后的第一部宪法明白无误地写道："国家承认联邦绝大多数公民所信奉的佛教的特殊地位。"从而以法律的形式肯定了佛教的地位和作用。1950年，缅甸政府设立了宗教部，负责制定了有关僧侣的法规、关于佛教大学和培养佛学指导者的条例法则。同年，联邦议会通过了《佛教组织法》、《巴利语大学与佛经讲授师法》、《巴利语教育委员会法》，把弘法活动法律化，为佛教的发展提供法律依据。1951年8月26日，在吴努总理的领导和推动下，全国性的佛教徒组织——佛教评议会在仰光正式成立。佛教评议会作为领导全体佛教徒的团体，其宗旨在于弘扬佛法、励行教义，确立佛教稳固的基础，保持佛教的神圣地位。根据《佛教评议会条例》规定，该会由来自缅甸本部和山区少数民族地区的80位委员组成。其职责是向国内外传播佛教；设立国内传播中心，提供佛教研究的场所和设施；主办佛教经典考试；奖励对佛经的传播。佛教评议会设立执行委员会，以政府代表为核心，推进和落实各项具体工作。此外，政府还成立了佛法戒行部，以监督僧侣戒行，严格僧伽纪律，解决僧俗纠纷。在吴努及其政府的全力推动下，缅甸的社会改革、政治进步和佛教发展有机地结合到了一起。佛教从理论到实践上都进入到了一个全新的阶段，全国出现了前所未有的弘佛热潮。缅甸作为佛教国家也因此在世界佛教国家中享有崇高的威望。

1950年，缅甸政府用英国军舰迎请锡兰的佛牙，并在各大城市巡回展出。这是独立后的首次佛事活动，极大地调动了僧俗各界的护教热情，为佛教复兴高潮的到来奠定了基础。1954年5月佛诞日至1956年5月佛诞日，佛教评议会和宗教部联合组织了佛教第六结集。为了搞好这次结集，迎合佛教徒复兴佛教的愿望，吴努政府耗资200万美元大兴土木，在仰光市东北郊吉祥山修建了和平塔和大圣窟。并在和平塔、大圣窟附近新建了一所佛教大学、一座戒堂和一座图书馆。它们与塔窟一起构成了一座现代化的佛教城。这次结集主要是对巴利文三藏经典进行校订。有关方面选取了第五结集时编定的缅甸巴利语版圣典，参照锡兰版、泰国版、柬埔寨版及巴利圣典会罗马字版等版本，加以补充编纂。这次结集动员了锡兰、泰国、缅甸、尼泊尔等国的2 500位高僧参加，历时两年。高僧们认真考订了全部三藏，在1956年佛祖涅槃2 500年前夕完成。为了纪念佛灭2 500周年和庆祝本次结集成功，缅甸政府和僧伽组织于1956年5月22日至27日在大圣窟举行了盛大的庆典。政府对罪犯减刑大赦，全国放假6天，并命令屠宰业休业4天。这次结集不仅加强了佛教徒的团结，加快了佛教向少数民族地区的进一步传播，而且对整合缅甸民族文化，提升缅甸的国际地位都有十分重要的意义。结集所产生的现代最权威的巴利文三藏经版本也体现了现代佛学研究的重大成就，为纯洁上座部佛教做出了不可磨灭的贡献。

结集结束后，有3个佛教团体马上向吴努总理和宗教部提出了“佛教国教化”议案。缅甸的佛教国教化问题由来已久。早在1947年5月制宪委员会起草宪法时就有人提出了佛教的国教化问题。由于考虑到信仰其他宗教的一些少数民族的立场议案未获通过。同年5月23日缅甸反法西斯人民自由同盟召开全体会议，做出了国家对宗教问题保持中立的决定。但1947年的宪法还是承认了佛教的特殊地位。此后，佛教徒便以僧伽为中心，不断利用政府振兴佛教的政策向政府施加影响。

第六结集期间，佛教界向政府提出了在包括国立大学在内的各级国立学校中将佛教列为教学科目的问题。1954年9月政府权衡利弊后做出了让佛教徒，同时也让穆斯林和基督徒在国立学校接受各自宗教教育的决定。这个决定一出台，便立即遭到了佛教团体的强烈抨击。政府被迫让步，只把佛教列为教学科目，而非佛教宗教教育只能利用教室以外的其他场所进行。

佛教国教化议案再度提出后，吴努总理表示原则上同意。但他担心会产生教派冲突，未敢做出决断。僧侣们对此极为不满。1956年6月吴努暂时离职以处理佛教问题。此时自由同盟内部主张优先发展农林业的吴努派与主张工农并举及着重工业化的吴觉迎派各树一帜，把佛教国教化问题扯进了政见之争，导致1958年春两派的公开决裂和吴努总理的辞职。1960年，吴努为首的廉洁派在大选中获胜。执政后廉洁派政府成立了“国教问题顾问委员会”，探讨国教化问题。该委员会以吴登貌为首，由18名高僧和17名在家僧组成。经过一年多的努力，国教问题顾问委员会于1961年8月17日向议会提出了宪法第三次修正案："联邦大多数公民信奉的宗教佛教为国教。"8月26日该修正案获得通过。随后政府制定《国教推进条例》，详细地规定了佛教与社会生活的关系。这些举措引起了非佛教徒的强烈不满，导致国内政局动荡不安。以奈温为首的国防军感到国家有分裂的危险，遂于1962年3月2日发动军事政变，推翻了吴努政府，成立了革命委员会。革命委员会执政后，实行政教分离政策，拉开了佛教与政治的距离，使佛教走上了独立发展的道路。

六、现代佛教状况

（一）革命委员会与纲领党时期的佛教

1962年3月国防军政变上台后，成立了缅甸联邦革命委员会管理国家。革命委员会采取了严格的政教分离措施：停止执行有关宗教的宪法条文，限制缅甸之声广播电台佛教节目的播出次数。3月底，军政府派出一个调查委员会调查佛教评议会的职能、财产状况、债务等情况，进而解散了缅甸最大的佛教组织——佛教评议会。1963年，世界佛教徒联谊会总部被迫从仰光迁到曼谷。在军政府的阻拦下，缅甸佛教界代表没能参加1964年在印度鹿野苑举行的世佛联第七次代表大会。1965年1月18日，军政府又宣布废除《佛教评判条例》、《巴利语大学与佛经讲授师法》等法律。佛教僧侣与军政府的矛盾进一步加深。

为了加强对佛教僧侣的控制，1965年3月17日军政府在仰光省毛庇镇召开了首次全缅僧侣代表大会，全缅42个县的2 000多名僧伽代表出席了会议。会上政府将《佛教僧侣团体管理法》（草案）提交僧侣们讨论，引发了极大的争议。同时仰光、曼德勒的部分僧侣上街游行示威，公开反对政府。军政府则以武力镇压了这次反政府示威。实际上，奈温及其军政府主张政教分离并非是要反对佛教。只是感到佛教对政府的威胁过大，而不允许佛教过多地参与世俗政务。1965年，军政府镇压僧侣们的反政府示威后就一直避免与僧侣发生正面冲突。同时政府也采取了一些支持佛教的象征性措施，对巴利文三藏研究仍旧给予资助，对佛教圣地也注意保护。1968年，奈温顺道朝拜了佛教圣地菩提伽耶，带回一株菩提树幼苗。他还允许前总理吴努以佛教讲师的身份在全国各地发表演讲。在政府的支持下，1973年，缅甸成立了旨在向国外传播佛法的世界传法苑。1974年1月3日通过的新宪法仍然强调政教分离，强调"不论种族、宗教信仰、地位或性别，在法律面前一律平等”，“宗教和宗教组织不得用于政治目的”。宗教界人士也没有选举和被选举权。

20世纪70年代末，缅甸政府对佛教的限制有所放松。1980年5月24日至27日召开了由1 226名僧侣代表参加的“全国佛教纯洁、巩固、发展各教派僧侣代表大会”。这是缅甸政府举行的第二次全国性佛教僧侣代表大会。会上政府承认了全国的9个佛教派别：善法派、瑞京派、大门派、根门派、西河门派、竹林派、捏顿派、目固多派、摩诃英派。大会讨论通过了《僧侣组织基本章程》、《僧侣律法纠纷案件审理裁决办法》、《发放僧侣身份证决定》等决议。选举产生了僧侣中央委员会、国家律法规范师协会、国家僧侣大主席团等全国性僧侣组织领导机构。为表善意，奈温政府颁布命令授予其以前的政敌“国家功臣”的荣誉称号，同时还宣布了大赦。政府还在仰光大金塔东南面兴建了大胜塔以示纪念。1981年，政府根据僧侣代表大会的决议对僧侣、寺院进行了整顿。当年3月至8月，有300名“伪僧”被勒令还俗，300多间私建佛寺被拆除。政府对居住在佛寺的俗家弟子也进行了清理。通过1980年的僧侣代表大会，政府不得不有限地参与佛教活动，以取得僧侣们的谅解。此后政府对僧侣的控制稍有放松，僧侣的权力也比以前有所扩大。佛教界与政府的关系暂时有所缓和。

（二）新军人政权时期的佛教

1988年是当代缅甸政治发展的一个转折点。首先是爆发了自独立以来时间最长、规模最大的反政府运动，接着以苏貌将军为首的国防军发动政变执掌政权。佛教与新军政府的关系也发生了一些变化。在1988年的民主运动中，一些激进的僧侣直接参加了反政府活动。曼德勒僧侣自发组织起来保护市民举办的“民主墙”，包围军火库，阻止军警取弹药。僧侣们还为反政府人士提供住宿、经费和建议。许多佛塔寺院成了民主运动的指挥中心。全国各地还成立了许多支持民主运动的僧侣组织，如曼德勒四方僧侣同盟、全缅青年僧侣联盟、住持法师僧侣团体协会等。相对而言，曼德勒僧侣的政治倾向性更强，这一点在1990年的宗教抵制运动中表现得尤为突出。

1988年9月18日由军人组成的恢复法律和秩序委员会上台以后，通过武力镇压使缅甸的局势逐渐趋于平静。军政府宣布开放党禁，许诺实行真正的多党制议会民主，在适当的时候举行大选并还政于民。以昂山素季为首的全国民主同盟在1990年5月27日举行的大选中取得了压倒性的胜利，但军队拒不交权，引起了包括僧侣在内的社会各界的强烈不满。于是僧侣们在全国范围内发起了一场宗教抵制运动。1990年8月27日，曼德勒8 000多名僧侣拒绝为军人及其家属举行任何宗教仪式，并且拒绝接受他们的布施。随即宗教抵制运动波及仰光、蒙育瓦、实皆、瑞波等城市。公众也纷纷响应僧侣的宗教抵制运动，拒绝和军人同乘一辆公共汽车，拒绝卖商品给军人家属。宗教抵制运动使军政府和军人处于非常尴尬的境地。因为像缅甸这样的佛教国家，一个佛教徒如果得不到社会的承认，也就没有了社会地位。所以不给军人做佛事就意味着开除军人的佛教教籍，对军队的稳定极为不利。在与僧侣谈判未果的情况下，军政府采取断然措施，宣布宗教抵制非法，是政治行为。勒令所有涉嫌政治活动的僧侣团体解散。对曼德勒地区的133所寺院强行进行搜查，逮捕了包括民主派僧侣领袖吴耶瓦达法师在内的几十名僧侣。基于几千年来佛教只有在得到政府的大力支持下才能更好地发展这样一个事实，部分僧侣尤其是高僧认同和支持军政府。

新军政府上台之初基本上继承了奈温时期的佛教政策。但迫于形势不得不采取一些安抚措施。1990年的宗教抵制运动也促使军政府对佛教的态度发生了根本性的改变，从佛教的角度采取一系列措施来巩固政权。丹瑞将军的上台标志着这种转变的完成。政府领导人开始重视佛教，积极组织和参加佛事活动。利用媒体开展声势浩大的宣传活动，极力宣扬佛教教义，报道政府领导人拜见高僧、布施物品的消息等。军政府还分别在仰光和曼德勒建立了两所条件优越的国家三藏经佛教大学，派遣部分高僧去国外考察佛教教学方法，从而调动僧侣从事佛经研究的积极性，争取僧侣和政府合作。军政府还大规模地维修和新建佛教建筑，在边远地区推广佛教。寺庙教育也有了长足的发展。

军政府对佛教的推崇和弘扬并不意味着他们放弃了对佛教界的控制，相反这种控制一直在加强。首先，军政府明确了政府与佛教、政治与僧侣的关系。其次，军政府完善机构，加强了对僧侣的管理。1991年5月9日，军政府成立了内政宗教部下属的佛教传播发展局。1992年3月20日，又单独设立宗教部，下设宗教管理局和佛教传播发展局。省（邦）和镇区也设有对应的机构，以加强管理。缅甸政府规定每5年举行一次全国性佛教僧侣代表大会，并于1990年和1995年分别召开了第三和第四次僧侣代表大会。在1990年第三次佛教僧侣代表大会上成立了佛教考试律法规范师协会、山区传教中央僧侣委员会等组织。同时产生了省邦僧侣主席团49个，镇区僧侣主席团513个，街区（乡）僧侣主席团3 653个。国家僧侣大主席团、国家僧侣中央委员会和国家律法规范师协会的成员由军政府圈定。国家僧侣大主席团负责僧侣中央委员会的日常工作。军政府还利用国家宣传工具反复宣讲僧规戒律，借助舆论的力量监督僧侣。运用法律和武力相结合的手段对僧侣进行整顿。为了防止宗教抵制事件的再度发生，1990年10月30日，军政府颁布了1990字第20号法律《僧侣组织法》。该法把《僧侣组织基本章程》和僧侣大主席团的一系列指示以法律的形式确定下来。军政府希望通过采取严厉的措施防止出现反政府的僧侣派别和团体，使整个僧侣集团处于军队的控制之下。

第二节　基督教

一、基督教的传入和传教士们的早期活动

天主教、东正教和新教并称基督教的三大派别。传入缅甸的主要是天主教和新教，其中新教浸礼宗在缅甸的影响最大。相传在635年就有基督教传教士到过缅甸。《缅甸百科全书》称，据西方人记载16世纪初缅甸已有多座教堂和约1 000名信徒。有文献可考的天主教徒正式进入缅甸的时间是1511年。

15世纪末，随着海上新航线的开辟，葡萄牙人作为殖民活动的先行者，最早来到了东南亚。1511年，葡萄牙人攻占了马六甲之后来到缅甸。这些葡萄牙人后来被称为佛郎机。他们建立村庄，定居了下来。在佛郎机人村庄中有天主教神甫常驻，自成一体，他们也与当地土著通婚。原若开国王雇佣军首领葡萄牙人菲利普·德·勃利多于1599年来到丁茵。他趁当时缅甸国内局势混乱之际，在丁茵建立起了国中之国。随同他来的还有耶稣会传教士皮明塔和博维斯。这两人在丁茵建立了缅甸的第一所教堂，并进行了一些传教工作。1613年，良渊王阿那毕隆率军攻破丁茵，处死了勃利多，捣毁了被称为“天主教徒村”的据点。连同传教士在内的约400名葡萄牙俘虏起初被拘禁于实皆的波夷摩，后来散居于萨尔温江和模河之间的村落。

17世纪中叶，在若开除了葡萄牙籍和荷兰藉的基督徒之外，还有日本基督徒担任若开王室卫士。法国人也很早就开始了在缅甸的传教活动。法国圣方济会会士庞佛在1554—1557年间充任滞留缅甸海港的葡萄牙人的神甫，他“曾用功数年，习白古（今勃固）方言与其俗尚，欲图传教，然终于被迫放弃”。1689年，由

吉诺和佐兰组成的“巴黎外国传教组织”来到丁茵，这是进入缅甸的第一个基督教传教团体。从1721年开始，罗马天主教廷加强了对缅甸的传教活动，派出巴那巴会士考尔基和俗教士维多尼来缅传教。卡尔基在上缅甸的阿瓦修建了一个天主教堂，但遭到葡萄牙神甫的忌恨，被诬为间谍，1728年死于缅甸。维多尼在丁茵传教，曾帮助孟族抗击缅族。后来他带着缅王给罗马教皇的信回到罗马。1741年又回到丁茵并建了一所学校。从此时起直到1829年，缅甸境内一直有一名由意大利巴那巴会派遣的常驻牧师，但其传教范围只限于丁茵、仰光等沿海城市，没有深入内地。1743年缅族攻占丁茵后，将亚美尼亚人、法国人和葡萄牙人设在当地的教堂烧毁。同年由罗马教皇授予圣职的缅甸第一任主教伽利齐亚神父率领几位传教士来到丁茵，准备赴阿瓦传教。由于缅王不许，只好前往勃固，并获准在当地传教。1750年，罗马天主教神甫尼利泥雇佣印度注辇工人在缅甸修建了第一所砖石结构的教堂。

贡榜王朝初期，罗马天主教廷又派遣传教士前往缅甸布道。传教士人数在1784—1786年间一度达7人之多。他们的活动范围主要集中在仰光一带，出版了一本缅语语法书和《圣经》个别章节的缅译本。他们的传教活动成效不大，只有一位名叫貌苏的缅甸佛教僧侣改宗信了天主教。1784年，貌苏在蒙特加沙的陪同下访问了罗马。1794年，他以主教身份死于当时的都城阿摩罗补罗。貌苏是缅甸有据可考的、改宗天主教的第一人，也是访问欧洲的第一个缅甸人。圣基尔曼奴神父于1783—1808年在仰光传教，他创立了圣约翰教堂与学校。他写的《缅甸帝国》是记述缅甸一般情况的第一部西方著作。当时还有不少西方基督徒聚居于瑞波县的佛郎机村庄，连同其妻室儿女共约2 000人。在仰光另有少数改宗者。

19世纪初，为了配合英国对缅甸的殖民扩张，英国传教士开始到缅甸活动。1807年，英国浸礼教会派马同和查特两位传教士前往缅甸传教。不久费利克斯·卡莱取代了马同。在以后的4年里，查特和卡莱掌握了缅语，并把《圣经》的一些章节译成缅文。1801—1812年间，伦敦英国圣公会也派出传教士到缅甸传教。

美国传教士晚于英国传教士到达缅甸，但是来缅的传教士人数较多，水平高，活动范围广，取得的成效最大。美国在缅甸大力传教反映了美英对殖民地的争夺。美国传教士贾德逊夫妇于1813年7月13日到达仰光，开始了在缅甸漫长的传教生涯。1816年贾德逊得到了一台印刷机和缅文铅字。在学会缅语之后，他着手将《圣经》有关章节译成了缅文。1819年缅族人貌龙在他的说服下皈依了基督。到1823

年，已有5个美国传教士到达缅甸，他们活动于仰光、阿瓦、毛淡棉、墨吉、土瓦、实皆和丹兑等城市。

第一次英缅战争之前，尽管西方传教士不遗余力地在缅甸进行传教活动，但皈依者寥寥。直到1824年，改宗基督教的缅甸人不超过25人。到1834年，皈依基督的缅甸人不超过600人，其中缅族不超过125人。原因有二，首先缅甸封建王朝虽然允许自由传教，但强烈的封闭心理使他们常疑忌外国传教士为间谍，不准其深入内地。外国传教士只能在经济较发达、人口较集中的丁茵、勃固、仰光等滨海城市及其周围地区传教。内地的活动场所只限于京城瑞波一带。但这些地区佛教历史悠久，有自己的寺庙、经典、仪式和僧侣，佛教已深入到人们的生活中。加上基督教对于信仰佛教的缅甸人来说，在思想感情上是格格不入的。因此传教难以奏效。其次，基督教传教士不仅仅为传教而来，他们还要配合其母国的殖民活动，没有能给当地统治者和普通百姓带来实际利益。

二、第一次英缅战争后基督教在少数民族中的传播

第一次英缅战争以后，随着英国殖民主义者对缅甸侵略的深入，缅甸的国家主权进一步丧失，西方传教士得以深入内地传教。他们吸取了以往的经验教训，重点深入到山区少数民族中传教。美国浸礼教派传教士在缅甸十分活跃。由贾德逊翻译的缅文版《新约全书》1832年12月15日在毛淡棉出版，《旧约全书》于1835年12月16日出版。到1836年，在缅的美国传教士（包括他们的妻子）已达50人，到1948年则已近100人。

克伦族是缅甸较大的少数民族，主要有斯戈克伦、波克伦和布维克伦三支。19世纪西方传教士到来之前，克伦族由缅族和孟族交替统治，他们没有本民族文字，多数崇拜精灵鬼怪。1828年5月16日，斯戈克伦人吴达漂听从美国浸礼教会传教士贾德逊的劝说，在土瓦接受洗礼，成为克伦族的第一个基督徒。从此吴达漂在土瓦、毛淡棉、仰光和丹兑等地传教，颇有成效。但直到1840年他逝世时也没有被授予圣职。1843年1月，勃生县的塞雅妙贡和推坡成为克伦族中第一批获得圣职的人。在他们的努力下，两年之内就有2 000多克伦人加入了浸礼教会。1853年，美国浸礼教会传教团首领费扬西·梅松博士根据西文字母，创制了克伦文，并将《圣经》译成了斯戈克伦文。同年10月梅松博士率众来到东吁向克伦人传教。不久梅松因病回国，由1828年12月在土瓦加入浸礼教会的苏瓜拉率领克

伦族传教士在该地继续向克伦人传教。两年之内他们建立了28所教堂，发展了1 880名浸礼派信徒。

1836年，美国浸礼教会的埃利娜·马克白小姐开始向波克伦人传教。1837年1月12日，坡山包成为波克伦人中第一位接受洗礼的人。随后东茵地区建立了一所浸礼教堂。塞雅空洛担任东茵地区的牧师首领，成为波克伦人中第一位接受圣职的人。1879年9月巴耶丹完成了《圣经》的波克伦文本翻译工作，1883年仰光的美国浸礼教会出版了该书。

天主教传教团约于1840年来到克伦人中传教。到1919年，下缅甸的克伦人中天主教徒已达25 350人。全缅或整个克伦族中属于浸礼教会的新教徒人数则更多。1919年克伦人中的浸礼派信徒已达5.5万。根据1931年的人口普查，全缅基督教徒共计331 106人，占总人口的2.3%，其中64%为浸礼教派会员；基督教徒占整个克伦族人数的17%。截至1939年，全缅的浸礼教派会员已发展到25.5万人。

西方传教士在克伦族聚居地区传教的同时，又深入到掸人、克耶和克钦人中传教。1837年，美国传教士金赛特得到驻扎在缅甸京城阿瓦的英国使节的帮助，深入到八莫附近传教。1867年11月，仰光美国教会派泰勒斯·罗斯和居信等人到掸邦传教。由于掸族早已信仰佛教，传教没有取得进展。在掸人中传教受挫以后，居信等人把注意力转移到了克钦族地区。居信在八莫学会了克钦语，最早试创了拉丁化的克钦文字系统。1877年居信带着几个克伦族基督徒来到克钦人当中传教。由于语言文化上的差异，他们在克钦人中传教并不顺利。直到1882年才有克钦人皈依浸礼教会。1885年以前，在八莫东部和东南部的山区中，仅有19个人改宗基督教。19世纪90年代以后，美国传教士加紧了在克钦人中的传教活动。传教士们在了解了克钦族的社会结构之后，特别重视争取克钦人部落首领皈依基督。他们在密支那、贵概、八莫、南坎等地建立了教会和教会学校。其中美国传教士欧拉·汉森起了重要作用。汉森于1890年到达八莫，创造了罗马字母书写的克钦文。他翻译的克钦文《圣经》于1906年正式出版。汉森在克钦地区居住了38年(1890—1928年)，曾深入到户拱谷地和中国境内的景颇人中传教。到缅甸克钦人中传教的还有美国浸礼教会教士J·F·伊格兰姆和G·J·基尔斯等人。进入20世纪以后，入教的克钦人增加很快。克钦族基督徒在1901年为184人，1914年为872人，1931年为6 090人，1947年达到11 844人。美国人在克钦地区传教的同时，罗马天主教廷也派遣了传教士向克钦人传教。仅在1872—1892年间，就有8名法国籍的天主教传教士在八莫地区传教。1881年开始，陆续有克钦人改信天主教。1936年，又有7名爱尔兰籍的天主教传教士到达八莫地区。他们的传教活动取得了一定的成效。仅在密支那地区，到1941年改宗天主教的缅甸人（主要为克钦族）已达8 955人。到1947年，在缅甸克钦族地区共有37名天主教传教士，克钦族基督徒约有2.5万（其中浸礼教徒15 628人，天主教徒约1万人），约占当时克钦族总人口的10%。

与此同时，西方传教士在傈僳、钦、拉祜、佤、那加、克耶、若开、布朗等民族中的传教活动也取得了一定成效。1902年，密支那地区出现了第一个傈僳族的浸礼教派信徒。1905年出现了第一个钦族新教徒。到1923年，钦族人中的浸礼教派信徒已达1000多人。但直到20世纪30年代，基督教除了在克伦、克钦、那加族中传播较广外，在缅、掸、孟、若开等民族中影响并不大。基督教在少数民族中的传播取得了比在缅族地区更大成效的原因主要有三点。首先，克伦、克钦、那加等族处在比缅、孟、掸、若开等族社会发展更加落后的阶段，有些地区还保留着原始的氏族或部落制度。许多山区民族或部落居民主要信奉比较原始的、没有系统教义和完善组织体系的拜物教或精灵崇拜。而基督教是发展得较为成熟的宗教，能比较容易地战胜和取代原始宗教。其次，西方传教士利用缅族长期统治和压迫克伦、克钦等少数民族而产生的民族矛盾进行传教，注意争取少数民族的上层人物。第三，殖民统治时期，基督教徒在升学、就业方面都有优惠，从而吸引了一部分人入教。

此外，1877年英国圣公会以仰光为中心建立仰光教区，开展了在下缅甸的传教活动。英国圣公会主要吸收欧洲人（英国人最多）和英缅混血儿入教。据1931年统计，英国圣公会的信徒有3万人，约占全缅基督徒人数的9%，英属缅甸的多数欧洲籍官员和资本家都是其信徒。因此，英国圣公会是殖民时期缅甸最有势力的基督教会。

三、独立以后的基督教

缅甸独立以后，基督教在缅甸总体来说是在走下坡路。吴努执政期间，大力扶持佛教。1961年更宣布佛教为国教，基督教社团因而受到了一定的冲击。1964年，奈温政府宣布所有的组织，包括宗教团体必须在政府有关部门登记注册。当时许多基督教会领袖由于害怕教会受到限制，而保持沉默以应付时局，只在基督教社团和教会内活动。当时缅甸人已逐渐掌握了教会的大部分管理权，西方传教士主要任职于圣经学校、神学院。1966年在强烈的民族主义情绪驱动下，奈温政府将教会学校和医院收归国有，教会仅保留神学院和少数慈善机构。同时政府命令独立以后入境的234位天主教、141位新教传教士离开缅甸。直到20世纪80年代缅甸仅剩约200名外国传教士，主要为法国和意大利籍天主教神甫。

西方传教士离开缅甸以后，缅甸基督教徒自行建立起了缅甸基督教会，中断了与外界的联系。1975年2月，缅甸基督教会改称为包括各基督派别（浸礼会、圣公会、美以美会、卫理会等）的缅甸基督教协进会，并在各地设立了11个分会，有3 000余名缅甸人任专职牧师和工作人员。政府在教会保证不干涉、不批评其他宗教的前提下，允许教会进行各种活动，但大型集会仍须地方乃至中央有关部门批准。从上个世纪70年代起，缅甸政府一直在增加对基督教会的拨款，还出资为教会所订购的1万本缅文版《圣经》付款。1980年以后，缅甸政府允许教会通过举行大小宗教集会和在私人之间传教。1982年起，教会开始派神学院毕业生到边远山区传教。

1914至1960年期间，缅甸基督教会坚持从事对各国难民的救济工作。教会响应联合国“十年发展”建设计划，从1960年开始集资兴办小型企业。但由于准备不充分和从业人员素质不高，出现了一批通过剥削其所属教会与社团的“小资本家”，从而宣告了“发展计划”的失败。1970年后，缅甸基督教会吸取他人经验，开始重视基层工作和对青年干部的培养，创办了许多神学院校。迄今为止，缅甸各地已有30多所属于不同教派的神学院，其中11所有权授予神学学士学位。这些学校重视培养学生的实际工作能力，力争使他们能胜任将来的工作。同时，学校也讲授其他宗教教义，为今后开展与其他宗教的交流与对话做准备。

目前缅甸基督教影响最大的是新教浸礼会和罗马天主教派。全缅设有缅甸大教区红衣主教，仰光和曼德勒地区设有主教。1988年，安德鲁·妙·汗被任命为圣公会缅甸大教区红衣主教，同时担任缅甸基督教协进会秘书长。在协进会的各级组织里，各教派之间关系一直比较融洽。当前缅甸主要的基督教团体有缅甸天主教协会、缅甸基督教协会、安息日派教会、缅甸基督教浸礼派总会等。在仰光有5座分别属于圣公会、罗马天主教廷以及浸礼教会的教堂。截至1992年底缅甸全国基督徒总人数约为230万。信教群众多为克伦族、克钦族、钦族、傈僳族等少数民族。

第三节 伊斯兰教

一、伊斯兰教的传入与古代若开王朝

据传，缅甸的伊斯兰教最早是由阿拉伯穆斯林巴维和巴达兄弟俩传入毛淡棉等港口地区的。由于没有更多的证据，所以伊斯兰教15世纪初由孟加拉地区传入若开的观点更切合实际一些。我们知道若开地区位于濒临孟加拉湾的缅甸西南沿海，是东南亚最靠近印度的地区。该地区受印度文化的影响早于东南亚其他地区。由于若开与缅甸本部之间隔着若开山脉，交通不便，所以直到18世纪末若开还基本处于独立状态。蒲甘王朝强盛时，若开曾一度成为蒲甘的藩属。1287年以后，若开再次独立，与阿瓦、勃固形成三足鼎立之势。1404年，若开国王那罗弥伽罗在阿瓦的进攻下被迫逃往孟加拉，其子逃奔勃固，依附孟王亚扎底律。1430年，若开国王那罗弥加罗在勃固国王亚扎底律和孟加拉王高尔的支持下复国，从孟加拉回到若开，建立了末罗汉王朝。他带回了穆斯林军队，使伊斯兰教从此开始大规模传入若开，并向缅甸其他地区扩散。缅甸早期的穆斯林主要是外国来缅人员和少数若开族人。若开历代国王虽然大多数是佛教徒，但也常把穆斯林称号置于其名前。若开王所颁发的徽章也都刻有波斯文“卡利玛”(穆斯林的一种神誓)字样。有些若开钱币上刻有若开王的名号，并称王为苏丹。随着伊斯兰教在若开地区的传播，若开王国的版图也进一步扩大。17世纪后期，由于来自印度的穆斯林商人的支持，若开宫廷的穆斯林卫队几乎操纵了若开国王的废立。1784年，贡榜王朝孟云王以恢复佛教繁荣为借口，征服了若开。从此若开才又正式纳入缅甸的版图，伊斯兰教的发展暂时受到了抑制。

二、穆斯林商人与缅甸封建王朝

在缅甸的“战国”时期，沿海商业中起主要作用的是穆斯林商人。东吁王朝时，除了若开的穆斯林之外，在下缅甸地区也有不少来自西亚和印度的穆斯林商人。他们主要居住在沿海城市里。莽应龙在位时，来自印度的穆斯林被禁止宰牛。当时缅甸南部与爪哇、马来半岛和印度等地的贸易往来十分频繁。若开与孟加拉沿海和荷兰东印度公司有着密切的贸易关系。据1569年到达缅甸的意大利商人弗里德希·凯撒记载，下缅甸的勃固、勃生、莫塔马、丁茵等城市的对外贸易比较发达，出口金、银、宝石、钻石、糖、大米等商品，进口中国瓷器、孟加拉布等。16世纪末在东吁军队中充任雇佣军的葡萄牙人杜德·波巴萨称，勃固的大米输出到马六甲和苏门答腊等地。他认为缅甸南部的商业活动控制在穆斯林商人手中。

贡榜王朝时期，来到缅甸的穆斯林不少都从事商业活动。包括印度和波斯穆斯林在内的移民掌握了仰光的大部分贸易。一些穆斯林商人还在宫中颇具影响，他们阻止缅王与印度总督打交道，要求排挤英国人。

三、穆斯林与佛教徒

15世纪上半叶伊斯兰教大规模传入缅甸时，上座部佛教在缅甸已深入人心，成为了全民性的宗教，加之又得到东吁王朝的保护和支持，使得伊斯兰教传入缅甸后没有一个牢固的立足点，即使在若开地区，伊斯兰教也不占统治地位。

缅甸最早的清真寺是若开国王那罗弥伽罗在位时建立的萨迪卡清真寺，位于末罗汉。随着伊斯兰教在若开和缅甸南部城镇中的继续传播，1756年前后，属于逊尼派的若开穆斯林在实兑和山道威建立了清真寺。当时在阿瓦和仰光等地穆斯林人数较多，有自己的清真寺。在勃固、丁茵等地的穆斯林聚居区里有穆斯林的圣墓。东吁王朝还把历次对外战争中俘虏的穆斯林强迫迁到上缅甸美德、叫栖等地的村寨里居住。来到缅甸的穆斯林逐渐适应了缅甸的社会环境，有的放弃了原来的语言、服饰，只保留了宗教信仰。阿拉伯、波斯和印度穆斯林的后裔被称为“班德”、“格拉”或“勃底”。当地人称他们聚居的村庄为“格拉贡”或“格拉洼”。缅王时期，地方官员不反对在缅甸定居的穆斯林商人和本地妇女通婚，但规定穆斯林商人不得携带缅籍妻子和儿女离开缅甸。不过若能付重税，则也可以携带儿子回国。

1824年以前在缅甸的穆斯林主要聚居在若开和缅甸南部沿海城镇，阿瓦和曼德勒等地也有小部分。由于缅族人对异教十分宽容，穆斯林和佛教徒基本上能和睦相处。第一次英缅战争之后，英国占领了若开和丹那沙林，大批孟加拉穆斯林开始涌入若开。据卡迪的《现代缅甸史》记载：1836年到过实兑的一个美国人称当时实兑的约8 000居民中，有许多孟加拉穆斯林，佛教僧侣仅有20至30人。第二次英缅战争之后情况发生了巨大变化。由于开发下缅甸的需要，大批印度移民来到了缅甸，其中一半为穆斯林。部分印度移民在缅甸逐渐定居下来，引起了缅甸国内民族成分的变化。仅仰光的穆斯林就从1869年的4 425人增加到1874年的11 671人，5年间增加了1.5倍。一战前，在缅甸的印度移民超过了80万，其中穆斯林就达40万之多。到1931年，全缅的穆斯林达到584 839人，80%来自印度，他们大多在伊洛瓦底江流域居住。另有10多万穆斯林聚居在若开北部地区，大多数为孟加拉移民。19世纪中叶清朝云南回民大起义期间，回民领袖杜文秀不仅派人入缅经商以增加财政收入，而且还派一位马姓都督于1868年到曼德勒建立了一座清真寺。杜文秀起义失败以后，有数千名来自云南的穆斯林进入缅甸掸邦，主要从事商业活动。1941年在缅甸的印度移民数量达到了最高峰，约占全缅人口的6%，占仰光市人口的45%。随着来缅甸的穆斯林人数的增加，穆斯林组织也出现了。其中最早的是1908年成立的"穆罕默德协会"，由来自孟加拉的穆斯林建立。1909年缅甸本国的穆斯林成立了"缅甸穆斯林协会"。同年，来自伊朗的什叶派穆斯林建立了"青年波斯协会"(1935年改名为"伊朗俱乐部")。1912年来自印度泰米尔地区的穆斯林成立了"全缅泰米尔穆斯林协会"。穆斯林团体的建立，便于穆斯林有组织地开展活动。

大批印度穆斯林和印度教徒移居缅甸，对缅甸社会产生了复杂的影响。20世纪20年代末30年代初的世界性经济危机波及缅甸，经济上的差距和民族、宗教矛盾交织在一起，诱发了多次印缅流血冲突。1938年的"神庙事件"就是穆斯林和缅甸佛教徒之间矛盾进一步激化的结果。1931年，缅甸穆斯林貌瑞佩撰写了一本有激烈攻击佛教内容的小册子在曼德勒出版，1936年在永盛再版。当时并未引起人们的注意。1938年7月，缅甸作家貌廷博再版长篇小说《神庙》时，将貌瑞佩的小册子中反佛教最厉害的那几章作为附录翻印出来。小册子的内容立刻招致佛教徒的强烈不满。缅文报纸《太阳报》在1938年7月19日号召采取"强硬行动"，即反对穆斯林的"十字军远征"行动，并得到一些报社的支持。另一家缅文报纸《缅甸新光报》号召抵制穆斯林商人。其他几家报纸公布了关于青年僧侣协会所筹备的"保卫佛教"的群众大会的消息，并且迅速传播开来。由于警察攻击集会的僧侣，加上警察中又有许多印度人，因此双方矛盾更趋尖锐。7月28日仰光发生冲突，两名僧侣被杀，引起骚乱。9月2日以后骚乱扩大到仁安羌、曼德勒、实皆、瑞波等地，时间长达一个月之久。在这场冲突中，死亡人数多达1 227人，其中穆斯林662人，佛教徒317人。有113座清真寺在骚乱中被毁。由于1938年的大规模教派冲突，1941年英国殖民当局颁布了限制印度人移居缅甸的《印度移民协定》。此后移居缅甸的穆斯林有所减少。1941年底日本入侵缅甸时，约40万印度人返回印度，其中约一半为穆斯林。

1948年缅甸独立以后，缅甸政府不允许第二次世界大战期间离开缅甸的印度穆斯林再返回缅甸，并把许多穆斯林驱逐出境。由于取得缅甸公民地位比较困难，一些印巴裔穆斯林又自动离开了缅甸。据1954年的人口统计，缅甸当时的穆斯林仅有10多万人，约占缅甸总人口的十八分之一。到20世纪70年代末，缅甸的穆斯林又发展到了127.2万人，占全国人口的4%，主要为若开人、南亚移民和马来裔人。将近50%的穆斯林（约60万）住在若开邦，三分之一强的穆斯林住在伊洛瓦底江三角洲和南部边境地区。现在，缅甸全国有6个拥有独立组织、清真寺等机构的伊斯兰宗教团体，它们是缅甸穆斯林联盟、若开穆斯林联合会、全缅毛拉同盟、缅甸穆斯林大会、全缅穆斯林学生联合会和穆斯林中央基金会。在仰光的清真寺主要有印度大街、瑞波达大街、貌达莱大街、小金塔路的四座逊尼派清真寺和二十大街的什叶派清真寺，全国还有2 500个祈祷点和几所古兰经学校。

第四节　印度教

一、印度教的传入和发展

印度教是4世纪前后由婆罗门教吸收佛教、耆那教等宗教教义和民间信仰演化而成的。其历史可追溯到公元前2000年印度原始公社瓦解时期吠陀的宗教。公元前1000年左右，在印度最初的奴隶制国家逐渐形成的过程中，吠陀的宗教被注入新的内容而成为婆罗门教。印度教是经过改革的婆罗门教，所以也称“新婆罗门教”。经过八九世纪时商羯罗的进一步改革，印度教逐渐形成现在的雏形。印度教的主要经典有《吠陀》、《奥义书》、《往世书》、《摩诃婆罗多》（特别是《薄伽梵歌》）、《罗摩衍那》等。其基本教义与婆罗门教大体相同。印度教在发展过程中逐渐形成毗湿奴教、湿婆教和性力派三大派别。

缅甸深受印度文化的影响。据说，缅甸有史可考的第一个骠族国家的首都毗湿奴城就是婆罗门教神毗湿奴变幻出来的。考古工作者在对毗湿奴城遗址进行挖掘的过程中发现了大量的古钱币，钱币上印有海螺、水波纹等图案。缅甸学者认为海螺是毗湿奴的手持物，水波纹是毗湿奴休息时龙王戏水的标志，所以毗湿奴时期的骠族人是缅甸最早崇拜婆罗门教的民族。而毗湿奴城存在的年代据测定为1—5世纪。所以一般认为婆罗门教大约在公元前后由阿萨姆地区传入上缅甸，再由缅甸传入湄公河地区。

骠国后期(6—9世纪)定都于室利差呾罗城。1972年和1980年缅甸先后在敏巫、密沙出土了6世纪时的骠国金手镯。其工艺精湛、水平相当高超。手镯上铸有那牙神像和咖咙神鸟像，这些都是印度教神话中的怪兽，表明印度教已传入缅甸。当时骠族人和印度教徒一样行火葬，不同的是骠族人把死者的骨灰保存在瓮罐里。考古学家们还在室利差呾罗发现了多尊毗湿奴和其妻的塑像。虽然考古挖掘出来的这一时期的文物常属于印度教而不是佛教，有时佛陀像也很似毗湿奴，骠王竺多般也有湿婆崇拜的色彩，但不能否认的是，骠国宗教是印度教毗湿奴派和大乘佛教、上座部佛教的混合物，其中上座部佛教占上风。

大约在公元前后，骠族人开始信奉婆罗门教的同时，南印度商人来到金地(今孟邦直通)进行贸易。商人们也带来了佛教和婆罗门教。婆罗门教比佛教更加盛行，人们主要信奉毗湿奴神。所以缅甸历史学家貌丁昂认为下缅甸的居民，特别是孟族接受了毗湿奴崇拜。孟族也接受了印度教的王权神授思想和印度教法律《摩奴法典》。孟族宫廷里婆罗门占星家比骠国宫廷里的还要多。但湿婆崇拜在孟族中不流行。在直通、勃生一带出土的5世纪的陶片上有罗摩故事中的哈奴曼神猴与十首魔王鏖战的图形，可见印度教史诗早已传入下缅甸。勃固也曾发现象征阳物的偶像。在直通还有两幅孟族遗留下来的属于印度教的浮雕。其中一幅表现了四臂的毗湿奴神安详地睡在阿难陀的那伽神龙上，而印度教三位一体的神祇即梵天、湿婆和毗湿奴本人正在从他的肚脐上升入天空。另一幅则表现了四臂毁灭之神湿婆和他的女神婆婆帝骑在公牛南迪上，南迪则踩着外形是水牛的魔鬼。孟族地区发现的早期文物表明佛教和婆罗门教传入之时是有过一番较量的。婆罗门教和佛教相争的传说也见诸史籍。据说1043—1057年在位的勃固王帝沙因信奉婆罗门教，将佛像毁弃于沟中。一位名叫贤善女的孟族商人之女笃信佛教，持佛像至王宫劝说国王。国王试图用各种方法处死该女，却未成功。最后国王终于改扶佛教，并立该女为后。

在若开地区，370—600年间在位的历代国王都用旃陀罗(Chandra，来源于印度，意为“月亮”)置于其名字之后，国王所颁发的奖章都刻有湿婆神的三叉形状和天城体文字。此外，11世纪中叶以前蒲甘地区所盛行的阿利教似乎与印度教性力派有关。综上所述，印度教(婆罗门教)大约在公元初年传入，11世纪以前在缅甸已有了比较大的影响。

二、蒲甘时期的印度教与缅甸文化

蒲甘时期，印度教在蒲甘社会中的作用主要是维护王权。蒲甘王朝第三代国王江喜陀曾多次说他是毗湿奴神的化身，在蒲甘、室利差呾罗和直通附近都发现有记载这种情况的孟文碑铭。蒲甘王朝第一任国师信阿罗汉是直通婆罗门之子，但他不愿接受印度教思想而崇拜佛教。不过通过辅佐江喜陀王，使得毗湿奴神和缅人佛教之间的联系得以加强。宫廷中，国王的加冕典礼和季节性洗净(斋戒)仪式、王室成员的结发髻礼和婚礼都由婆罗门主持。蒲甘碑铭记载的当时宫廷中所采用的婆罗门教仪式，具体地显现了印度教与神灵崇拜、与佛教的结合，以及其对王权的巩固。缅甸这种以婆罗门教仪式举行的国家大典一直持续到19世纪。

从印度来的婆罗门僧侣不仅传教，而且也建立婆罗门寺庙。蒲甘城南有泰米尔商人建造的毗湿奴神庙，城内也有毗湿奴神庙。当然这些印度教庙宇的存在不能表明蒲甘有众多的缅人印度教信徒。20世纪初，缅甸考古调查局局长杜鲁赛等著名学者就确定了蒲甘他冰瑜寺附近的卧神庙是印度教的庙宇，宫殿塔明显地受到了印度教的影响。同时卧神庙中还塑有不少印度教神像。据一块在蒲甘地区发现的用泰米尔文刻写的13世纪碑铭记载，该神庙是来自各国的人们共同信奉的毗湿奴神庙。此外，在蒲甘的一些佛窟、佛塔里也发现有婆罗门教的痕迹：蒲甘阿卑亚德那佛窟里有毗湿奴、梵天等神像；蒲甘佛发塔西南400米处的“劳格乌襄”佛窟内均为毗湿奴神壁画；阿难陀寺内也发现刻有蛇、骆驼、狮子、摩伽罗画像的琉璃砖。众所周知，缅族的宗教建筑几乎不用蛇作装饰物，而毗湿奴神身边常伴有蛇，摩伽罗是印度教绘画中被画成象鼻牛蹄蛇尾、尾梢成叉状的动物，缅甸不产骆驼，只有印度才大量使用，因此可以肯定这些琉璃画砖的制作者很可能是印度教徒。另外，缅甸佛教建筑上到处可见的、称为“比鲁班猜”的浮雕花纹也来自印度，是婆罗门教的传统饰物。由此可见婆罗门教对缅甸建筑艺术也有影响。

缅甸人对毗湿奴之外的婆罗门教大神的崇拜也经久不衰。相对而言，婆罗门教诸神在缅甸人中的影响要远比佛教神大得多，甚至威胁到佛教的发展。历史上包括一些国王在内的缅族人都曾崇拜印度教三大神：梵天、毗湿奴和湿婆。为了限制神祇崇拜的发展，阿奴律陀王曾下令在蒲甘地区建立一个大型神庙，将所有神像统统集中在庙内。同时他还让人把神像挂在瑞喜宫佛塔围墙内外，让神明来保佑佛祖，以提高佛教的威望。悬挂在瑞喜宫内外的37位传统神以婆罗门教神为主，其中有帝释天、湿婆、欢喜天、艺神等。蒲甘时期产生的民族神曼德礼波道神也是婆罗门之子。在缅甸传统神的演变过程中，虽然逐渐用民族神来替代婆罗门教神，但是直到东吁王朝37位传统神最终形成时，缅甸人仍把婆罗门教神王帝释天列为首神，把它作为缅甸传统神之王而加以崇拜。时至今日，缅甸社会中神祇崇拜的影响力仅次于佛教。

印度教传入以后，《摩奴法典》、印度的典章制度、药典、星相占卜、炼丹术等也相继传入缅甸，对缅甸文化产生了巨大的影响。《摩奴法典》在缅甸曾被推崇为最高法律条款。印度教的占星术在一般民众中非常流行。自骠国时期起，历代王朝都任命从印度来的婆罗门担任王室占星家和祭师，以提高国王的威严。缅甸历法也源于印度，每周各天的名称用的都是印度教的行星名称，调节太阳年和月亮年的工作也是由印度教占星家完成的。

三、近现代的印度教移民及其影响

进入近现代以后，印缅两国关系更加密切。这个时期印度教对缅甸的影响除了文化外，更突出地表现为印度教移民对缅甸政治、经济的影响。经过1852年第二次英缅战争，英国占领了整个下缅甸。为了开发下缅甸，英国大量从印度移民。1885年英国吞并整个缅甸以后，宣布缅甸为英属印度的一个省，消除了从印度移民的法律障碍。由于当时下缅甸地广人稀，加上印度的劳动力过剩，印缅之间的海上交通也比较方便，缅甸又没有种姓制度，因此大批印度教徒来到缅甸，寻找就业机会。截至1931年，在缅甸的印度教徒已达570 953人。

来到缅甸的印度教徒中影响最大的当属齐智人高利贷者。信仰印度教的齐智人在第一次英缅战争之后就来到德林达依，开始从事小规模的金融和商业活动。1885年以后，齐智人广泛地渗入到缅甸各地。在一定程度上控制了缅甸的农业生产，充当了殖民主义者在农村的统治工具。1941年《印度移民协定》使移居缅甸的印度人数目有所减少。日本侵略缅甸前夕又有大约50万印度人返回印度，其中印度教徒占一半。1948年缅甸独立时，在缅甸的印度教徒大约有20多万。战后缅甸政府采取了限制印度人返回的政策。1964年，奈温政府实行大规模的国有化运动，控制全缅商业和贸易，60%的印度裔商人受到严重打击。1962—1967年间，大约有17.7万印度人和巴基斯坦人离开缅甸。1982年10月15日，缅甸政府公布了《缅甸公民法》，将包括印侨在内的非原住民排除在主要经济活动之外，印侨的升学就业都受到了限制。1988年，缅甸国家恢复法律与秩序委员会上台以后，宗教政策有所松动。现在，缅甸的印度教徒约有42万多人，主要为印度侨民，也有少数若开族人。缅甸的印度教组织主要有印度教友谊协会等。仰光的印度教寺庙有斯利斯利湿婆克里斯纳寺和斯利斯利都尔伽寺。此外，总部设在印度的印度教罗摩—克里希纳教会在缅甸设有几个活动中心和修道院。

第六章　佛教与缅甸伦理思想

第一节　佛教文化概说

一、佛教的起源

（一）释迦牟尼生平简介

释迦牟尼意为释迦族的圣人，他本人姓乔达摩，名悉达多，公元前567年出生于古印度北部的迦毗罗卫国（今尼泊尔南部提罗拉科特附近）。母亲摩耶夫人是邻国拘利族天臂国国王的女儿。她于回国途中，在一个叫蓝毗尼的地方生下了悉达多，分娩7天后死去。悉达多的父亲是迦毗罗卫国国王净饭王。母亲死后，悉达多由姨母大爱抚养成人，所以悉达多视姨母如生母，感情颇深。据传，大爱在悉达多建立佛教僧团后，就成为了僧团中的首位比丘尼。按照当时的习惯，僧团中只能吸收比丘，而不允许吸收妇女当比丘尼。但悉达多为了感激姨母的抚育之恩，破例接纳姨母加入僧团。

悉达多出身于皇族，从小生活在宫中，过着无忧无虑的富足生活。父王净饭王还为他修建了三座宫殿，凉、旱、雨三季各有一座，聘任专职教师教他学习军事、体育和艺术。由于勤奋好学，悉达多终于成为一个文武双全的人才。成人后，悉达多娶善觉王之女耶输陀罗为妻。其妻异常漂亮，《佛所行赞》写道："贤妃美容貌，窈窕好淑女，魂艳芳天后，同处日夜欢。"悉达多有一子，名为罗睺罗。

由于对当时社会诸多不平等现象不理解，加上厌倦宫廷生活，悉达多萌生了出家寻道之意。净饭王对悉达多终日心神不定，厌倦宫廷生活的情形早有察觉，担心他擅自离开宫廷出家，于是想尽各种办法让他心境平静，享受人间福乐，放弃出家念头。据佛经记载：一日悉达多外出散心，国王特派人平整道路，驱逐闲人，以免悉达多从拥挤的闲人中看到老人、病人或死人。然而，净居天王却变来了一个老人，悉达多看到老人后，心情烦躁，叹息不止，返回宫中。第二次、第三次相继离宫出游时，又看到了天神化为病人和死人。第四次出游之际，又看到一个天神化成比丘。经过四次离宫出游，他心潮起伏，思绪万千，最后决定离宫出家。据信，悉达多出家的真实原因可能有二：一是当时社会上出现了一种采取不同形式出家寻求解脱的沙门，悉达多可能受到沙门思潮的影响而出家；二是当时印度社会贫富悬殊，政局不稳，民众生活贫困。他愤世嫉俗，为寻根求源而出家。

释迦牟尼出家后，原来是想走一条苦行之路的。因为苦行之路在印度早已存在，且各个时代都很流行。但社会生活使他逐渐改变了这一想法。他离宫之时年仅29岁。离宫后，释迦牟尼首先求见婆罗门僧侣，拜访了多位名师，仍旧无法解答他抑郁悲痛的苦因。于是跑到密林里，鞭笞自己的肉体，不吃不喝。有一天，当他醒来之时，意识到肉体上的痛苦无法带来精神上的愉快。他恢复饮食，最后流浪到印度圣城贝拿勒斯，坐在一棵无花果树下歇息，这棵树就是后来被佛教徒视为佛宝的菩提树。他双手合十安然坐在树下沉思多日，终于领悟到如何把真正的快乐带到这一世界上的途径，创立了佛教。从此以后，他离开了深山密林，以苦、集、灭、道四真谛及八正道等学说，在印度各地奔波说教。经过45年艰苦努力，发展出大批信徒。他的行为和学说深受信徒们的尊敬，都称他为“佛陀”，意为“觉者”、“知者”。释迦牟尼80高龄时离开人世，进入涅槃。他的弟子们把他一生的说法记录整理成典，汇编成为“佛经”，并继续传播其学说。

佛教学说创立以后，尽管当时印度社会中婆罗门势力很大，但佛教的传播并未受到强大阻力。其原因除了印度当时所处的历史环境外，还在于佛教教义迎合了广大劳苦大众的需求，揭露了社会的不公，喊出了民众的心声。另外是释迦牟尼在会考说法时，语言通俗易懂，比喻形象生动，大多为民众喜闻乐见的事例。常任侠先生在《佛经文学故事选》的序言中写道：“释迦牟尼有的极高的语言艺术水准，朴素单纯。他所说的故事，倘若除去其宗教概念的部分就愈见精彩。”最后，释迦牟尼交友甚广，同上至国王，下至猎人、妓女、强盗等社会各方面人士都有密切联系，关心农民的生活，因而深得民众的拥护和崇敬。

（二）佛教产生的时代背景

佛教产生的时代背景表现在以下三个方面：

1. 国国共诤

佛教产生于公元前5—6世纪，当时印度正处于奴隶社会末期。印度国内出现了许多小国，这些小国为了扩充领土，时常发动战争，互相争夺劳动力。当时，印度社会生产力水平不断提高，经济较为发达，人口不断增长，开始使用铁农具等铁器，因而促进了商品交换和手工业生产的发展。城镇开始出现了，如舍卫城、王舍城等。不久又以这些城镇为中心形成了一批国家。其中，主要的国家有16个，如摩揭陀国和乔隆国等。各国长期混战，百姓流离失所，民不聊生，严重破坏了社会生产力的发展。释迦牟尼目睹这一状况，提出了“和平”、“戒杀”的主张。认为只有采取这一办法，才能使天下太平，实现“不加兵杖、自然太平”的社会理想。从古印度当时的社会情况来看，他的这一主张的确反映了广大人民的心声，深得民众的拥护。

2. 存在不平等的种姓制度

种姓制度是古印度婆罗门教推行的一种不平等的阶级统治和阶级压迫的制度。主要有四个种姓：婆罗门（祭司）、刹帝利（王族、田主、武士）、吠舍（农民、手工业者、商人等）和首陀罗（奴隶等）。

当时，婆罗门种姓主张苦行、自饿、投渊、自坠、狗戒（学狗吃人粪），认为人死后能否得到好报取决于自身的虔诚度及对教规的执行情况。婆罗门凭借宗教权威编造了一套“四姓神授”学说，宣传“种姓是天神授予的”，是命定的，无法改变。婆罗门和刹帝利都是统治阶级，首陀罗和被排斥在种姓之外的陀罗地位极其低贱，专干守尸、抬尸、烧尸或行刽子手等职业。杀死一个首陀罗如同杀死一只猫、一只青蛙、一条狗、一只乌鸦。婆罗门和刹帝利互有矛盾。后期，刹帝利的力量逐渐壮大，对外实行领土扩张，对内镇压人民，反对婆罗门的特殊地位。为了适应刹帝利的政治需要，提出了种姓平等，这对古印度长期存在的种姓观念来说是一大突破。但这也明显地看出释迦牟尼是站在刹帝利种姓的立场上的。

3. 思想界出现百家争鸣的局面

佛教产生的时代，印度思想界十分活跃。各种宗教哲学流派层出不穷，各派观点和见解纷繁复杂。但从总体情况来看，可分为两大潮流，即正统的婆罗门潮流和新兴的反婆罗门潮流。婆罗门提倡杀牲口祭神，维护婆罗门权威。在宗教哲学方面提出“梵”“我”不二，意思是宇宙和个人的精神灵魂本来就是分不开的，是互相联系在一起的。因“我”受外界的引惑而造业（即干了不应干的事而受轮回苦，只有通过宗教修养、断惑、除业，才能解脱）。后期，婆罗门日趋腐朽，利用诸种手段敲诈勒索，损民肥己，引起民众的极大不满。另一派为反婆罗门流派，称沙门流派。这一派坚决反对婆罗门的特权，反对杀牲口祭神，反对极端苦行和纵欲乐行两种倾向。佛教对两者各有取舍，并提出了自己的观点。沙门思潮是当时新出现的自由思想的通称。耆那教经典说这种思潮有“三百六十三见”，佛教称它有“九十六外道”(“外道”指心游道外，及对不相信佛教的其他宗教或学说的贬称)。

除此之外，还有称之为“六师”的学说(六师指阿耆多·翅舍钦婆罗，顺世论的先驱者之一；尼乾陀·若提子，耆那教传说中的创造者；婆浮陀·伽旃那；富兰那·伽叶；末伽梨·拘舍罗；删阇耶·毗罗胝子)。他们自立名目，提出了各自的哲学观点。但其共同点是反对吠陀权威和婆罗门的思想统治。六师的出现标志着旧信仰的动摇，反映了社会的深刻变化。尽管他们都有极大的历史局限性，其社会主张带有消极和宿命论性质，但从其思想来看仍要高于婆罗门教，具有某些唯物主义的成分，在当时有一定的积极意义。

综上所述，佛教的产生是有一定的物质基础和思想根源的。在古印度动荡不安的社会中，民心思定，人们要求改变旧有的状况，要求过和平日子。而释迦牟尼提出的平等戒杀则是顺应了时代的潮流，因而得以顺利传播。

二、佛教基本教义

(一)四谛和八正道

释迦牟尼在尼连禅河边的一棵荜钵罗树(后称菩提树“Bodhidruma”，“Bodhivrksa”，又译“觉树”、“道树”、“贝多树”、“阿输陀树”等，相传释迦牟尼在荜钵罗树(Pippata)下证得菩提(觉悟)，故称荜钵罗树为“菩提树”)下结跏趺坐，静思人生的道理，最后觉悟成佛。不久，又找到原先跟他一起修行的侍者憍陈如等5人，向他们宣传自己所悟出来的“四谛”(Catursatya)和八正道(Arysastangikamaraga)等教义。佛教典籍称之为“初转法轮”，即第一次宣讲佛法。释迦牟尼首先向5位侍者说明什么是真正的达到解脱之道。他说：“世界上有两种不正确的做法：一是普通人贪求享乐而从事各种世俗活动；一是外道所从事的各种无益于解脱的苦行。正确做法是抛弃这两种偏向，采取介于二者之间的做法(“中道”)，即‘八正道’。”释迦牟尼耐心地劝导他们，不要追求人世间的各种欢乐享受，并向他们讲解了四谛。据说，释迦牟尼对他的五位比丘从不同角度讲了三次四谛，又称“三转”：一转(示转)从正面肯定四谛；二转(劝转)指明在修行中应采取的态度；三转(正转)说明对四谛已达到的认识或修行的结果。正果法师认为："四谛皆真实不虚"，所以名"谛"，又谓是圣人无漏智慧的亲证亲知，所以又名"四圣谛"。

1. 四谛（Catursatya）

（1）苦谛（Duhkhasatyag）是对于社会人生以及自然环境所作出的价值判断。以为世俗世界的一切本性都是"苦"。"苦"表现在8个方面，又称"八苦"：生苦——出生是痛苦；老苦——老年是痛苦；病苦——疾病是痛苦；死苦——死亡是痛苦；怨憎会苦——和不爱的东西会合是痛苦；爱别离苦——和喜爱的东西分离是痛苦；求不得苦——求不到欲望的东西是痛苦；五取蕴苦——色、受、想、行、识等五蕴（五种因素）是假合的，含有刹那间消灭的痛苦。

（2）集谛（Samudyasatya）指造成世间人生及其苦痛的原因，即所谓的"业"、"惑"。

（3）灭谛（Nirodhasatya）指消灭痛苦，超脱生死轮回，达到涅槃的精神境界。

（4）道谛（Margasatya）指超脱"苦"、"集"的世间因果关系，达到出世间之"涅槃"寂静的一切理论说教和修习方法，亦即八正道。

2. 八正道（Aryastangikamarga，指八种通向涅槃解脱的正确方法和途径）

（1）正见指对佛教真理等"四谛"的正确见解；（2）正思维指对"四谛"的正确思考，不从歪门邪道或脱离"四谛"的角度去思考问题；（3）正语指不说脱离佛教哲理的语言；（4）正业指居于清净之身业；（5）正命指过着符合佛教戒律规定的正当的生活；（6）正精进指勤勤恳恳地学习达到涅槃的道理和方法，即修苦行；（7）正念指清楚而明确地记住"四谛"等佛教真理；（8）正定指在坐禅念经修道时，心不二用，专心致志，不胡思乱想。

"苦"是佛教教义的基本核心和出发点。佛陀认为人间社会和人本来就是苦，苦是天生的，命定的，是人们的主观意志所无法避免和抗拒的。佛陀把苦说成是普遍的现象，所谓"人皆苦"、"处处皆苦"、"生来命苦"等等。佛陀所要求的是，人们在不改变社会现状的前提下进行"四谛"和"八正道"的宗教修养。其结果当然有利于巩固和维护统治阶级的地位。因此，统治阶级不仅自己虔诚信佛，而且还竭力推广，使之传播四方。

（二）十二因缘

释迦牟尼在分析苦难以及产生苦难的原因时，提出了"十二因缘"学说（Dvadasangapratityasamutpada）。他认为世界上各种现象的存在都是依赖于某种条件（缘）的，离开了条件也就无所谓存在，所谓“此有故彼有，此无故彼无”。它可分为十二个彼此成为条件或因果联系的环节，十二个环节构成了生命的不断循环。

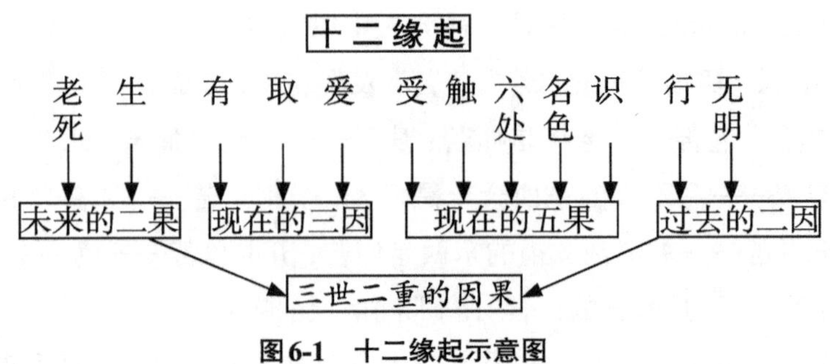

图6-1 十二缘起示意图

以上十二个环节，如从原因往结果上顺推：无明，即生来盲目无知是最后导致老死的根本原因，无明引起各种善和不善的意志和行为（行）；由意志和行为引起个人精神统一体的识，由识引起构成身体的精神（名）和肉体（色），有了各色即有了眼、耳、鼻、舌、身、意六种感觉器官（六处），有了六种感觉器官就有了和外界的接触（触），由触引起苦和乐的感受（受）；由受引起贪爱、欲爱（爱），有了爱就有了对事物的追求取着（取），由取着引起生存的环境（有）；有“有”就有生，有生就有老死。

佛陀的十二缘起说，在以后的各种佛教教派中有着不同的解释。小乘佛教为了建立佛教的天国而强调轮回之说，提出了“三世二重因果说”。他们宣称在轮回之中，十二缘生是涉及过去、现在和未来三世的，现在之果必有过去之因，必将产生来世之果。

十二因缘说是佛陀的人生观。在他看来，要消灭苦难不是靠人去改造自然和社会，而是要消灭所谓人生自古以来盲求意志所造成的业力。力图使人相信人间的苦难来自人的自我意识。因此，要消灭苦难，只能求之于“自我净化”。

（三）涅槃

涅槃（Niravāṇa）是梵文的音译，意译作圆寂、灭度等。它原来是指火的熄灭或风的吹散。佛陀在灭谛中提出了涅槃作为人生归宿的最高理想。

原始佛教认为涅槃是超越时空、穿越经验、超越苦乐、不可思议、不可言传的。佛教的涅槃是相对于现实世界而言的。他们认为现实世界“一切无常，皆假非真，乐少苦多”。但在涅槃中则是“寂灭为乐”，摆脱了外在的事物，亦摆脱了主观的理智感受等等。《杂阿含经》卷十八说："贪欲求尽，瞋意永尽，愚痴永尽，一切永尽。"涅槃在后期佛教中有各种不同的解释。小乘佛教解释为"虚无绝灭"；大乘佛教则反对这种解释，认为涅槃具有常、乐、我、净四种德性或常、恒、安、清凉、不老、不死、无垢、快乐八种德性。目前，一般人对涅槃的理解是，经过一生的积德修行，遵守佛教的各种戒规，就能消灭一切烦恼，达到涅槃的境界。也就是说，脱离了现实的苦难，摆脱了轮回，达到了彼岸的世界。

（四）五蕴

佛陀的哲学思想是为他的佛教伦理思想作论证的，是蕴涵于他的宗教伦理思想中的。在佛陀时代，对世界起源的回答，流行着以下5种主张：

（1）自在化作因说（Lsvara-nimmana-hetu-vada）认为世界上的一切现象都是由最高神梵天或自在神所创造的，人的生命活动都是受制于神的；（2）宿作因说（Pubb-kata-hetu-vada）主张世界和人生都是由前世的业所决定，人是无法改变的；（3）结合因说（Sangatl-bhava-hetu-vada）主张世界和人类是由众多的原素，亦即由众多的原因所结合或积聚而成的；（4）偶然机会因说（Dittha-dhamma-upakkama-hetu-vada）主张世界上一切事物的产生和发展都是偶然的机动，没有必然的因果关系；（5）生类因说（Abhija-hetu-vada）主张世界上的各类事物及人类成为不同的阶级以及他们的不同智慧境遇都是天生命定的。

佛陀认为上述各种学说都有错误或疏漏，不符合中道，因而提出了他的缘起理论。他从缘起理论出发，对宇宙和人生进行了分析，认为一切有情的生物，都是成立于因缘关系中的，他们是由种种的精神原素（名）和物质原素（色）构成的。精神原素和物质原素构成了有情。佛陀认为有情的组织可分为五蕴（Pancaskandha），它们是：

（1）色蕴——物质现象（包括地、水、风、火）和感觉器官（眼、耳、鼻、舌、身、意）以及感觉的对象（色、声、香、味、触）；（2）受蕴——对外界感受引起的感觉；（3）想蕴——相当于知觉，起一种抽象的思考作用；（4）行蕴——相当于意志，即有目的地行动的意志。（5）识蕴——相当于意识，统一各种作用的根本意识。

从以上的陈述中可以看出，佛陀没有否认外在的世界，但也没有承认物质对于精神是第一性的。在他看来，物质原素和精神原素是在一种因缘关系中互相结合变化而存在着的。

佛陀承认有物质的存在，承认物质是在发展变化着的。这是早期佛教的某些自发的辩证法因素。这些观点在南传论藏中的《法集论》、《发趣论》及汉译《法句经》、《那先比丘经》等著作中都有所描述。如描写某一事物的生、住、异、灭，并且提出了产生、停止、间断性、不间断性、统一性、多样性等范畴。这样的论点比所谓“偶然机运”、“天生命定”、“常生不灭”等进了一大步。但佛陀的自然辩证法思想不彻底，带有倏忽而逝的相对论色彩。在他看来，事物的发展不是由于内在的原因，而是由于外在的相互制约的结果。如对人的老死的看法，佛陀认为这是无明的结果，而不是内在的因素造成的。

（五）“诸行无常”、“诸法无我”

佛教根据对物质要素和精神要素的分析，说明有情不是固定单一的独立体，而是种种要素的聚合体。而任何要素又是刹那依缘又刹那生灭的，找不到一个固定的独立的“有情”在支配着身心，也就是找不到“我”的存在。即人的主观能动性是不存在的，不论社会处于何种贫困或灾难之中，人是都是无为的，不能起任何作用的。

所谓“诸行无常”则认为宇宙的任何现象都是此生彼生、此灭彼灭相对的互存关系，无所谓永存的现象。任何现象都是刹那生灭的。刹那(Ksana)是极短的时间。佛经中说，弹一下指头的时间有六十刹那。刹那生灭就是一刹那中具足生、住、异、灭。有人问一个人的生命几十年，怎么是刹那的生住异灭呢？回答是，对一个人的整体来说，他有一期的生住异灭，即生、老、病、死，但从他的组成部分来说，则是刹那的生住异灭。

（六）佛教戒规

同佛教教义关系密切且为每位出家僧侣或佛教信徒所遵从的即是佛教的戒规，亦称“持戒”。其梵文为“Sila”，意为“戒禁”、“戒律”。它是为禁止一切不符合佛教教义的思想、行为所作的规定，是一种去恶从善的生活原则。佛教以此来束缚僧侣信徒，保证人们对佛陀的虔诚。佛教发展初期，规定了“五戒”：不杀生、不饮酒、不偷盗、不邪淫、不妄语。以后又加了五戒，成为“十戒”。后加的五戒是“不视听歌舞、不饰香囊、不坐高床、不非时食、不蓄金银财宝”。如能切实行善、遵守十戒者称之为“首座”。

“戒”是达到涅槃境界的三大要素(戒、定、慧)之一。“戒”是为了防止身、口、意三业的过失的。“定”指精神上处于不昏沉、不松弛的安和状态。这是印度一般宗教徒所必修的，更是佛教徒修持的必要条件。由于定身、心远离爱欲乐触，逐步发得身心轻安，最终能够把心和想集中于任何一境之上，宁静安稳，不受扰乱，进而引发一种无漏的智慧。“定”又引发“慧”，通过“慧”分别识别一切事物(法)的自相(特殊性)与共相(一般性)。通过四谛的真理，产生断除迷惑证悟真理的作用。

戒、定、慧中包括“四念住”、“四正勤”、“四神足”、“五根”、“五力”、“七觉支”、“八正道”等修行法门，共称“三十七道品”。其中，以八正道为最重要的修行法门。三十七道品分类如下：

1. 四念住(Smrti-upasthana，又称“四念处”，指以智观境)

(1)观身不净；(2)观受有苦；(3)观心生灭；(4)观法无我。

2. 四正勤(Samyakprahanav，又称“四正断”，指四种正确的修行努力)

(1)未生弊恶法(未生恶即避免)；(2)已生弊恶法(已生恶努力断除)；(3)未生善法(未生善，努力使生善法)；(4)已生善法(善法已生，要坚持到底)。

3. 四神足(Rddhipada，又称“四如意足”，指四种可以得到神通的禅定)

(1)欲如意足(由想达到神通的意欲之力发起的禅定)；(2)念如意足(由信念之力发起的禅定)；(3)精进如意足(由不断止恶进善力发起的禅定)；(4)慧如意足(由思维佛理之力发起的禅定)。

4. 五根(修行佛教所依靠的五种内在条件)

(1)信根(信仰)；(2)精进根(勤根，指四正勤)；(3)念根(念处，谓四念处)；(4)定根(禅定，指四禅)；(5)慧根(智慧，指四谛)。

5. 五力(相信五根后产生的五种维持达到解脱的力量)

(1)信力；(2)精进力；(3)念力；(4)定力；(5)慧力。

6. 七觉支(Sambodhi-anga，又称“七觉分”、“七菩提分”，指达到佛教觉悟的七种次第或组成部分)

(1)念觉支(不忘念佛法)；(2)择法觉支(根据佛法，分清是非)；(3)精进觉支(努力修行，坚持不懈)；(4)喜觉支(由悟善法，心生喜悦)；(5)念觉支(断除烦恼，心情安静愉快)；(6)定觉支(心注一境，思悟佛法)；(7)舍觉支(舍弃一切分别，用佛法观点平等待物，心无偏颇)。

7. 八正道(见前)

在上述诸种戒规中，五戒是最基本的必守之法。由于种种条件的限制，佛教不要求信众一次满持五戒，可以先执持二戒、三戒，但最后仍要求五戒皆持，进而执持十戒。为避免恶业繁生，造就福田，又提倡所谓的“十善业”即：离杀生、离偷盗、离邪淫、离妄语、离离间语、离粗恶语、离绮语、无贪、无瞋、无痴。按照佛教的观点，并非人人皆能执法持戒。譬如，“本性痴果，生来的盲聋哑等，也不能听闻佛法，依理修行，或者诸根虽然不缺，但内心存在邪执倒见，不相信因果、三宝、四谛等，也不能够听闻佛法，依理修行”。

至于持戒是否能带来善果，不持戒又会导致何种恶报恶果，各种佛教典籍中也有详尽的叙述。如《地藏菩萨本愿经》说：“众生恶轻小恶以为无罪，死后有报，纤毫受之。父子至亲，歧路各别；虔然相逢，无肯代受。”又如《妙法圣念处经》卷一说：“业果善不善，所作受决定；自作自缠缚，如蚕等无异。”《佛般泥洹经》卷下说：“善恶随身，父有过恶，子不获殃；子有过恶，父不获殃。各自之死，善恶殃咎，各随其身。”

从以上诸例中不难看出，一旦恶业成熟，是无法避免的。佛教认为持戒是远离一切恶法，生长一切善法的基础，受持五戒可断除一切因恶果。《灌顶经》说：“若持五戒，有二十五位善神保卫，守于宫门宅户之上，使万事吉祥。”《法句譬语经》卷四说：“戒德可恃怙，福报常随之，见法为人长，终远三恶道。戒慎除苦畏，福德三界尊，鬼龙毒害，不犯持戒人。”《十般涅槃经》十一卷说：“持戒则为乐，身不受众苦；睡眠得安稳，寤则心欢喜。”总之，佛教徒持戒是为了使自己感到心安理得，喜乐无苦。

三、佛教发展的几个时期

虽然佛教已经走过了2 500多年的历程，但迄今为止各国学者对佛教的历史分期仍存在不同意见。根据印度社会发展状况以及佛教的自身变化，我们认为早期的佛教可以分为以下4个时期：

（一）原始佛教时期（公元前6世纪到公元前4世纪中叶）

这一时期内，印度社会激烈分化，广大民众生活极端痛苦。刹帝利控制着政治、经济大权。释迦牟尼提出“不加兵杖、自然太平”的口号并没有实现。佛教学说创立后，佛陀及其弟子四处游说传播，僧团内部比较统一，尚未出现佛教派别。释迦牟尼圆寂后，作为十大弟子之一的大迦叶在佛教徒密集之地王舍城大叶岩召集了第一次佛教结集，有五百弟子参加。结集期间，释迦牟尼的弟子分别诵出经书和戒律，最后由与会者统一审定，成为原始经典。当时未形成文字，仅为口头诵读传授。

（二）部派佛教时期（公元前4世纪到公元前1世纪）

佛灭一至二百年之际，到处都有法师在传经播道，佛教队伍不断壮大，僧团纷纷成立。由于对教义的解释有异，导致佛教僧团分裂，产生了各种不同的派别。

关于部派出现的原因，南传佛教认为是由于以毗舍离为中心的东方跋耆族对比丘戒律提出一些修正，归纳为十事而产生的。其中，最主要的一条是修正者提出比丘可接受金银财物。另一派则反对修正的十事，坚持者和反对者从此分成两派，即西方的上座系和东方的上座系。北传佛教认为分裂是由对修行之最高位阿罗汉持不同看法而引起的。

根据南传之说法，印度阿育王统治时期（公元前273—公元前232年），上座系比丘在华氏城举行第三结集，会后派出大量比丘到各地宣传佛教教义。从此以后，佛教开始传入东南亚。此外，在大众部和上座部成立后的200余年间，又从这两个根本部中继续分裂成十八部或二十部。部派佛教争论的主要问题不在于对戒律解释的不同，而是在于宗教理论上的差异。总的看来，各部派对佛教的基本原理如“四谛”、“涅槃”等都是坚持的，只是在一些枝叶上有分歧和争论。

（三）大乘佛教时期（公元前后）

正当佛教内部争论不休出现四分五裂状态之时，马鸣、龙树、提婆、无著、世亲等人相继造经撰论，创造了大乘佛教。马鸣的佛教著述甚丰，善说法，能说得使马垂泪不食，故名。龙树法师精通三藏，著作甚多。沙门攻击佛教时，龙树前往传教，使得很多人改信佛教。无著是大乘瑜伽派创始人，曾劝说其弟世亲放弃小乘，改信大乘。世亲原来信奉小乘，因长兄无著之劝说而改信大乘。提婆为龙树的弟子，南印度人，婆罗门种姓，“学识渊博”、“才辨绝伦”，传闻四方，常四处与人辨论佛说。当时，小乘佛教虽然存在，但力量未发展壮大，大乘佛教占据了统治地位，故称之为“大乘佛教时期”。大乘是梵文Mahāyāna的意译，音译摩诃衍那。大乘自称要运载众生渡苦海，故名。贬称以前的佛教为“小乘”（Hinayāna），只能运载少数人到达彼岸。

（四）密教时期（7—12世纪）

印度佛教最后一个时期是密教流行时期。密教是佛教和印度教（又称新婆罗门教）相结合的产物。它以高度组织化的咒术、仪礼、俗信为其特征。一般认为，大乘佛教在6—7世纪就开始密教化了。其流行地区是南印度和西南印度一带。波罗王朝的君主达摩波罗（Dharmapala，769—815）在恒河南岸所支持的超戒大学（Vikramasila）是当时密教的学术中心。密教的哲学思想是为其宗教实践服务的。密教认为宇宙的本体和现象是二位一体的。离开了本体就无所谓现象，离开了现象也就无所谓本体。宇宙的本体都是由六大（即六种原素：地、水、风、火、空、识）组成的。原始佛教也承认六大，但只认为是一种随缘而起刹那生灭的现象，不承认有本体之存在，密教则全都加以承认。

应当认为，密教从其思想体系中摄取的六种原素，都是唯物主义的原素，但却以唯心主义的方法加以解释，宣称这六种原素不是客观的物质存在，是一种不真实的物体，是随缘而起也许刹那即可消失的现象。其目的是要说明万物皆为菩萨的灵性。此外，密教还竭力宣传"四恩说"（父母之恩、国王之恩、众生之恩、三宝之恩），尤以国王之恩为最，这明显地表现出其阶级特征。

密教之所以称之为密教，有一种说法是教徒们自认为是直接受大日如来秘密教诲，以"三密加持"作为成佛的重要形式，即：意密（心观想大日来生相）、口密（口诵咒，念诵真言）、身密（又称手结印，作各种手式）。如能做到三密相应，就可以即身成佛。

四、佛教的礼仪

佛教最古老的礼仪是所谓的布萨，即僧团成员的祈愿会。起初布萨是在月圆日和新月日举行，以后才呈多样化发展。

佛像和圣物是佛教祭祀的主要对象。佛教从一开始就崇拜很多圣物：包括人的遗骨（如佛陀本人的舍利）、属于圣人或圣人使用过的物品、纪念受敬拜者而制作的物品等。为了朝拜的需要，佛教徒还逐步修建了寺庙、塑像、石像、浮雕等，制定出举行祈愿会、游行和表演的礼仪。

在传播过程中，佛教又形成了新的礼仪。作为宗教礼仪，其基本形式主要表现为祈祷和祭祀。前者是用语言文字对神表示敬意、赞颂，后者用仪典表示服膺。

（一）祈祷

佛教信佛、信菩萨，因而有供奉佛和菩萨的礼仪。僧尼住在寺庙里，朝夕诵经。所诵经文，多为佛教经典，如《般若波罗密多心经》、《金刚般若波罗密经》、《妙法华严经》、《净土经》、《阿弥陀经》等。除诵念经典外，僧尼还唱诵、朝暮课诵。唱诵时，有大磬、引磬、大钟、吊钟、小鼓、木鱼、铛子、铃子等乐器，按照一定规律敲叩演奏，使人置身于一种独特的宗教氛围之中。佛教僧尼早晚秘诵的经文同原始宗教礼仪急功近利的祷告词不同，它不是求福免灾，而是充分表现宗教信仰，赞颂佛法、皈依佛法、求脱罪业，转生西方极乐世界，永获光明。佛教信众中有不出家而住家长斋礼佛者，他们在家诵念经文，平日手持佛珠，持戒行善。佛教祈祷时所诵的经典多为释迦牟尼的训言。

（二）祭祀

佛教没有正式的祭祀典礼，只有供奉和道场。佛教的供奉为敬佛和敬菩萨。尊敬表达的行为有塑像、燃灯、华香、呗赞、悬幡、伽监舍利、建塔等等。燃灯、华香、悬幡为装饰佛像，敬礼佛像。在佛像前还会燃香、供花果。在庙会或佛诞和菩萨诞时也供莱蔬。信徒更把家中所用的肴馔先在庙里供奉，以求祝福，然后带回家食用。

佛教的隆重典礼为道场。道场本指佛成圣道的处所，即是指中印度摩羯陀国尼连禅河边菩提树下的金刚座。释迦牟尼就是坐在这里苦思冥想，顿悟成佛的。后来凡是供养佛的处所，皆称为道场，也称斋会、法会。佛教的道场有慈悲道场和水陆道场。水陆道场是为国家祈福的典礼，一般较少举行。通常举行的是慈悲道场，目的是为了超度亡灵。其办法是除向佛和菩萨供养外，僧尼举行念经、烧香礼佛为亡人超度，施主也可参加敬礼。佛教的法会，赎罪的意义很深。佛教徒笃信业报轮回，认为人死后通常都会因恶业而坠入地狱，受无休止的罪罚，之后才能再轮回人世。法会道场便是为亡灵赎罪，使之早脱地狱之苦。

第二节　佛教对缅甸伦理思想的影响

伦理是人与人相处的各种道德准则，也是最高的社会理想和人格理想。它包括了作为社会的人在社会生活中的行为准则和相互义务。缅甸是一个以佛文化为主的东方国家，佛教伦理思想是维系传统社会的主要力量，在缅甸文化中起着至关重要的作用。对于缅甸传统社会而言，伦理既是最重要的社会手段，又是重要的社会目的，它是对缅甸社会生活秩序和个体生命秩序的深层设计。

一、佛教是缅甸伦理之源

位于中南半岛西部的缅甸从来就不是一个孤立的地理—文化单元。从整体上看它属于所谓澳亚文明圈(Austroasiatic)。佛教在缅甸的传播一般可以看作是澳亚诸文化集团内先进的宗教文化体系向拥有自身文化传统的其他民族的扩散。据锡兰《大史》记载，生活在缅甸境内的孟族是缅甸最早接触到佛教的民族。他们在公元前3世纪就熟悉了佛教。在孟族的影响下，缅甸的主要民族如骠族、缅族、掸族等先后皈依在佛的名下，佛教也逐渐成为所有缅甸人的文化传统和生活方式。浓厚的佛教氛围使缅甸人形成了强烈的宗教观念。他们越来越关注人伦关系，关心来世，提倡因果业报了。

因果业报作为佛教文化的基础，早在吠陀时期就已经存在了。印度早期经典《五十奥义书》中就写道："所读者，业也；所颂者，业也。人唯以善业而善，以恶业而恶(578页)。"《摩奴法论》也说："由思想、言语和身体产生的行为，其果报有善有恶。(240页)。"一般认为佛教的因果业报思想源于婆罗门教。"十二因缘"说就是佛教的因果业报说。佛教《缘起经》云："佛言云何缘起，初谓依此有故彼有，此生故彼生，所谓无明缘行，行缘识，识缘名色，名色缘六处，六处缘触，触缘受，受缘爱，爱缘取，取缘有，有缘生，生缘老死，走愁叹苦忧恼，是名为纯大苦蕴集。""十二因缘"说将人生现象分为彼此相关的12个环节(老死、生、有、取、爱、受、触、六处、名色、识、行、无明)，构成了生命无休止的因果业报循环，即"三世二重因果"。佛教认为过去之因(无明、行)造成现在之果(识、名色、六处、触、受)，现在之因(爱、取、有)将形成未来之果(生、老死)。只有真正理解三世因果之规律，正业净因，才能免受其支配，摆脱生死轮回达到涅槃状态。

因果业报成为佛教的中心概念后，以此为核心构筑了佛教的宇宙观。它安排了不同层次的存在。解释了"四生"(从卵中生、从胎中生、从湿气生、从业力化生)、"六道"(或曰六趣：地狱、饿鬼、畜生、人、天、阿修道)的差别，及其相互之间依据道德积累才能实现的转换流动。作为宇宙观体系，佛教设置了此世、彼世两个世界。在佛教的学说里，包含了丰富的道德观、冥想法、功德思想，亦即区分和评估善恶行为的准则。由于佛教有表现为人生哲学的一面，对于人生存在，它提出了自己的价值判断，因而透露出浓厚的伦理色彩。当代缅甸的伦理道

德观念正是基于小乘佛教的"业"和"功德"观念而形成的。所谓业是指一切有情之属的以往行为遗留下来的具有潜在势能的影响。它规定了行为者在未来会获得的果报。"业"是一个无所不包的行为过程。宇宙、人世、社会、族群、家庭、个人都产生对未来有所影响的业行，一举一动都构成业行，而寿夭、贫富、战祸、瘟疫均为业行之结果。作为佛教伦理的前提，"业"的学说成为缅甸人价值观念的基础。我们知道，小乘佛教是一种谋求自力解脱的宗教，它不承认有外在的主宰超越一切。它强调业报，强调自己对自己的行为负责并承担后果。同时，业也分为向善与向恶两端。善业又称为功德（u|o|v|），是佛教伦理的基础与归宿。在缅甸，人们都希望今世积德行善，禁欲修行以摆脱生死轮回之苦，达到灵魂的彻底解脱。所以缅甸人在人际交往过程中，以近善为目标，产生了区分善恶的行为准则。这种准则首先来自佛教，即：对己对人利者善，对己不利而对人利者大善；对己对人不利者恶，对己利而对人不利者大恶。在缅甸伦理道德中，许多不能违背的做人的原则均源于此。佛教以业报为中心，以功德或善业为目标统一了社会全体成员的价值取向，沟通了宗教与人们日常生活的联系，规范了人与人之间的行为和应尽的义务，使人们对彼岸世界的追求具体化了。佛教的哲学观与伦理思想融为一体，形成了缅甸极具佛教特色的伦理哲学。它对处理人与人之间的关系、促进社会团结、保持社会安定起了重要的作用，为缅甸伦理道德的形成和发展奠定了基础。

二、佛教是缅甸传统伦理的理想与实现途径

由于小乘佛教是一种自力解脱的宗教，所以受佛教影响的缅甸传统社会的伦理亦即为一种从自我出发的自我中心主义伦理。其中心点就是一个道德完善的自我，然后推己及人，实现社群道德和社会道德的秩序井然。因此，要实现社会伦理理想就要首先实现个人人格伦理理想。这主要表现在每个社会成员要根据自己不同的社会角色严格按照特定的伦理规范行事。按照缅甸的说法，缅甸社会主要存在以下几种人伦关系：僧俗关系、父子关系、师生关系、君臣关系、夫妻关系、兄弟关系、朋友关系。佛教规定了这7种关系必须遵守的道德规范（usi|0w|）。这些规范不容许变动，其精神贯穿整个缅甸社会。它还是一种集团划分的依据，并以此来实现缅甸社会的尊卑秩序。每个缅甸人在推行人伦关系时，首先要处理好的就是僧俗关系、父子关系、师生关系，余次再推行到君臣、夫妻、兄弟、朋友

关系。这些关系是佛教浸染下村社意识的产物，是佛教伦理族群化和社会化的结果。这些归结起来便是“五敬”关系(teaEmteE)：神段的佛、法、僧，人段的父母、尊师。缅甸的伦理秩序以自我个体为中心散开，围绕自己越近与自己的亲缘关系便越密切。以此进行排列可以得出缅甸社会的伦理关系的核心：在和谐基础上的敬于神、亲于人的行为准则。它以家庭内部人伦关系为出发点，推及社会乃至人神，以等级和尊卑为先导，推衍出整个社会的伦理模式。这就难怪《旧唐书·骠国传》中形容当时的缅甸骠族社会是“君臣父子长幼有序”了。

从伦理义务上看，作为佛教徒的缅甸人为了来世的幸福，在社会交往中基本上能够做到屈己伸人、克己敬人。在整个人伦关系中，人们一方面要自我克制，另一方面也会受到外界的克制，而其中自我克制更为重要。这样一来，个人的道德修养就成为了首要任务。“修身”、“积德”成为人们的神圣义务和最高人格理想。如前所述，缅甸社会以业和功德为首要追求。个人道德修养是向内心的追求，它主张自我修养，提倡对内心道德境界真实无妄的信念与追求。佛教规定的能生功德的“十善业”中营事(仕事，veyyavacca)就提倡社会成员要有角色意识，恪尽职守，各尽本分；认为谦虚是最好的美德，自负是最坏之不幸；敬重(apacayana)则要求无论对何人或无论处于何境地都应敬重他人，减损骄傲与自负，提出在所有人际关系中都应该深怀敬重他人之心(孩子应敬重长辈，尤其是对父母族亲要恭谨有礼；年幼者敬年长者；臣民应敬君主；在家人应敬出家人、礼拜布施僧侣；沙弥应服从比丘；一切人应敬重佛陀，以他为至尊)。得施(pattidana)要求民众避免以自我为中心的占有态度，认为即使是一个人所获之善业功德，也应视为一切有情之属共同领有。得施善业思想在缅甸社会中具体化为转荐福业的仪式，如分福(trla0)。

由于严格履行伦理准则，虔诚与精进不已大大地减少了人们所不能避免的恶业，但是人们仍需与他人分享已获功德。缅甸文化中获取功德的最佳途径便是布施。十善业中的持戒(sila)也直接而明确地规定了僧俗民众的日常行为准则和处事规则。由持戒而衍生的各种规范成为缅甸人的立身之本。千百年来，缅甸社会基本上依照了佛教《长部经典》之三十一的《尸迦罗越六方礼经》来处理各种人伦关系。在《尸迦罗越六方礼经》中，佛陀告诉尸迦罗越，声闻弟子应当尊敬父母、阿阇梨(老师)、妻儿、朋友、仆役、沙门婆罗门，这就是六向礼拜。六向礼拜代表了六个人伦关系的方向：父母为东方，师尊为南方，妻子为西方，朋友为北方，仆役为下方，沙门婆罗门为上方。佛教认为，为了维护这六个方面的关系，有必要遵守毗奈耶律(戒律)。只有这样才能把握今生来世，以后求生天界。毗奈耶律成为了缅甸人行为之规范，它包括以下内容：儿子应想到父母的养育之恩，应供养父母，维护家业，尽力安排好家庭生活，布施僧侣，为父母祈福；弟子应以老师为礼敬对象，见到师尊应起立，应参见师尊聆听教诲；服侍妻子，给妻子以保护，支持妻子应有的装扮；对朋友应说真话，应互相帮助，信守诺言；对仆役应恰当安排他们劳动，供给他们以衣食之具，生病时要照顾他们，要给他们余暇和娱乐时间；对待沙门要慷慨、虔敬，言行举止应该仁慈。反之，除沙门婆罗门外，其他五种人也有自己的义务和责任：父母应督促儿子不使其误入歧途，给他娶妻并将家业及时传给他；为人师尊者应尽心传授技艺给弟子，并教导其与好人为伍；妻子应服从丈夫，小心管理他的家业，要慷慨好客，值得丈夫信任；上司对待下属要宽厚，自己则应勤勉；仆佣在主人面前应恭谨，要忠于职守，要先于主人起床，晚于主人休息，不讲主人的坏话；朋友之间要劝阻放荡行为，保护朋友的财产，不在患难时背弃朋友，要爱护朋友的儿子；沙门婆罗门有资格接受慷慨布施，有义务教人行善，祝福他们所获善业，告诉他们未曾听闻的善法，给他们显示通往天界的道路。

佛教对社会所有成员所作的行为要求都是基于这样一个出发点的，即希望达成一个和谐的社会、和谐的集体。由于佛教的社会整合功能，小乘佛教通过经典和僧伽直接或间接地影响到了缅甸社会，规范了社会成员的伦常行为，指导了他们的价值取向。

三、佛教是缅甸社会伦理道德的补充手段

伦理道德主要靠社会习惯来维系。社会习惯以一种无形的力量规范人们的行为甚至思想和感情。若需维系社会秩序单靠道德的力量显然不够，这就牵涉到对伦理道德进行补充的问题。于是就出现了依靠法律从外部、依靠教育从内部来规范人们思想行为的举措。

(一)以礼制为基础的法律制度是对缅甸社会伦理的消极补充

缅甸人自从接受佛教以来，就一直把实现佛教教义作为自己道德的最高追求，形成了一整套的伦理制度，对个人(包括家庭成员)行为有严格的限定。它注重人们的身份秩序，即家庭里的尊卑长幼、社会中的上下贵贱。这种秩序在很

多情况下没有明确规定，是由人们凭着各自不同的身份所遵守的道德义务体现出来的。它渗透于日常生活的各个方面，如衣食住行中，在婚丧祭祀的礼仪中，都能够体现出人伦秩序。人们都以佛法的规范来安身立命，无须国家以社会法律的形式来束缚其社会活动。在这样一种状况下，其法律当然会十分简单。传统缅甸社会里，法律主要是指习惯法，包括民法("r'o w)和刑法(&mZOw)。这些法律主要适用于解决纠纷，对逾越礼制、违反伦理的行为给予惩罚。原来这些惩罚多是在村社内部进行的，后来这种权利被国家利用后成了国法。即使这样，缅甸的法律范畴也没有超越礼制，若碰到人伦关系就必须服从礼俗的制约。法律的基本原则是法律面前人人平等，不存在人们身份的差别。但这个基本原则在缅甸古代法律中是行不通的。缅甸古代法律以礼入法，其目的是要通过一种强制手段来告诫全体成员各安其所，各善其身。为了达到这一目的，缅甸传统社会主要通过德与礼的教化和刑与罚的惩戒来实现。后者是前者的辅助手段。

（二）德与礼的教化是对缅甸社会伦理的积极补充

教育的功能在于向人们传授适应、改造自然与社会的知识和技能。在一个庞大的社会中，若要维持社会的秩序与稳定，使每一个成员都能始终不渝地按照习惯思想行事，单靠伦理道德的力量和法律的强制依然不够，于是规范人心的最好形式——教育就显得至关重要了。因而，在缅甸传统社会中师尊与佛、法、僧、父母并列，位于高层次的“五敬”之中。传统上，缅甸的教育主要是依赖于寺庙的伦理道德教育，是一种泛宗教教育。这种教育以佛教伦理为中心，传授佛学思想和道德规范，将社会的各个方面都打上了佛教伦理的烙印。

历史上，缅甸教育经历了一个从宗教到世俗的过程。早期的教育主要是宗教礼仪教育和生活技能教育。家庭教育和寺庙教育是两种主要的教育形式。其中，家庭教育是缅甸传统教育的重要一环，属于自然教育状态。教育的方式也只限于日常生活中的言传身教、潜移默化。它的内容包括生活技能与生活准则以及亲朋之间的伦理关系。寺庙教育是一种系统的、以灌输佛教道德观为基本出发点的宗教教育，是传统缅甸社会千百年来唯一的社会教育形式。寺庙教育的目的在于学经、弘法、知真谛。家庭教育和寺庙教育相结合，构成了缅甸传统社会完整的教育体系。在这个体系中，培养人们自身的人伦规范成为教育的主线。由于缅甸传统社会在伦理上主张利他主义，这种利他主义原本上就是从亲缘中产生的。它的实行必然也离不开亲缘关系。缅甸社会对传统文化的继承还体现在以地缘—亲缘关系组成的村社模式上。这种模式使人们从石器时代起就比照族亲社会处理人伦关系了。他们将亲朋关系中的利他主义成分推而广之，形成了传统伦理的基本精神。所以，我们可以说在缅甸传统社会中，社会伦理就是一种放大了的亲缘伦理。在实行社会伦理道德的过程中，对人自身的要求也有了明显的提高，需要社会的人具备很高的个人修养。就这样，缅甸的教育在佛教的影响下，形成了研习佛理，向内心寻“道”以求早日解脱的传统。社会成员通过内心的修养，在人心上下功夫。由于在亲缘关系之外，人们也难免要陷于利害关系之中，即在人伦关系中也常常要判断利与弊，然后再决定取舍。这便会使得“利他主义”伦理无法推行。因此，佛教认为如果加强内心修养，教育人们将注意力从外部的利害关系中收回，返回内心世界，就可以消除对利与害的权衡，得以实现利他的价值取向。因此，在僧侣的作用下，缅甸社会的教育强调个人自身的修养，强调启发、诱导和自我修炼。这种教育的结果就是人们会自觉遵守戒律，为来世的幸福而依行佛教所规定的伦理关系规范，最终达到自我解脱、进入涅槃的状态。

第三节　缅甸伦理思想发展沿革

缅甸的伦理道德思想在沿袭了前人的各种宗法观念和传统习俗的基础上，受到了佛教学说的深刻影响，具有浓厚的佛文化色彩。

一、上古时期的伦理思想

从文化史的角度来看，缅甸蒲甘王朝立朝之前都可以算作上古时期。这一时期包括原始社会时期和早期国家时期。在原始社会时期，人们以狩猎和耕种为生。由于缅甸地处热带，雨水丰沛，非常适合于水稻种植。因而，需要修堤筑坝，引水灌溉。同时，为了防御各种自然灾害和外来势力的入侵，要求人们齐心协力，灭灾除祸，以求生存。在长期的与大自然搏斗的过程中，缅甸人民形成了团结友爱，互助互济的集体主义精神，这也成为缅甸社会初期的道德风尚。

原始社会时期劳动力水平低下，人们改造自然、征服自然的能力十分有限。因此古代缅甸人认为人类的一举一动都要受自然万物及天神的支配。人们只能顺应自然的法则并加以利用，不能违抗自然、神祇。由此而产生了许多礼仪习俗，如拜神祭天、尊敬先祖等。社会上各种关于自身来源、消灾除祸的神话故事也相继出现，成为早期缅甸社会指导自己与他人相处、与神相处、与大自然相处的行为准则。

公元前后，缅甸社会开始使用铁器，生产力水平不断提高，出现了一些早期国家，如骠国、掸国、孟族国家等。当时骠国和孟族国家直通发展水平较高，人口多，势力大，经济和政治制度完善，佛教也开始广泛传播。《新唐书·骠国传》说，室利差咀罗有佛寺百所，骠族“喜佛法”，“民七岁祝发至寺，至二十有不达其法，复为民”。《旧唐书》卷一百九十七列传一百四十七记载：“（室利差咀罗）城内有居人数万家，佛寺百余区。……其俗好生恶杀。……男女七岁则落发，止寺舍，依桑门，至二十不悟佛理，乃复长发为居人。其衣服悉以白毲为朝霞，绕腰而已。不衣缯帛，云出于蚕，为其伤生故也。”《蛮书》卷十记载说“（骠族）俗尚廉耻，人性和善少言，又多推步天文。”《新唐书》卷二百二十二列传第一百四十七记载：“（骠族）俗恶杀。拜以手抱臂稽颡为恭。明天文，喜佛法。……有巨白象，高百尺，讼者焚香跽象前，自思是非而退”。可见当时佛教在缅甸已深入人心，其朴素的伦理观念与民间习俗已经融为一体，影响到了社会生活的各个方面。

二、中古时期的伦理思想

在缅族大规模南下之前，今缅甸境内存在着两大完备的民族文化体系。这就是以毗湿奴、汗林、室利差咀罗为中心的骠文化体系和以直通、勃固为中心的孟文化体系。从经济类型上看，这两大文化体系都属农耕型文化。他们都信仰佛教，有各自的文字和典章制度。1044年蒲甘王朝建立时，南部孟族的文化正处于上升时期。中西部的骠族文化，由于832年南诏对骠族毁灭性的打击，正逐渐式微下来。蒲甘阿奴律陀王时期以佛教为主的混合宗教业已在缅族中传播开来。由于孟族国师阿罗汉的积极推动，阿奴律陀决定立纯正的上座部佛教为国教。在向孟王借经被拒绝后，1057年，他挥师南下，攻占了孟族文化的中心——直通，掠回了完整的三藏经典。同时，阿奴律陀还把大量的孟族工匠、僧侣及官员带回了缅族文化的中心——蒲甘。此后，缅甸的历代君主虔诚信佛，广建佛塔寺庙，大兴佛业。民众布施捐献，以表景仰之心，亦求造福来世，脱离苦海。施善之举成为人们争相模仿的行为和道德追求，被视为真正的美德、高尚的情操。

对缅甸来说，社会的组成与巩固，与来自佛教的法论、戒规及其相关的传统等密切相关。缅甸的帝王君主、村社头人正是以佛教教义统一人们的思想和价值观念，以佛学原则作为指导人们观察、分析、处理世间各种关系的哲学观，以佛规戒律作为人们道德修养的基本指导原则的。从蒲甘王朝时起，僧侣们就到处弘法，宣扬佛教的道德学说——“四真谛”、“八正道”，用“十二因缘”说来分析造成人世间苦难的原因。认为一切苦难源于人的自我意识，要消灭苦难只能求之于自我净化。若要升天享福，进入“涅槃”，人们就必须努力修行，并用因果报应学说来教化民众。僧侣们以“五戒”、“十戒”等毗奈耶律来规范人们的思想行为。在当时的缅甸社会，佛教对缅甸人的精神影响无所不在，成为全国人民的重要精神支柱。佛教学说和教义也渗透到了缅甸社会上层建筑的各个领域。社会上也以对佛陀虔诚之心的强弱、修行积德的多寡来衡量一个人的道德高低。作为意识形态一部分的伦理道德观念，完完全全地打上了佛的烙印，具有极其强烈的佛教色彩。

封建时期的历代君主，为了巩固自己的统治地位，稳定社会秩序，维护社会治安，协调各阶层间的相互关系，出台了一些法律规章。其内容包括处世之道、伦理哲学、家庭婚姻、财产归属、父母职责、夫妻义务等等。作为对伦理社会体系的补充，法律制度是缅甸人道德标准和佛规教理的高度统一。法律规章的基本宗旨和各章内容明显地体现了佛教学说、佛规戒律的精神实质。它以追求教化来促进社会的幸福安康、家庭的和睦团结，培养臣民优秀的道德观念为己任。基于佛祖慈悲为怀的仁爱思想，缅甸的传统法律精神是息事宁人，大事化小小事化了。蒲甘初期，法律以习惯法为主。习惯法主要是在风俗习惯、社会习惯和宗教戒律的基础上形成的。我们从迦娑婆王的敕令碑（刻于1249年）中可以得知，蒲甘中后期业已有了民法和刑法的区分。早期的法典是僧侣们受王之命而制定的。缅甸传统刑法多表现为对违犯佛规戒律和道德规范的各种行为的惩罚。缅甸传统社会伦理关系中有“五敬”：佛、法、僧、父母、师长，他们是特殊的社会阶层。对他们的恭顺是守德，冒犯便是犯罪，要受到法律和社会的处罚。这一时期比较著名的法典有《达摩维拉法典》、《伐丽流法典》、《白象王判卷》、《大王律例》等。这些法典依据社会地位的不同，对家庭成员作出了不同的伦理道德规定。如要求子女必须孝敬父母，报答父母的养育之恩，完成父母未竟之业。父母对子女应严于教导，令其尊老爱幼，不得伤害他人；教育子女勤奋好学，指导子女求得善婚缘。法典要求老师要诲人不倦，教导学生遵守礼仪、戒律，品行端正，温文尔雅。缅甸古代法典在引导人们从善的同时，也严厉惩戒恶行，规定了各种司法、刑罚、判案条例、量刑标准。有的法典还把佛教戒规和法规条款同等看待，明文规定“五戒”是全民必须遵守的道德规范，是处世之道，梵天之道。破坏“五戒”就是破坏法律。缅甸封建君主为了运用法典这一武器来约束人们的道德行为，调整各阶层、各阶级之间的相互关系，一方面不断充实和完善法典内容，另一方面又竭力宣扬法典之功效，称“法典是人们通向未来涅槃境界的必修之道”，“通晓法典可以迈向正道，避开邪道”等等。

作为中古时期缅甸社会伦理的积极补充方式，文学作品也起着教化民风的作用，成为传播本民族道德观念和行为规范的重要工具。佛教传入缅甸后，随着佛经的涌入，以佛本生故事为题材的文学作品大量出现。这些佛教文学作品多以讴歌佛祖功德、宣扬佛教哲理为主题。在佛教思想的影响下，文学作品中充满了宣扬“因果报应”、“行善积德”等的内容。如在宗教热情高涨的阿瓦时期，名作家信摩诃拉塔达拉的《九章》诗宣扬的就是“因果报应”、“清净无为”、“成事在天”等佛教信条。他的比釉诗《甘毗达拉》堪称教诲训诫类主题的典范，全篇叙述佛本生故事，宣扬佛的教诲训诫。又如阿瓦王朝和贡榜王朝时期流行的“密达萨”，它是一种书柬形式的劝诫文学。作者以书札的形式结合时弊，通过事例来开导民众“遵守佛法，依从戒律，心慈德善，广积功德福业”。要求老师训导学生“弃恶从善、尊敬长辈”，“真诚相处、和睦友善、同舟共济”。其对象包括君主、父母、亲友等。这些文学作品语言流畅、情真意切，在培养人们良好的伦理道德观念、革除陋习恶业方面收到了良好的效果。除文学作品外，缅甸也出现了一批宣传伦理道德的书籍，如吴悟的《训言专论》、瑞桥法师的《玛都训言》、吴欣格雷的《嘱咐训诫集》，旺威法师的《君臣训谕集》等。佛教的伦理思想就这样通过文学的形式，在人们的思想深处扎下根来。

三、近代伦理思想

1824年、1852年、1885年英国先后发动了三次侵略缅甸的战争。战争的结果是英国一步一步地吞并了缅甸，开始了其长达一个多世纪的殖民统治。英国人成为缅甸的统治者后，缅甸文化便受到了入侵者的摧残。佛教受到了严重的冲击，僧侣的宗教作用和社会地位大为降低。僧侣原有的各种权利也逐步被英国殖民者剥夺。天主教、基督教大行其道，西方文化借助国家机器一时成为主导文化，西方伦理也乘机而入，蚕食着缅甸传统伦理文化的阵地。但佛教作为缅甸文化的血脉，精神不灭。其伦理思想在民间，特别是在乡村仍深入人心。为了反抗外来压迫，缅甸人民开始了持久的反英反殖抵抗外来文化的斗争。1891年的缅甸佛教协会、1898年的护法会、1904年的仰光佛教学会、1906年的佛教青年会、1918年的仰光僧伽团、1920年的曼德勒僧伽团等组织相继成立，成为缅甸人维护本民族文化传统、维护自己宗教信仰的前奏。1920年缅甸佛教团体总会的成立，标志着以佛教为旗帜的各种进步思想汇集成为一股抗英反帝的政治力量。广大的爱国僧侣普遍认识到振兴佛教、争取僧侣权益与反对殖民统治、维护民族尊严、争取民族独立是分不开的。为此，他们积极地参加争取独立的斗争。大多数民众面对伴随枪炮而来的西方文化与本土传统文化的冲突，爆发出一股强烈的要求民族独立、解放，维护民族文化和语言文字的爱国思潮。他们渴望继续弘扬佛法，执持佛教戒律，保持佛教传统，遵守传统伦理规范。

由于英国殖民主义者对传统文化的压制以及对西方文化的宣扬，缅甸社会出现了不和谐的情况，西方生活方式和哲学思想慢慢侵入到了缅甸文化之中。一些大中城市里，开始出现两种不同的价值观念和道德标准。一部分青年因为奴化教育而产生了崇洋媚外、讲究虚荣、得过且过、苟且偷生的思想。而以“缅甸团体总会”成员、“我缅人协会”成员为代表的广大爱国民众将热爱祖国、热爱民族、热爱缅甸文化视为崇高的美德，身体力行地加以推行。积极投身于反帝反殖，争取民族独立的斗争中。这两种不同的价值观念一度产生了尖锐的对立，展开了激烈的斗争。高僧吴欧德玛法师、吴威沙拉法师以及文学巨匠德钦哥都迈作为进步力量的代表，出于对祖国的热爱，积极唤醒民众去保持传统礼仪文化，维护传统的人伦关系。针对西方弱肉强食、个人主义盛行的价值观念在缅甸青年中泛滥的情况，德钦哥都迈还以佛教学说训诫民众要“修道打禅、满怀善心、除去三毒‘贪、瞋、痴’、灭欲除念净灵魂”。爱国主义、维护传统道德观成为这一时期的主流。

四、现代伦理思想

缅甸独立后一方面继承了传统伦理道德思想，另一方面随着时代的变迁，人们的人生观、世界观、道德观以及价值观念等都发生了一些变化，产生了一些有别于传统的新伦理思想和哲学思潮。缅甸现当代的伦理思想和哲学思潮大致可以分为3个阶段：（1）议会民主阶段；（2）纲领党执政阶段；（3）新军人政权阶段。

由于前后几代人的努力和以昂山将军为首的爱国志士的英勇斗争，缅甸终于摆脱了英国的殖民统治，于1948年1月获得了独立。独立后的缅甸政府在重建国家的同时，也致力于民族文化的重建和传统伦理道德的恢复。佛教在殖民时期备受摧残，缅甸独立后，作为缅甸人民价值观的核心和传统文化的标志，佛教又获得了新生。新独立的缅甸在宪法中强调了佛教的特殊地位。随着佛教第六结集和从中国拜请佛牙到缅甸巡行活动的成功，缅甸人民的佛教热情高涨。佛教徒人数回升并超过了独立前的比例。这对排除殖民者对缅甸文化和传统伦理道德思想的否定，重塑缅甸民族的精神灵魂起到了至关重要的作用。

由于吴努总理在其长达14年的执政生涯中的热心推动，这一时期人民的精神面貌焕然一新，反映佛教教义的伦理思想大行其道。它主要表现在5个方面：(1)笃信因果报应以及轮回学说。认为“恶行不可避免地要受到惩罚，善行将得到好的回报。善人会背弃邪恶，保持自己的善业”。所以缅甸人民遵照佛祖的教导，乐善好施，把布施视为积德行善的最佳途径。此外，缅甸人也相信步入佛门也是积功德的重要途径，出家者络绎不绝。(2)主张信奉佛、法、僧“三宝”，遵守五戒、十戒。以虔诚持戒为荣，违反戒律为耻。僧侣、父母、师长常以佛规戒律来约束、训诫子弟、子女和学生，使缅甸人形成了服从戒规并按信条行事将会得到灵魂的安宁、愉悦和顺遂的观念。(3)主张与人和睦相处，慈悲大度。在与人交往时要“有宽容之心”、“不伤害他人”；认为善待他人者会得到真正的幸福；所有人都应和谐相处；对朋友要视同自己的亲兄弟一般。在为人处世，与人交往时要与人为善，团结互助，乐于助人。要以和为贵，对人要容忍克制，不争辩是非。(4)强调晚辈要孝敬父母、尊敬老者。要求家庭成员间没有私心，“老吾老及人之老”，使家庭和社会都能“成为相亲相爱、互相理解的地方，成为纯洁、诚实、礼让、爱心常在的地方”。(5)强调“智慧和自制力是真正的财富”，认为真正的财富是永恒的，物质财富随时都可以消灭，只有精神才是永恒不变的。所以缅甸独立以来，一直将国民的精神教育放在首要位置，举国上下都很重视对高尚的情操和正确的价值观念的培养，并且在实践中取得了巨大的成功。

1962年3月2日以奈温将军为首的国防军发动政变，推翻了吴努政府，成立了革命委员会，接管了国家的权力。军人集团上台后取消了佛教的国教地位，但佛教仍然是缅甸人民社会生活中的精神支柱。1962年7月，缅甸联邦革命委员会通过了《缅甸社会主义纲领党建设时期的组织章程》决定建党。1963年1月又颁布了《人与环境相互关联的体系》作为缅甸军政府建党治国的基本哲学思想。认为“人类存在善性与恶性”，应该“努力发扬善性，抑制恶性。在为大多数人谋利益时，进步的人类力量之间要宽恕、仁爱，要培养慈悲之心，促进社会的进步”。宣扬“中庸主义”，号召人们“避免极端和过激情绪，心地善良、扶持正义”。1979年又在宪法中把“团结互助、相互尊重、热爱祖国、爱护公共财产，各民族平等”等细则定为全体国民应该遵守的道德规范和行为准则。与吴努议会民主时期相比，这一时期的伦理思想不存在质的差别。二者都融合了佛教的人生观、价值观和处世思想。它的核心是对上级要恭顺、对自己要严格、对他人要仁慈。在佛教的强大影响下，缅甸人民仍在沿袭旧的传统伦理观念。但由于社会的发展以及国外思潮的冲击，民众中也出现了各种思潮，在某种程度上突破了固有的传统伦理观念。如追求物质享受、个人主义思想抬头、金钱至上观的出现等。

总的说来，缅甸的伦理道德发展有其自身特点，大致表现为传统伦理道德观与佛教思潮的密切结合，是在特定历史时期各种人生观的集中反映。从古至今缅甸人民就有重视家庭成员之间的团结互助、尊老爱幼、恭谦礼让这些传统美德。许多以佛教为核心的伦理道德风尚和传统习俗根深蒂固地存在于缅甸人民的心间。当然，随着社会的开放、与外界交流的增多，家庭传统伦理观念也在发生变化，家庭观念较前淡漠了。经济关系越来越受到重视，亲友间的关系也有淡化的迹象。但由于佛教流传久远，根基牢固，佛教哲学至今仍然牢牢地支配着人们的思想行为、文化习俗，仍然是缅甸社会伦理道德的核心和社会追求的最高目标。

第七章　传统艺术

缅甸的艺术如实用艺术（建筑、工艺）、表情艺术（音乐、舞蹈）、造型艺术（绘画、雕塑）等等在长期的历史发展进程中因受本民族文化传统、社会状况、地理环境、审美习俗等诸多因素的影响，逐步形成了自己独特的艺术风格和表现手法，不仅具有鲜明的民族特色和地域特色，体现历史的继承性，而且也随着艺术实践的发展而不断丰富更新，日益显现出其时代感和兼容性。

第一节　音乐与舞蹈

音乐和舞蹈存在着天然的亲缘关系，它们共属于表情艺术，都源自劳动，源自祭祀典仪。与其他艺术门类相比，音乐和舞蹈能最直接、最强烈、最细腻、最充分地倾泻内心情感，而一切表情又都是循着节律而运动。在缅甸古代歌舞艺术中，不仅音乐和舞蹈同生共存，而且还表现为诗（歌词）、乐、舞三者的结合，甚至还有绘画、雕塑等造型艺术的因素。著名诗人白居易曾以动人的诗篇记录下9世纪初缅甸中部的骠族向中国唐王朝献乐的情形：“玉螺一吹椎髻耸，铜鼓千击文身踊。珠缨炫转星宿摇，花蔓头薮龙蛇动。”歌舞者身上“璎珞四垂，珠玑粲发”，双手“齐开齐敛，一低一昂”。在悠扬起伏的歌声和音乐的节奏律动中做出种种优美的舞姿，犹如一幅幅活动着的绘画和雕塑。对缅甸歌舞活动的描写最早还见于距今约千年的蒲甘碑铭。当时的蒲甘广建佛塔寺庙，每建一塔一寺必用歌舞娱佛，举行各种宗教仪式也都要载歌载舞。在蒲甘佛窟的壁画中也可以看到当时伶人的舞姿和弹奏的各种乐器。由此可见缅甸的音乐舞蹈历史悠久，民族乐器丰富多样，早在11世纪就已具相当的水平。其题材和形式多受到佛教的深刻影响。如“骠国乐”演出的12首曲目《佛印》、《禅定》、《涤烦》等，内容都与佛经教义有关，“皆演释氏经论之词意”，带有强烈的佛教色彩。再如，集诗、乐、舞、剧于一体的缅甸古典戏剧中，佛本生故事题材占了绝对多数。这些都可以说明缅甸音乐舞蹈的产生和发展与佛教有着不解之缘。

一、民族音乐

（一）古典乐曲

缅甸民族音乐虽历史悠久，但由于早期没有乐谱，乐曲的流传全凭一代代宫廷文士伶人和民间艺人口授心记，演唱弹奏时又带有很大的随意性，缺乏统一标准，使很多传统曲目形成多种唱法和演奏法，有的甚至失传。良渊王朝时期著名诗人巴德塔亚扎创作的4首“格腊”弦乐曲被认为是最早记谱的词曲。也就是从这一时期起，缅甸音乐进入了系统发展的新时期。乐谱的出现使传统音乐有了规范标准，也使后人得以系统学习和研究古典音乐的真谛。

缅甸古典音乐与诗歌是合为一体的，古代的诗歌都可以吟唱。如比釉、林加、埃钦、雅都、雅甘、鲁达等诗歌体裁被称为无乐器伴奏的音乐；弦乐曲、颂、鼓乐曲、波垒、德塌等诗词曲牌则被称为有乐器伴奏的音乐。而古典乐曲又都有韵诗作为歌词，乐曲的节奏、旋律与歌词的音节、韵律密切相关，诗歌和音乐交相阐发。因此缅甸古代很多著名诗人同时又是词曲家，都精通音律，长于作曲，如巴德塔亚扎、妙瓦底敏纪吴萨等。

缅甸古典乐曲分为“丹优”（thanyo）和“丹山”（thanhsan）两大部分。“丹优”即传统乐曲部分，包括弦乐曲、颂曲和基本乐曲，产生于良渊王朝。这些乐曲只用缅甸民族乐器弯琴、编鼓中的七音演奏。“丹山”即创新发展部分，包括鼓乐曲（以鼓起音，故名）、暹罗曲、孟曲，产生于贡榜王朝。从孟云王在位时起，妙瓦底敏纪吴萨、彬喜敏达基貌那伽等人在陆续翻译改编《伊瑙》、《罗摩》、《达莫德郭达》等戏剧时创作了这些词曲。因传统的七音已不能满足乐曲的需要，故在原七音的基础上有所增减，吸收了暹罗音乐的一些作曲原理，推陈出新，发展了缅甸传统音乐。“丹优”和“丹山”这两大部分构成了博大精深的缅甸古典音乐体系。封建王朝时期宫廷中任有乐官，专司乐府、乐队之职。1885年缅甸沦为殖民地后，大批宫廷乐师、乐工流落民间，古典乐曲散失甚多。尽管宫廷音乐也吸收了一些民间音乐的营养，但由于在殖民统治时期整个传统文化都受到践踏，传统音乐也遭到了严重破坏，日趋衰落。独立后，缅甸政府为维护和继承民族传统文化，曾专门成立了研究整理古典乐曲的机构，组织人力挖掘、采集、整理、出版古典乐曲，为保存和规范缅甸的古典音乐做了有益的工作，并取得了一定成绩。

缅甸古典乐曲最注重节拍、拖腔和韵味，三者缺一不可。节拍是缅甸音乐的基本要素和重要表现手段。在古典乐曲中，凡强拍就击奏一下竹节拍板，弱拍就击奏一下铜铃。乐器演奏时铜铃和竹节拍板在一定的时值内有组织地疏密、轻重往复，表现出不同内容、情绪和风格特征，可以说它们是缅甸传统音乐的灵魂。古典乐曲每个乐段为4节，每节8拍，根据击奏竹节拍板的疏密分为“那意”板（时板）、“瓦腊”板（中板）和全板三种基本板式。“那意”板为每节2板，即三弱一强反复一次。这种板式还可在基本节拍不变的情况下有所发挥，将“三弱一强”变为“两弱一停一强”或“一停一弱一停一强”。但无论怎样变化，始终要保持每节8拍中有2板的基本节奏。“瓦腊”板为每节4板，即一铃一板交替击奏，形成一弱一强的中速节奏。全板为每节8板，即铜铃和竹节拍板同时击奏，每拍均有板，形成力度较强的节奏。古典乐曲对节拍的要求非常严格，演奏时不能出错。弦乐曲多用“瓦腊”板，颂曲和基本乐曲多用“那意”板。各种板式可互相转换。

缅乐的一个突出特色是拖腔。乐句的尾音都有拖腔，演唱者拖什么腔，演奏者奏什么乐，均有规则可循。古典乐曲的基调称为“tya”音，七声音阶中的任何一个音都可定为“tya”音。与之搭配的音是“tei”和“tyaw”音。“tei”比“tya”高一个音，“tyaw”比“tya”高三个音。若“tya”为“sol、la、si”等高音，则“tei”或“tyaw”循环为低音，但彼此之间相隔音阶数量相同。演奏时演唱者的句尾拖腔为“tyaw”音，伴奏者必须根据演唱者拖出的腔弹奏出相应的“tya”音。因此演奏时特别强调演唱者和伴奏者之间的默契配合。

缅乐的另一个特色是讲究唱腔的韵味。音乐要通过演奏将其情感内涵传达给观众，表演者的表演具有二度创作的特点，不同的表演创造会产生不同的艺术效果。同一句歌词，演唱者停顿、换气、吸气、吐气的地方不同，腔调、韵味就会不一样。因此缅乐对语气的轻重缓急、停顿、语音长短清浊、吐字行腔等均有要求。演唱者和演奏者不仅要唱出弹出乐曲的词和调，而且要理解乐曲的主题内涵，运用不同的语气、表情、姿态和表演风格将其呈现出来，使欣赏者感知和接受。除节拍、拖腔、韵味外，缅甸音乐尤其是戏剧音乐还非常注重前奏、序曲、补板、间奏、结束曲的演奏，这些都是缅甸音乐不可缺少的要素。

缅甸古典音乐中最有代表性的是十三首弦乐曲，即“‘格腊’五首、‘筏’三首、‘达瑙’颂歌又五首”。这十三首基本曲目包含了古典音乐乐理知识的精华，要系统地学习和研究古典音乐就要从这十三首基本曲目开始。“格腊”五首指良渊王朝诗人巴德塔亚扎创作的以“滩—德拉—代—新”起唱的《蜻蜓抖翅曲》、“蒂达”起唱的大格腊曲、“达亚”起唱的小格腊曲、“维巴悉利”起唱的《六彩象王曲》和贡榜王朝孟驳王时期内苗摩诃觉廷列维瑙耶塔创作的以“推德拉拉”起唱的《风雨菩提叶》曲。“筏”三首指贡榜王朝词曲家妙瓦底敏纪吴萨创作的“放筏歌”——《重重高阁》、“拉纤歌”——《胜利之城》和“泊筏歌”——《粼粼碧波》。这三首乐曲均是吴萨于1819年取1758年挖掘模河渠道时产生的筏歌曲调填写新词而成。“达瑙”五首乐曲最初是贡榜王朝率古王时期诗人吴妙拉所作，后来在孟坑王时期由妙瓦底敏纪吴萨取原曲调填写新词呈送国王，即《赫赫南岛》、《王都圣土》、《金宫玉宇》、《九彩光辉》和《威德远扬》五首，内容都是对帝王和王朝威德、王都及王宫辉煌的颂词。十三首基本弦乐曲中的第一首“滩—德拉—代—新”是缅甸最早记谱的歌，也是缅甸乐谱的基础。该曲歌词共112个字，其中58个字只表示音符，余54个字有词义。如首句中的“htan”、“tya”、“te”均代表音符，“shin”为虚字，无意义。因曲调轻盈舒缓，如蜻蜓翅膀抖动的声音，故名《蜻蜓抖翅曲》。第五首《风雨菩提叶》表现了王妃相思寂寞、思绪万千、哀怨伤悲的音乐主题。因此，曲调时而悲凄伤感，时而由缓而疾，如泣如诉，犹如风雨扑打菩提树叶的声音，故名。

（二）民族乐器

缅甸民族乐器按制作材料分为铜乐器、弦乐器、革乐器、管乐器和竹乐器等几种。也有按打击乐器、弦乐器和吹奏乐器等划分的。

1. 弯琴

弯琴是缅甸最古老的民族乐器，弦乐器的一种。早在七八世纪时就已在缅甸境内流行，从已发现的当时佛教建筑的浮雕上就有弯琴的形象。9世纪初前来中国唐王朝献乐的骠国乐团使用的乐器中也包括7种弯琴，《新唐书》上称之为“凤首箜篌”。弯琴的琴形美观高雅，船形琴身与高高弯起的琴颈之间斜系着14根琴弦。演奏时，琴师盘腿而坐，抱琴于怀中，用双手大拇指和食指弹拨琴弦，发出的乐声音色柔美圆润。缅甸人民自古就崇敬弯琴，誉之为“乐器之王”。不弹奏时要将其搁在专用琴架上，供于室内高处，不能随意放置。

2. 编鼓

编鼓又称套鼓，是缅甸最富民族特色的打击乐器。据《琉璃宫史》记载，编鼓最早出现于16世纪40年代，至今已有几百年的历史。编鼓由24只大小不等的鼓组成。这些鼓从左至右按大小和音阶高低排列，用牛皮绳系挂在由8片镶嵌着彩色玻璃的雕花木板相互连接围成的圆圈内侧。整个编鼓装潢华丽多彩。演奏时，鼓师身着缅式上衣，头戴“岗包”，坐于圆圈中央，用手指轮番击打各鼓。鼓音委婉含蓄，节奏明朗，动人心弦。缅甸的传统乐队都以编鼓为主，编鼓鼓师即乐队队长兼指挥。编鼓演奏时一般与编锣、大鼓、芒锣、铜钹、唢呐、碰铃、节拍板等乐器合奏，可以演奏出富于民族特色的音乐。

图7-1 缅甸编鼓

3. 竹琴

竹琴也是一种很有特色的缅甸民族乐器。竹琴由竹琴板、船形琴箱、拴琴板的立柱、琴座和琴槌几部分组成。琴板为24或25块长短不等、厚薄不同的竹板。竹板按音调高低排列，拴挂于琴箱左右两侧的立柱上。演奏时用木制小琴槌连续击打。竹琴可以独奏，也可以协奏，常用于“阿迎舞”的伴奏。

图7-2 缅甸竹琴

近代以来，西方音乐进入缅甸，和缅甸音乐相互结合产生出许多融西方与缅甸音乐特色于一体的现代歌曲。20世纪30年代后，在蓬勃发展的反殖民主义革命浪潮的影响下，先后出现了一大批以爱国反帝为主题的革命歌曲。其中最有名的是德钦丁写的《我缅人歌》，唱起来深沉庄严有力。这首歌后来被选定为缅甸联邦国歌，沿用至今。50年代许多民歌、抒情歌曲等，如《海鸥之歌》、《金色的佛塔》等，也深受大众喜爱。

二、民族舞蹈

（一）民间舞蹈

缅甸民间舞蹈创作于民间，流传于民间，与人们的日常生活、风俗、宗教、礼仪密切相关，直接反映了劳动人民的生产生活、思想情感和审美情趣，具有鲜明的民族风格和地方特色。缅历一年十二个月中每个月都有传统节日，每到传统节日或平日婚丧嫁娶，人们都喜欢载歌载舞或举办歌舞演出活动。在农村插秧或收割季节，人们为了祈求天神保佑、风调雨顺、五谷丰登，或为鼓舞劳动热情，也会在田间地头进行演唱。缅甸的著名民间舞蹈“瑞波大鼓舞”就产生于古代农业发达的瑞波地区。舞蹈者在三尺多长瑞波大鼓的鼓声中边说边唱边舞，插秧的人们也情不自禁地有节奏地插着秧。在大鼓舞的基础上还发展出了多种鼓舞，如长鼓舞、短鼓舞、象脚鼓舞、背鼓舞等等。其演出方式大致相同，都带有浓郁的生活气息。所不同的是使用的鼓形大小不一，节奏和气氛各有特色。

（二）宫廷舞蹈和戏剧舞蹈

宫廷舞蹈、戏剧舞蹈与民间舞蹈有所不同。民间舞蹈带有自娱性，而宫廷舞蹈和戏剧舞蹈的表演性较强，有娱他色彩。在古代，这类舞蹈大多是王公贵族用于宴饮娱乐或殿堂庙宇祭祀祖先神灵时的伴舞，艺术形式更为完整华丽。但宫廷舞蹈、戏剧舞蹈大多是在民间舞蹈的基础上由宫廷专业艺人加工改编、提炼或创作的。因此戏剧舞蹈和宫廷舞蹈集民族舞蹈之精华，是具有典范意义的古典舞蹈。

缅甸戏剧舞蹈主要源自傀儡戏和古典宫廷剧。来源于傀儡戏的男女傀儡舞、宫女舞、隐士舞、箱子舞等，舞姿造型模仿傀儡动作，多呈棱角弯折，演员在台上腿和手的动作都是自下而上，自上而下，犹如傀儡提线般的一张一弛。舞姿静止时上身前俯、头部高扬。翘首、飞臂、扬足、上踢裙边等动作均来自傀儡戏。演出时有鼓乐伴奏，舞律顿挫有力，节拍分明。演员身着华丽服装，表情形神兼备，多旋转、跳跃和技巧性表演。来源于古典宫廷剧的舞蹈则另有特色。这种舞蹈强调节奏感和女演员柔软的曲线型舞姿，讲究关节的对称变化，要求舞者的眼、手、腰、身、步的完美结合，结构精确严谨，富于造型美。18世纪从泰文翻译改编过来的《伊瑙》剧中的女子单人舞，也称“缅甸暹罗舞”，舞姿造型清丽秀逸、优美抒情，是古典舞中的珍品。该舞描绘一位贤淑的公主抱着孩子，追赶被父王驱逐的丈夫。多情的驸马为使妻子追上自己，一路撒下石子做为标记。公主边走边俯拾石子、整冠簪花，坚贞不渝地踏着丈夫的足迹寻去。舞者细腻地描绘出公主梳洗打扮、对镜整容、凝神远眺、娇羞含情等优美舞姿。此舞采用“十二段”舞步，即“细六段”和“粗六段”。

“细六段”是用慢板音乐表现女子柔软功夫的6种舞姿造型（整冠、照镜、簪花、抱儿、拾石、束发），每个造型需腰肢波动，颈肩柔转，双眸流盼，使舞蹈更富于造型美。“粗六段”运用以鼓谱节奏为标志的6种快板舞步，借以表现公主因追赶丈夫心切，步如流星的情景。舞者踢起曳地较长的筒裙边，左旋右转，时而双手抱儿艰难地行走，时而俯拾地面石子往前急奔。整个舞蹈动作规范，如跪地板腰、立臂翘腿、圆场舞步、弹指转腕等既吸收了泰国古典舞的动作，又融入缅甸传统舞蹈的舞技要领，或柔若无骨，或刚如山石，刚柔相济，舞蹈语汇非常丰富。19世纪末，缅甸舞蹈逐渐脱离戏剧，发展成为独立的艺术表演形式。

（三）传统舞蹈

1. 阿迎舞

阿迎舞是缅甸一种独特的民间说唱舞蹈，最早见于阿瓦王朝。缅王为了娱乐消遣，常把民间优秀歌手舞女传进宫中表演，演员抱琴于怀，坐在国王面前演唱，称为“坐唱阿迎”。贡榜王朝后期，音乐、戏剧有了较大发展，宫廷“坐唱阿迎”渐渐发展成为以女子独舞为主的表演形式。一般是一个女主角表演，另有两个或四五个男丑角插科打诨，也有两三个女演员交替演唱跳舞的。演出时女主角身穿艳丽的古典宫廷服装，肩披大纱巾，发髻上饰有鲜花；男丑角身着长筒裙、缅式外套，头扎岗包。先由男丑角登场，以对口词相互取逗，然后邀请女主角出场。女主角应邀来到台前，向观众彬彬施礼，自我介绍，报告节目，然后踩着乐师弹奏的乐律边唱边跳，翩翩起舞。舞步时快时慢，舞姿优美轻盈，并不时插白与丑角逗乐。

2. 双人舞

缅甸双人舞可分为古典双人舞和现代双人舞。古典双人舞最初只由女演员独舞，男演员抄着手立于一旁，搭配说唱。故有“抄手男角”之称。在艺人吴波盛的创新下，男演员也参加跳舞，并且打破了男女演员授受不亲，必须相距尺余的封建习俗，发展出对称性、旋转性的舞蹈动作。现代双人舞即在古典双人舞的基础上发展演变而来。缅甸现代双人舞中，男女演员配合默契，协调一致，舞姿时而舒展、时而热烈，气氛感人，最后以优美造型定格。

3. 群舞

缅甸群舞在古代有男子群舞和女子群舞两种，现代常见的只有女子群舞。一般由十几人组成，多在泼水节等大型喜庆节日里演出。演出时姑娘们头戴鲜花，身着单色的缅式女装，有粉红色、天蓝色、浅绿色、金黄色等，色彩异常艳丽。女子群舞的画面变化和舞蹈构图丰富多采，动作整齐划一，气氛热烈欢快。

4. 油灯舞

油灯舞是缅甸一种传统的集体舞蹈，产生于贡榜王朝中期。油灯舞以表现手和脚的弯曲、身体各部的柔软性和持灯的技巧而著称。表演者双手手心各托一盏小油灯，一会儿跪坐，一会儿站立，忽儿前倾，忽儿后仰，脚步轻移，身姿百态。舞蹈队形不时变换。舞至高潮时，舞台所有灯光关闭，黑暗中只见红色的油灯忽上忽下，忽左忽右，上下翻转，左右漂移，似流星闪过，如霞光奔涌，令人眼花缭乱，目不暇接。更使人叹为观止的是不管舞姿如何变化，舞者手中的油灯始终不歪不落，灯盏里的油不倾不滴，灯光不灭，表现了极高的持灯技巧。古时表演油灯舞都持小油灯，现代也有托小蜡烛的。

缅甸独立后，历届政府非常重视民族音乐舞蹈的发展。20世纪50年代在曼德勒和仰光先后成立了音乐舞蹈学校，组建了国家歌舞团。20世纪90年代在音乐舞蹈学校的基础上成立了艺术大学，并扩大了国家歌舞团的编制。与各国文艺交流也有所增加，使缅甸的音乐舞蹈艺术水平有了明显提高。

第二节　戏剧

缅甸戏剧从其历史发展来看有古代宫廷戏剧、木偶戏、古典剧和现代话剧等形式。戏剧与诗歌、音乐、舞蹈关系极为密切。

缅甸古代宫廷戏剧的产生发展与佛经故事有不解之缘，缅甸文学史上第一部剧作《红宝石眼神马》(约1697年)由良渊时期诗人巴德塔亚扎创作，是根据《清迈五十本生故事》中的《达塔达努本生》创作的。由于该剧水平较高，有学者估计该剧之前已有剧本出现。

贡榜时期妙瓦底敏纪吴萨(1766—1853)将《罗摩》、《伊瑙》等宫廷剧从泰文译成缅文，并配写了词曲、诗白，通过人物对白和韵文唱词表现剧情发展，使缅甸宫廷剧得到全面发展，并对后世戏剧创作产生了很大影响。

戏剧文学创新者吴金吴(1773？—1838？)首创了适合舞台一夜即可演完的剧作，一改过去一部剧作搬上舞台需连续数十天才能演完的状况，为缅甸戏剧发展做出了杰出贡献。他的剧作不仅语言简洁、格律工整，而且对时事政治多有隐喻，含意深刻。如《巴勃亨》、《德瓦贡班》、《玛霍》等剧目虽都取材于神话或本生故事，但都是隐喻宫廷的，有的剧作还反映了英国人开始侵入缅甸的史实。

著名诗人、剧作家吴邦雅（1812—1866）不仅是缅甸戏剧的创新者，而且是一位多产作家，一生著作繁丰，大多系奉宫廷之命而作。其作品有茂贡（记事诗）4篇、讲道故事诗30篇、诗文间杂的密达萨约60篇、剧作7至8部，其他各类体裁的诗歌数百首，其中尤以戏剧创作成就最高，而戏剧的代表作又首推《卖水郎》。该剧取材于421号佛本生故事《冈伽摩拉本生》的一个插曲。作者除按亲王所授之意去写之外，也加进了自己的创作意图。不仅借古人之口道出了现实民众的生活感受，歌颂了一对贫苦卖水人的高尚品德和善良本性，还影射了当时宫廷中尔虞我诈、倾轧争权与谋杀的现象。情节集中完整、生动凝练、诗句优美、音韵和谐，又特别注意刻画人物的性格和思想，比喻鲜活生动，是一部光彩夺目的文学佳作。

木偶戏是缅甸的一种古老的戏剧。早在16世纪的诗歌中，就有过表演木偶戏的描述。贡榜王朝时，木偶戏深受王室宠爱，常在宫廷中表演，是宫廷准予搭台演出的唯一艺术形式。当时皇室规定：凡是真人演出的古典戏只能在平地上表演。因为“低贱的”艺人，特别是女艺人居高临下登台作戏，将有损于“高贵的”观众的威严。而木偶戏的角色皆由竹木制成，而竹木是由神仙管辖的，操纵表演者又全是男子，因此被允许上台演出，这也就是缅甸人将木偶戏称为“高戏”、将平地演出的古典戏剧称为“低戏”的由来。

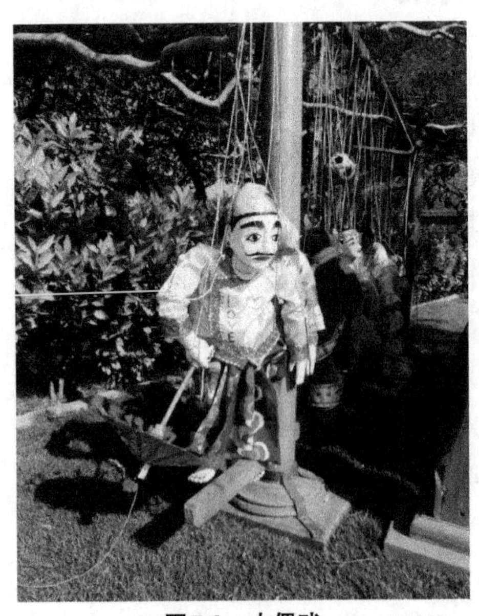

图7-3 木偶戏

木偶戏剧目大都选自佛本生故事或宫廷轶事，一般都通宵演出，前半夜是招徕观众的零星节目，后半夜始演正戏。贡榜王朝时期，木偶戏比真人演的古典戏还要受重视。随着封建王朝的崩溃，木偶戏逐渐衰落，懂得表演的艺人已寥寥无几。

古典戏与木偶戏一样也通宵演出，演出程序也相似，后半夜才演正戏。剧目也多以佛本生故事、神话故事和历史故事为主要题材。

1920年以后，觉醒了的缅甸人民掀起了如火如荼的反殖民主义革命运动，反映现代生活的话剧也应运而生。尤其在第二次世界大战期间，由于电影业一度中断，电影演员相继成立了话剧团，演出了一批反映爱国主义和现实主义题材的话剧，如德钦巴当的《国家的敌人》，貌廷的《什么是最重要的》、《英雄的母亲》和吴登佩敏的《吴素去英国》等。这些短小精悍、内容与古典戏剧截然不同的现代话剧，使人耳目一新，激发了缅甸人民的爱国热忱和民族自强心。战后，随着电影艺术的发展，现代话剧也就每况愈下，显得不太景气。

第三节 美术

一、绘画

缅甸的绘画艺术最早要追溯到新石器时代。20世纪70年代缅甸考古学家在掸邦南部距今约一万年的新石器遗址帕达林洞穴中发现了12幅岩画，并对之进行了考察。这些岩画系用红褐石描绘，画面有太阳图像和牛、鹿、象、鱼等动物图像，虽线条简单，但形象生动活泼。反映了先民的原始崇拜和当时以渔猎为主的生活。现缅甸国家博物馆中展有这些岩画的摹品。

缅甸封建时期的绘画艺术在早期从形式到内容都受到印度文化尤其是佛教文化的深刻影响。如早期的贝叶画和蒲甘初期的壁画，题材内容多以佛本生故事为主，人物形象、佛教图像都带有印度风格。但到十二十三世纪，寺院佛塔中的壁画无论构图还是色彩都开始明显地表现出缅甸民族绘画艺术的特征。笔法柔细、线条挺拔、色泽艳丽，颜料使用了雄黄、银朱、虫绿、百垩等。14世纪以后，壁画有了进一步发展，不仅应用于佛教建筑，而且也应用于宫殿建筑的装饰。表现题材也由佛教内容扩大到宫廷和世俗生活的画面。线条造型和色彩的运用更趋纯熟。

自蒲甘以来的缅甸古代绘画一直采用素描造型（以单线描为主）并设色填彩的绘画技法。构图丰满完整，线条单纯明快，勾描或精致细腻，或简约粗略，静动结合，写意传神。画面不表现三维空间的立体感，而以二维空间的平面感来取得装饰效果。这与西方传统绘画注重透视，突出明暗、立体感，追求写实的风格迥然不同。在色彩运用上颜色的种类并不复杂，从蒲甘晚期至贡榜早期一直沿用红、黄、绿、黑、白几色，贡榜后期才增加了紫、蓝、靛蓝色。图画均以墨线勾描，人物口唇、两腮、鼻梁施以朱红，面部和皮肤施以浅黄或白色，服饰及其他图案多为红、绿两色，少部分为黄色。

缅甸古代壁画的背景图案和宫殿庙宇等建筑的天花板、栋檐梁柱上的纯装饰性图案大致有四种，也称“四种绘画手法”：(1)莲花纹图案(包括莲花、莲苞、莲藕、莲芯、莲叶、榕、葡萄、果藤等花蔓藤叶植物的各种艺术性变体，也包括圆、弧、菱形、曲线、螺纹、盘龙纹等无生物花纹图案)；(2)神女花纹图案(包括神仙、仙女、公主、王子、帝释、梵天等拟人形象)；(3)猴花纹图案(包括猴、狮、鸳鸯等动物的图案化形象及咖咙、那牙神兽、紧那罗、魔鬼等神话传说中的动物形象)；(4)大象花纹图案(包括象、马等身体庞大的动物及静止物体)。这些图案在绘制时可以互相融合，在绘画发展史上形成了具有独特民族风格的传统图案，并广泛运用于雕刻、泥塑等工艺。

贡榜王朝敏东王时期缅甸绘画发展较快。由于对外交往增加，西方美术传入缅甸，东西方绘画技法的交流促进了缅甸绘画的发展。这一时期的绘画除保持传统的单线素描技法外，也吸收了西方的油画艺术，在壁画、纸折画、帆布画中都出现了油画作品。蒲甘时期画树木时是一片树叶一片树叶地勾勒描绘，而到贡榜后期树木仅以颜料绘制，很少有线描了。

进入20世纪后，西方绘画艺术的影响越来越大。1920年起英属缅甸政府派遣吴巴年和吴巴佐等人赴英专修西方艺术。20世纪五十六十年代也不断有美术家赴欧洲、中国学习美术、绘画、雕刻等。以风景、人物为题材的油画、水彩画、铜板画等都在缅甸发展起来。如水彩画《大金塔广场》(吴巴佐)、《香蕉》(哥佐温)、油画《摩诃班都拉将军》(吴巴龙勒)、《送斋归来》(觉吞林)、《金庙》(敏彬钦)、《大胖子》(吴巴年)、《哈卡钦族少女》(吴敏乃)等都是西方艺术技巧与民族艺术风格相结合的现代绘画佳作。

二、传统工艺

缅甸传统民间工艺有着悠久的历史。被称为“传统工艺十朵花”的铁器、金银首饰、雕刻、绘画、漆器、磨镟、泥塑、石刻、瓦工、铸铜十种造型工艺大部分在蒲甘王朝时期就已存在并具有相当水平。阿奴律陀王和江喜陀王在位时大兴佛教，广建佛塔寺庙和殿堂廊亭。当时从直通带回的孟族工匠艺人、从印度来的工匠艺人、古代骠族后裔中的工匠艺人都齐聚蒲甘，使上述各种工艺得到空前发展。其后的数百年中随着人们物质生活的需要和审美情趣的提高，这些工艺在造型和技艺加工方面更趋精湛，民族性更加鲜明，成为古典艺术的瑰宝。在工艺造型方面最有特色的是雕刻和漆器。

（一）雕刻

雕刻是缅甸人民自古以来喜爱的一种传统工艺。据认为佛教传入缅甸，在缅甸出现佛塔佛像后就有了雕刻工艺。最早的雕刻艺术品是在骠族故地毗湿奴城出土的印度神像和动物像。据缅甸史籍记载，蒲甘朝丁里姜王在位时将从太公城漂来的带有摩诃吉利神金身的玉兰树干送往波巴山，后又应神之求刻成兄妹神面部像送往波巴。缅甸古代的雕刻工艺不仅在佛塔寺庙等佛教建筑中随处可见，而且还作为装饰广泛应用于宫殿、城镇、民居等建筑中。历代王朝还为列祖列宗制作雕像供奉于宫内密室。贡榜王朝末代帝王锡袍被英军掳走后曾发现锁于宫中密室中有17尊面西而立的王室列祖列宗金像。

雕刻按材料可分为木雕、象牙雕、玉雕、竹刻、骨刻、石刻、龟板雕刻、金属雕刻等；按技法可分为圆雕、浮雕、镂雕三种。圆雕即立体雕塑，古时常以铜、铁、合金、石为材料，多为佛像雕塑。现代木制圆雕也很普遍，无论是人物、还是动物，其造型都细腻生动，形态逼真。浮雕的运用比较广泛，材料也较丰富。大到各类建筑装饰，小到家具、器皿、艺术品，如带孔雀花纹图案的金璎珞、项圈、金钵、银钵等都大量运用浮雕工艺。缅甸工匠还特别擅长将浮雕和镂雕结合在一起。如框饰制作，有的可雕出四五层，层层花纹图案精致美丽，卷曲的花枝花蔓盘绕交错，既有观赏性又可增加牢固度。在雕刻藤蔓状花纹时特别讲究顺木纹雕刻，不能刻断木质纹理。这些精湛的雕刻艺术品表现出了雕刻家的非凡智慧和创造力。

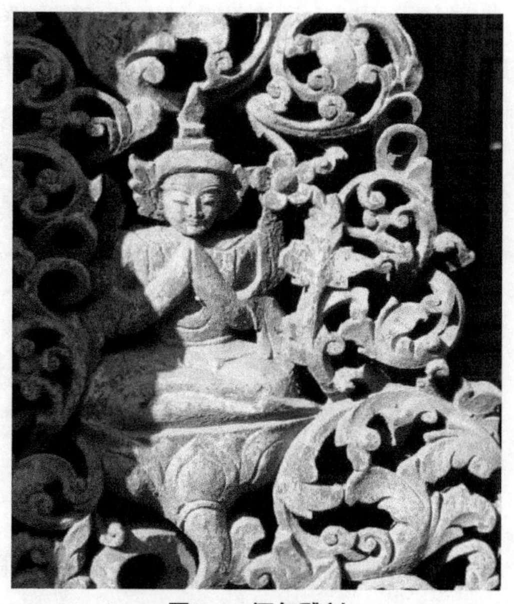

图7-4　缅甸雕刻

（二）漆器

漆器在缅甸的出现略晚于其他工艺。据考证，漆器工艺是从中国内地传往云南和泰国、老挝境内后再传入缅甸的。14世纪初，漆器工艺开始在缅甸出现并在阿瓦至贡榜王朝期间蓬勃发展起来。当时漆器不仅是家庭、寺庙的常用器皿，而且是宫廷用品，如槟榔盒、饭盒、茶托盘、香烟筒等等。贡榜王朝孟既王在位时还曾将漆器作为珍贵礼品赠予外国使节。

图7-5 缅甸漆器

缅甸漆器的主要产地在上缅甸蒲甘、良宇、阿瓦一带，因为制造漆器的主要原材料“丁瓦”竹和黑漆树树脂盛产于这些地区。制作漆器时，需先将竹子削成篾片，编织成器皿形状，有的为了造型需要里面还楦上木楦，外面涂上薄薄一层树脂使编织体粘合，阴干后用柚木细锯末加树脂调成的粗油灰和黏土加树脂调成的细油灰反复涂抹。每涂抹一次都要放入密封的地窖中阴干，并把表面打磨平滑。至少要反复4次以上，以使坯胎加厚，耐用性增加，同时也可弥补造型上的细微缺陷，使造型更加精美，表面细腻光滑。最后的工序是用铁笔或细钢钎在漆器表面刻画花纹图案、贴金上色。缅甸的漆器多为朱、黑两色，彩绘多为在绿、黄两种底色上描金，古朴瑰丽。独立后，缅甸政府十分重视漆器工艺的发展。在蒲甘成立了漆器专科学校，专门培养漆器工艺的技术人才，并鼓励私人和集体从事漆器制作，以使这一传统工艺之花开放得更加绚丽多彩。

第四节 建筑艺术

一、宫殿建筑

缅甸古代宫殿与民居的建筑风格有很大不同。民居多考虑实用性，如最普遍的干栏式住宅就是为适应当地的气候条件和自然地理环境而设计的。只有少数富裕人家或官宦门第的住宅会在建筑装饰、家具陈设等方面作些艺术加工。如采用木雕花饰、绘画、镶嵌等装点房舍的门窗木框、墙壁、客厅外侧隔墙等处，使整座宅第看上去美观气派。但由于缅甸民居多是竹木结构，在潮湿多雨的气候条件下难以长久保存，因此典型的古代民居现在已经很难见到了。而现存最能体现缅甸建筑艺术的当数城垣和宫殿了。

缅甸古代王宫建筑的代表曼德勒王宫是贡榜王朝第十代帝王曼同（又译敏同，1853—1878年在位）于1859年建成的。封建王朝覆灭后仍完好地保存了下来，但却未能躲过第二次世界大战的炮火洗劫。1945年3月17日曼德勒王宫遭英国轰炸机轰炸之后，仅剩下城垣和一片砖制底座废墟。惟有迁出王宫的金殿幸免于难，使后人得以一睹缅甸古代宫殿的风采。金殿除顶部用铁板铆接而成外，全部是柚木结构，殿身满涂金粉，熠熠闪光，因此而得名。该殿原为曼同王的一座寝宫，因曼同王驾崩殿内，其子锡袍王即位后将此殿按原样拆卸移建至宫外，全部捐给寺院，故取名金殿寺（金庙）。金殿寺堪称一座完整的木雕艺术品。

图7-6 金殿寺

金殿为两层阁楼三层重檐式大屋顶建筑，飞檐翘角，带有中国古建筑风格。整座宫殿由54只伏地的那牙神兽木雕像驮离地面，象征着殿堂的高贵。每只那牙神兽像下是一块石基，以隔开地面潮气。从实用价值上则起到干栏式结构的作用，融实用性、象征性、艺术性为一体，体现了设计者的独具匠心。地面有五座砖砌阶梯直达金殿，沿殿四周的木板外廊可行至殿门。殿的四壁装有雕花木窗，既采光通风又有装饰效果。门窗及外廊壁上的木雕均出自名匠之手，工艺精湛。大殿内共有150根木柱撑起屋顶，组成一个15（东西向）×10（南北向）的柱阵，柱子上镶嵌着各色玻璃并鎏金，门柱顶部两边等处都装有花罩板。殿堂分东西两部分，即前殿和后殿，中间由雕花隔扇隔开。原先前殿是曼同王接见大臣们和议事的场所，后殿为寝宫。现在前殿为佛堂，正中是一尊金色大坐佛，还有两尊木雕护世大神像。神像双手呈舞姿，双脚夹节拍小铃作击铃状，栩栩如生。整个宫殿运用雕镂、镶嵌、彩绘、贴金等多种艺术手法加以装饰，充分表现了缅甸人民在建筑技术和工艺方面的创造力，无疑也代表了那个历史时期建筑艺术的最高水平。当年这座金碧辉煌、豪华雄伟的建筑曾昭示着王室的高贵和佛教的显赫。今日虽大殿表面的金色已经褪尽，但高超精湛的雕刻和建筑艺术依存，人们仍不难想象金殿及整个曼德勒王家宫苑昔日的风采。为了让这块民族文化瑰宝永久保存下来，1959年曼德勒建都一百周年庆典后，于1963年按原来王宫内琉璃宫大殿的原型建起了一座现代化的皇宫博物馆。1989年8月缅甸政府又启动了重建宫中主要殿堂的计划，并重新修葺了御花园。现在曼德勒王宫已向世人开放供参观游览。缅甸古代宫殿建筑从建筑风格上虽带有鲜明的民族特色，但无论殿顶的重阁飞檐、殿内的巨柱、隔扇，还是城墙四隅的角楼和御花园，都明显地受到了中国建筑文化的影响。

图7-7 曼德勒王宫局部

二、佛塔建筑

缅甸佛塔源自印度，早期的佛塔完全继承了印度佛塔的建筑风格。如室利差呾罗故地发现的波波基佛塔，由5级圆形塔座、高大的柱状塔身和圆锥形顶部的塔伞组成，整体形状古朴简洁，没有太多装饰。

图7-8 波波基佛塔

蒲甘时期随着佛教在缅甸兴盛，佛塔数量增多，佛塔的种类、形状也有了明显的变化。佛塔的建筑风格在原有印度风格的基础上逐渐融入传统建筑的民族特色，佛塔的形状由单一走向多元，形成了缅甸佛教建筑艺术发展的一个新阶段。这些变化首先表现在塔的形状上，塔座由原来的圆形变为方形，级次增多，逐渐向高大发展，有的塔座一面或四面建有通向塔座顶的阶梯。其次是基座和塔身上的装饰日趋增多，日显华丽，彩釉、浮雕、绘画等传统工艺及尖顶阁式造型等都开始运用于佛塔建筑，塔尖上饰有王冠状塔伞。蒲甘朝之后，经过封建社会几百年的变迁，到贡榜朝时缅甸佛塔建筑呈现出新的特点——民族风格越来越鲜明。在形状上由蒲甘时期的多种多样逐渐趋于一致，基本上保留了蒲甘瑞喜宫、敏格拉佛塔的形状，即塔身呈覆钟形，底部为方形或曲棱形的高大塔座，顶部有王冠形塔伞。在装饰上广泛应用宫殿建筑的装饰艺术，塔身贴满金箔，金制塔伞上镶嵌有各种珍宝，装饰图案采用传统花样。在设计布局上由独塔向群塔发展，中心主佛塔周围由几座、几十座甚至几百座小塔环绕，浑然一体，交相辉映。有的佛塔寺庙门前还立有对狮，形态威严刚健，俨如佛寺的卫士。

封建王朝覆灭至独立以后，缅甸佛塔建筑艺术又有了新的发展。原来王冠状塔伞改为普通伞状塔伞，寓意封建时代已经结束。建筑造型更趋协调，局部设计更趋精细，原来的十几个组成部分变成了40余个，其中自下而上主要有：塔基、塔座、钟状体、覆钵状体、倒吊花纹、凸棱体、倒垂莲花体、莲花体、蕉苞体、铁箍环、塔伞柱、塔伞、宝鸟歇、钻球等。各组成部分有机地组合在一起，使佛塔造型匀称美观，有整体感。在建筑技术和工艺方面广泛应用现代科技，如光学、电学、建筑学技术及新型建筑材料等，使古老的佛塔艺术焕发出新的气息。

从建筑形式上看，缅甸佛塔有两大类：一类是实心塔，镇塔宝物埋入塔内地宫之中。仰光大金塔、蒲甘瑞喜宫塔等是这种类型的突出代表。另一类是有门可入的塔，即佛窟，亦称浮屠。塔内供奉宝物、立有佛像供人瞻仰。蒲甘的阿难陀寺、他冰瑜佛窟、仰光的世界和平塔、大胜塔等是这种类型的代表作。

建于仰光市丁固达拉岗上的大金塔，是集中体现缅甸佛教建筑艺术的佛塔之一，也是名震东南亚甚至全世界的著名古建筑。大金塔高99.36米，底部周长432.8米，周围有64座小塔簇拥。塔身表面所贴的纯金箔约有7吨重，塔伞上挂有金铃1065个，银铃420个，风吹铃响，金声玉振。塔顶钻球上镶嵌有近百颗宝石和7000颗钻石，最大的一颗钻石重76克拉，价值连城。整座佛塔金碧辉煌，具有强烈的艺术感召力，是缅甸民族文化的象征。在大金塔南面约450米处的“护法岗”上有著名的摩诃威萨亚塔，即大胜塔。该塔建于20世纪80年代，是一座融古代建筑风格和现代建筑艺术为一体的佛窟建筑。塔基为八角形，共3层，每层的每个角上各有一小塔，共24座小塔错落有致。塔基上是佛窟，有8个拱门通入窟内。窟内有圆形通道，中间是香室，穹形顶棚上是星光灿烂的天穹大浮雕，周围墙壁上是枝叶繁茂的菩提树水泥雕塑，还有反映佛本生故事的壁画和著名佛塔的图像。堪称缅甸现代佛塔艺术之杰作。

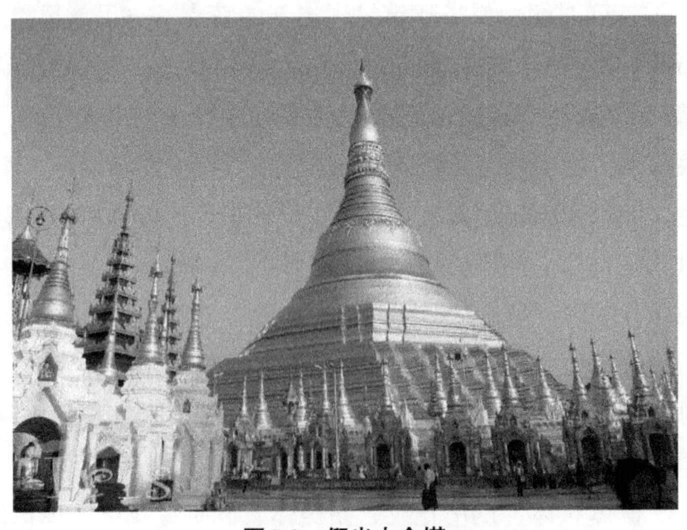

图7-9　仰光大金塔

三、近现代建筑

缅甸近现代建筑体现了东西文化的交流融汇。19世纪末英国吞并缅甸后西方建筑文化开始影响缅甸，不少西式建筑在缅甸出现。如仰光的海滨旅馆、仰光大学授衔礼堂及教学楼、政府办公大楼、中央银行、海关大楼、仰光大医院等。一些私人宅第也采用了西式设计，但室内装潢仍保持缅甸传统风格。

独立后缅甸建筑发展很快，它们吸收了西方建筑风格之长，又与本民族传统的建筑风格相结合。如缅甸议会大厦就是缅西合璧的典型建筑，其造型采用简洁明快的线条、灰白单一的色彩表现出庄严肃穆的气氛，现代气息中透着古朴之风。整个建筑以现代建筑材料和设计方法表现传统的建筑风格，具有鲜明的民族特色。再如座落在仰光甘道基湖畔的妙声鸟舫水上餐厅更是传统建筑艺术与现代风格相结合的经典之作。餐厅外型采用缅甸古代帝王所乘妙声鸟舫的造型，犹如两只美丽的妙声鸟相依湖面，口衔宝珠，背负船楼，与蓝天碧水相得益彰。妙声鸟舫的尾部与湖岸之间有长廊连接，构思巧妙。船楼的多层重檐式尖顶构成传统宫殿和庙宇建筑的典型风格，金黄色的主色调烘托出吉祥安宁的气氛。而在这座建筑的内部，现代化宴会厅、歌舞厅、宾客厅等宽敞明亮、布局合理，与外部的古典风格迥然相异却又自然融会为一体，在缅甸建筑艺术中独树一帜，给人以美的享受。

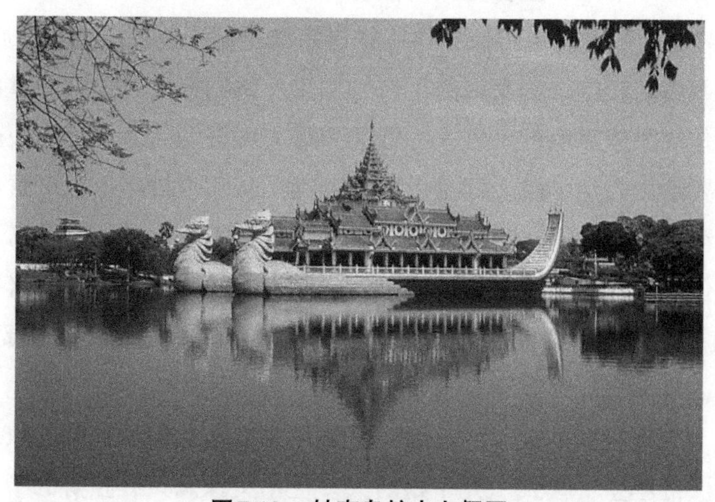

图7-10 妙声鸟舫水上餐厅

第八章　风俗习惯

第一节　家庭与婚姻习俗

一、缅族家庭与婚姻习俗

婚姻和家庭是构成人类社会的最基本因素。家庭是社会的基础，通过婚姻而确立。千百年来，缅族社会经历了母系制、母父共制、父系制三个发展阶段。婚姻由原始的群婚、转房婚发展到一夫一妻制。缅族人在11世纪接受佛教和印度《摩奴法典》精神后，父权发展异常迅速。缅族家庭严格地实行一夫一妻制。丈夫为一家之长，负责家庭的生计等重大事项。妻子主内，负责家务劳作，抚养幼儿，同时也要承担一定的养家责任。

（一）家庭习俗

一般说来缅人社会中男女地位平等。妇女可在社会中担任公职，主管一方行政。她也是独立的社会人，有婚恋的自由，有平等继承家庭财产的权利。丈夫去世时，妻子可继承财产，接替丈夫的位置，负责整个家庭的生计，对儿女的婚姻大事等有决定权。妇女们也可像男性一样有宗教上的平等，如布施、遁入佛门等。但由于传统习俗的影响，妇女对男子特别敬重。她们视丈夫为家中掌门人，处处加以尊敬。传统缅族家庭的女主人吃饭时要等丈夫开动后方动手吃饭。丈夫不能一同吃时，要给丈夫盘中敬上好菜后方能动嘴。从座位排序上也可看出妻子对丈夫的尊重。缅族以右为上，吃饭时妇女坐在丈夫的左边，丈夫坐主席。丈夫缺席时要空出主位。夫死，妻子可坐夫位。睡觉时也一样，缅族人睡觉必须头朝东或南，妻子睡在左边。在传统家庭睡前夫妻要先敬佛陀。之后，妻子要给丈夫磕3个头后方可入睡休息。

缅族人十分重视家庭关系的维系。个体小家庭是缅甸最普遍的家庭形式，它符合农耕社会的小生产模式。儿子婚后大多住岳父家。只有独身的子女才与父母居住在一起。同时，幼女及其家庭也有责任照料父母的生活。传统上虽说妇女有离婚的自由，但缅族社会普遍认为离婚是一件十分丢脸的事。所以为了家庭的稳固，婚恋前的考验十分重要。依照传统，恋人订婚后有3年的考察期，他们要互相考察对方及其家人的品行是否端正，有无犯戒，其家庭在村寨中人缘是否好等等。经过3年的考察，合格后方能成亲。

（二）婚姻习俗

缅族青年男女婚姻方面多为自由恋爱，父母一般不加干涉。传统上男子满14岁后就被视为成人，可以找对象了。但若与未满20岁的女子结婚，须先征得女方父母的同意。缅族人成家一般是女婿入赘，男方至少要在岳丈家住满3年后才可分家另立。

缅族是一个好热闹的民族，节会多，民风淳朴。一家有事全村帮忙。青年人是热心者的主体。若谁家有生死、婚嫁、盖房、建庙、出家等大事，定有伙子头和姑娘头率领的帮忙大军。大家在一起说说笑笑，帮事主分忧解难。这种风俗给了未婚的青年男女一个接触的机会。若男方看中某一姑娘，他会在天黑以后，约上自已的好友或独自一人，来到姑娘家的竹楼下诉说衷肠。有些小伙子遇到意中人后，也会在傍晚时分到姑娘家附近吹笛求爱。大胆的则径直上到女方家中做客聊天。外村的小伙来本村串姑娘需征得本村伙子头的认可。对小伙子来家串门，姑娘的父母一般不会干涉。小姑娘也会在客厅里以茶水、槟榔、烟草招待来客。等姑娘的父母休息后，小伙子才能进闺房。双方若互相中意，则会互赠礼物。小伙子一般送戒指，姑娘送岗包、纱笼、自制背包给对方，作为定情之物。缅族人的择偶标准主要有三：结实；有一技之长；人品好。

男女定情后，会找社区中的头面人物去女方家撮合，送礼金等。征得女方父母同意后，小伙儿可自由出入女方家中。双方一般要恋爱3年，以相互了解、考察、磨合。

缅王时期，缅族男子结婚年龄规定在24、25岁，女子年龄则无具体规定。没有文身和没出过家的男子一般是没有资格结婚成家的。如今，此类限制没有了。缅族人成亲有4项条件：（1）已成年，心智健全；（2）不是近亲；（3）女方不是已婚者；（4）双方自愿。婚礼一般在女方家进行。结婚有3种方式：（1）双方父母约定；（2）媒人说亲；（3）自定终身。其中后两种方式须征得双方父亲同意。父亲不在时，须取得族人同意。习惯上，缅历四至七月安居期间不能结婚。在其他月份结婚，据称对小家庭也会有一些影响。宜嫁聚的月份有：缅历二月结婚者会发家，缅历三月结婚者会白头到老。不宜嫁娶的月份：缅历四五月结婚者会大病，缅历六月、九月、十月结婚者会破财败运，缅历十一二月鬼多，此时结婚者会膝下无子女。

缅族人结婚前，男方父母要去女方家提亲，商量婚事。女方及所居地之头人要在家等候。双方都会把己方的掌门人叫上。人齐后，由男方讲明来意，察看双方的八字、相位是否相合。然后再选定吉日，安排细节。定下吉日后，双方要给亲友发帖子，要告知亲友、村人前来帮忙。发帖通知一般是派人上门发茶包，告知有关事项。一切妥当后才举行婚礼。

婚礼当日，负责招待的少女们要在门口给客人敬烟，献上一小枝花。双方父母亲友也要到场给来宾领位，招待客人吃饭等。客人若有贺礼则交给受礼台，并记录在案。婚礼上要避免蓝色、绛色和黑色这三种不吉利的颜色。吉日吉时到后，由司仪或灌顶师宣布婚礼开始。盛装打扮的新人在嫔相的陪同下遵男右女左之俗步入婚礼殿堂。新人进入后在特定位置坐下，请灌顶师念偈陀、宣布拜敬“五敬”（佛、法、僧、父母、师长）。新人在步入婚礼现场以及回房时，少男少女们会起哄用金线阻拦新人，讨取喜钱，名曰“客璞祷”。新人入座后会献上四盆装有椰子、香蕉的礼盒，分别拜献给佛陀、男方父母、女方父母和神仙，以表敬意。婚礼上请有编鼓乐队奏乐，礼拜时鼓乐暂停。新人磕头三次后父母给新人礼物。接着司仪或灌顶师为新人祈福、念偈陀、求神保佑。之后便是行合手礼，婚礼进入高潮。灌顶师或长者将新郎的右手放在新娘的右手之上，再将新人的手浸入一个装有三分之一的水和各种吉祥树枝、花枝的铝盆中，表示新人会幸福和谐、白头到老。灌顶师或长者同时要训导新人，并将盛在另一盆中的五色米撒向来宾。此

图8-1 缅族婚礼

时，鼓乐齐鸣，大家一起来分享喜悦。来宾们也乐于抢五色米中的硬币。因为缅族人相信婚礼上的硬币会给自己带来财富。之后男方或男方父母会摆酒席招待亲朋好友。新人右手相握，坐于来宾之中，同吃一盘饭，并互喂饭菜一两口，表示小两口成家后会恩爱一生。婚宴结束后，婚礼便告一段落，新人们回新房。婚礼当晚，缅族青年有向新房上扔石子的习俗。

不在女方家成亲的新人，一般在完婚次日或第三日，双双回到女方家。女婿对岳丈家人要大献殷勤，卖力干活。对于未经父母允许私订终身的私奔者，女方家长一般也会大度处理，接受生米煮成熟饭的现实。

缅族人对自己的婚姻大事十分慎重，往往是经过深思熟虑后才结婚成家的。但也有婚后不合的现象，这时就需要离婚休妻。据缅甸习惯法，丈夫对下列5种类型的妻子有权休弃：(1)不孕者；(2)只生女儿不生儿子者；(3)有严重疾病，如麻风病、癫痫者；(4)不守家规者；(5)不服从丈夫者。休妻后，丈夫仍要供养妻子。妻子在以下6种情况下可以离婚：(1)丈夫步入佛界；(2)双方自愿离婚；(3)抛弃对方而离婚；(4)虐待；(5)不忠；(6)重婚。自愿离婚时，双方平分共有财产，带回结婚时的个人财产。对因过错而离异者，有错一方不能分享财产。另外，如果一方强行离婚而又提不出对方有过错的证据，那么他(她)就要向对方支付一定的赔偿金并负责婚礼开支。

二、克伦族家庭与婚姻习俗

(一)家庭习俗

克伦族是一个重视家庭、家族的民族。克伦村寨是一种以血缘为纽带兴建的亲情聚合体。克伦人十分注重家庭的稳固。一个家庭里，父亲是一家之长，负责全家的生计、处理重大家庭事件。克伦族家庭实行一夫一妻制，但传统上不反对男子娶妾。克伦人多与家中长者一同居住，四代同堂的家庭并不少见。妇女在家庭中拥有与男子同等的地位。她们与丈夫一起共同担负着养家之责。在父系家族中，母系亲属有着较为特殊的位置，母系亲属不论隔多少代都仍会被视为直系亲属。妇女主要负责家务，抚育子女。她们也下田干活，但不犁田耕地。丈夫去世后妻子应担任起家长之职。克伦族家庭在父母或者父母一方健在时不能分割家庭财产。父母不在时则由长子长女负责财产的分配。克伦族子女成家后可以与父母分家另过。有些山区克伦人与父母分家而不离开父母，他们通常在父母家旁建房而居。寡居的父母可以再婚。最小的子女有责任照顾年老的父母，因而分配父母遗产时他们可以多分一些，一般是将房子或园子多分些给他们。无子女者可以收养子女，养子养女也有权继承财产。克伦族家族观念很强，他们一般不与外族通婚，甚至不同支系之间也不通婚。他们以氏族为单位聚居，很少有离群寡居的。

（二）婚姻习俗

寻找自己合适的生活伴侣是克伦青年的重要人生目标。克伦族青年及其父母对此极为关注。一般而言，克伦族父母在儿女的婚姻大事上是十分开明的。儿女们有权选择自己的生活伴侣，作父母的基本上不会加以干涉。子女若不同意父母对自己的婚姻安排，他们可以回绝这门亲事，自己做主选择。但他们在私定终身后也会告诉父母，请父母同意自己的婚事。在大多情况下他们都能如愿以偿。

克伦族青年非常热心村寨的公益活动。寨子中不论谁家有事全寨青年都会热心帮忙。每个村寨都有大家推举的伙子头。伙子头是青年的领头人，负责协调各方面的事情。克伦族青年空闲时喜欢聚在一起唱歌跳舞，在日常公益活动和娱乐活动中有较多的交往机会，因而可以培养感情增进了解。在传统庙会等重大活动之后，波克伦青年男女时常会顺便举行对歌活动，以此来选择自己的意中人。对歌会在波克伦语中叫做“克亚艾老”(khya ai lau)，是小伙子向姑娘们展示身材、智慧，姑娘们选择佳婿的嘉年华会。对歌前要先派人与邻村约定歌会的时间、地点。对歌一般在庆丰收活动、庙会、葬礼、拾遗骨活动结束的当晚进行，地点多选在寺院里。对歌前先要跳克伦集体舞，晚上10点钟舞会结束，对歌开始。先由姑娘们相对坐成两排，两排相距4.5米。之后先由一光背、将纱笼扎成三角裤形状的老翁，两手交叉拍打自己的胳膊，从相对而坐的姑娘们中间的通道走过。之后，小伙子们要依照此样来回做3次，以展示自己健壮的身体和美丽的文身图案。展示完毕后小伙子们要穿上衣服，走到自己中意的姑娘面前与其交谈。若姑娘不愿交谈，小伙子会知趣地走开。交谈约两小时后会有人高喊“开始对歌”。这时两男两女4人一组相对而坐进行对歌。对歌主要考察对方的反应能力、了解其基本情况。克伦族的对歌有4种，一种比一种难，内容也各不相同。大其力地区波克伦人的对歌分为试探歌、情歌、对答歌和佛本生故事歌4种。第三、第四种歌由姑娘先唱。对歌时姑娘们手上会拿一条纱笼或是毛巾遮掩表示害羞。对歌时父母们也会来帮忙做参谋。克伦族的对歌活动大多要进行到天亮。对歌双方若有意，可以互相交换礼物。拿到礼物后小伙子就可以上女方家串门求爱了。大其力地区的小伙子串门时，会以谜语的形式开始求爱。姑娘们常会以烟、槟榔招待来串门的小伙子。有些胆小的小伙子不敢进姑娘家里串门时会选择在其竹楼下唱歌、弹琴。姑娘若中意则会请小伙子进屋说话。小伙子来串门时姑娘常会边聊天边磨黄香楝，这样小伙子们也就乐得往自己身上涂抹黄香楝粉了。姑娘小伙自定终身后小伙子在深夜前一般不来串门，而给其他小伙子以机会，以示大度。

帕安地区的波克伦青年有“掏窝”串姑娘的习俗。夜深人静时，小伙子会拿一根小竹竿到姑娘的卧室墙壁上掏一个洞，用竹竿头将姑娘弄醒。姑娘确定来者身份后若不愿意可以抢过竹竿折断，再换一个地方睡觉，这时小伙子就应识相地走开了。姑娘若中意则会抓住竹竿不放，此时小伙子可以向姑娘表达爱意，但姑娘不会立刻答话，经过一段时间的考察后姑娘会下楼与小伙子见面。克伦族青年自定终身后双方会先告知父母。自己不敢说时也可以请伙子头和村中长者去说。家人同意后男方会派人到姑娘家说婚。得到认可后双方要先选吉日，男方将结婚费用交给女方父母。克伦族的婚礼一般在女方家举行。婚礼当日早晨新郎会在同伴的簇拥下前往新娘家。迎亲时要有一对夫妻一路上负责给新郎撑伞，父母健在的姑娘们要帮拿日常用品如席子、垫子、箱子等。伴郎由两名父母健在的小伙子担任。迎亲队伍一路上敲锣打鼓，歌声不绝于耳。迎亲队伍中的小伙子要不时地在路上毁苗砍树，表示新郎像大象一样强壮有力。到达新娘家后，姑娘们要用竹筒挡路，试探新郎的力气。此时新郎要将这个涂了油的竹筒抢过去，如果抢不过就不能上闺房。双方若僵持不下，男方来迎亲的小伙就会砍树毁林，让姑娘们让道。女方的长辈们见后会马上给“发怒”的小伙子们敬酒请其“息怒”。男方长者这时会马上掏出买路钱。新郎上楼后婚礼就可以正式开始了。按克伦族的习俗，婚礼上新人们需要招魂。招魂前先要准备一个放有食物的托盘，由三对老夫妻给新人系上招魂线。之后从托盘中取出各种食品少量放到新人们的手上，再由长者祝福，并往新人们的首饰上绑彩线收魂。之后新郎新娘从另一个托盘中取出饭菜各喂对方三口，六名伴郎伴娘此时要抢食旁边托盘中的饭菜，先吃完三口者要将饭菜撒到同伴们的身上。婚礼结束后新人们要在女方家连住三日。一对老年夫妻负责帮他们铺喜床，还要象征性地压下床。

信仰“多威”神的波克伦人在婚礼当日早上3点就要起床准备祭品。依照习惯，新郎要准备两个椰子，新娘要准备300个槟榔，以及烟、槟榔盒、糯米、姜黄粉、五色米、三支自制的蜂蜡、三枝番樱桃树枝等物品。天亮后，新郎新娘要身穿神服，在同伴的簇拥下前往神塔或神龛拜敬多威神。他们先拜神，后受五戒，再用番樱桃树枝往神塔上洒姜黄水。点燃蜂蜡后新人们要盟誓，拜敬神师，接受神师祝福。正午前新人们要赶回女方家举行婚礼。

斯戈克伦青年的恋爱习俗与波克伦人的稍有不同。斯戈克伦男青年在傍晚常与同伴一道去姑娘家串门。坐在火塘边与姑娘聊天。聊天时姑娘的父母和小伙子的同伴会借故离开。小伙子这时可以与姑娘尽兴地聊到深夜。感情发展到一定程度时，姑娘会送给小伙子自己亲手织的挎包、克伦长衫，小伙子也会买来丝巾、毛巾甚至戒指送给姑娘。到论及婚嫁时他们会请伙子头、媒婆出面告诉父母。有些地方为了方便年轻人谈恋爱在寨子里还建有公房。所有未婚者均可以住在公房里。

男方去女方家说亲时要有一名未婚男子跟着。如果男方因故不能完婚则由此人代为参加婚礼。斯戈克伦人的婚礼费用由女方承担。结婚之日新郎由4～5名长者引领，在同伴们的锣鼓欢笑声中前往新娘家。送亲时男方的父母不能参加，以避卖儿之嫌。女方的亲友要在送亲的路上以酒相迎。新郎到新娘家后女方长者要在竹楼楼梯顶头迎头浇新郎一竹筒清水，以给新郎洗尘去污。浇过水的竹筒随后要扔到竹楼下由伴郎踩裂。新郎上楼后新娘要给他换上新衣。之后长者将新郎送入新娘的房间。女方父母训示新人后宣布他们结为夫妻，同时要摆酒席宴请来宾。按照习惯，家有女儿的克伦人父母在其女儿13岁时要养一头小母猪，在女儿出嫁时将母猪宰杀招待客人。婚礼结束后女方家要派人送回送亲者。新娘要给媒人和自己的公公婆婆各送一个猪头。

克伦族的婚礼一般在克伦历一月（公历2月）举行。克伦历十三月不能举行婚礼，因为十三月不吉利。由于克伦人中有大量的基督教徒，他们的婚礼与传统不同，多按基督教习俗在教堂中举行。克伦人的性观念保守，小伙子未经允许不能踏入闺房。恋人不能发生婚前性行为。若有越轨，当事人特别是男青年会受到处罚，让他赔给女方父母一定数额的金钱、三支鲜花、三柱蜡烛和烟、槟榔等物。家里还要用皂角大叶解宝水泼洒，有些地方甚至还要拜神谢罪。

克伦族婚姻稳定，离异者极少。对坚决要离婚者在调解无效后也会准许其离婚。离婚双方对子女的处置是最小的子女跟母亲，其他子女则随其本人的意愿。财产分配采取平分的办法。但有些保守的寨子完全禁止离婚。

三、掸族家庭与婚姻习俗

（一）家庭习俗

掸族人实行一夫一妻制。每个家庭都是独立的生产单位，一般只有父母子女两代。家庭内部父亲或母亲均可以作为户主负责全家的生计、安排家务。掸族家庭长幼有序，每个家庭成员都有其固定的座序。妇女在家庭中与男子有平等的权利。但一些掸族家庭也有重男思想。儿女成家后儿子仍可跟父母住在一起，女儿则要嫁出去。家里子女多时儿子也可以与父母分家另过，或者在父母家院子里再另盖一竹楼。家中若无儿子，可以招上门女婿。父母去世时长子要担负起父亲的责任，长女要担负起母亲的责任，抚育年幼的弟妹成人。掸族大家庭也可以是三代、四代同堂。每个家族都习惯于在寨子的范围内居住。族长一般由该家族中年纪最大的男性担任。

依照掸族的传统，长子可以继承父亲的社会职位，如担任土司等。掸族人家庭在分割财产时多会依照父母的意愿办。一般情况下长子和幼女可以多得一些父母的财产。如果父母不分割财产，子女之间很少有争夺财产的现象发生。父母去世后对父母遗产划分大多采用协商的方式解决。若有人认为分配不公，可以请族长、村长来协调处理。掸族人要分割的财产主要是家什衣物、牛、农具，父母的房屋和土地一般是不分的。

（二）婚姻习俗

掸族青年男子长到14～15岁时就要开始忙着找对象了。每当夜幕降临之时小伙子们就会开始上姑娘家串门。姑娘的父母一般都不会干涉，有的甚至还鼓励自己的女儿多与小伙子们接触，以便能选到称心如意的夫婿。如果姑娘的父母觉得来串门的小伙子人品不好，就会告诫女儿不要与其交往。有时也会有几个小伙子相约拿着三弦琴和笛子来到姑娘家附近或直接上姑娘家坐在火塘边弹唱、吹奏的，这时姑娘的父母就会借故离开。姑娘要拿出烟、茶、槟榔招待来客，小伙子们也会拿出他们带来的烟、槟榔请姑娘吃。如果姑娘接受了某个小伙子的烟、槟榔则表示姑娘已经看中了他，愿意与他交朋友。其他小伙子这时就要知趣地走开，不再来打搅这个姑娘了。

年轻人相爱后要告诉自己的父母。男方的家长会上女方家提亲。男方在提亲前要给年轻人对八字，看看他们是否八字相克。如果一切顺利，男方家长就会邀上四五个亲戚在傍晚时分去女方家提亲。女方知道消息后也会叫上四五个亲戚在家等候。男方提亲人员到达后，女方家人要像见到了远方来的亲友一样热情问候，让座上茶，问明来意。男方挑明求婚之意后女方亲友会商量一番。然后叫来当事人，问其是否愿意嫁人等等。提亲时，男方及其朋友会在屋下偷听，姑娘则会在其闺房细听动静。双方父母都同意后，会选定一个黄道吉日举行婚礼。假如有一方父母不同意，年轻人也会有私奔的。掸族人成婚年岁较早，农村青年一般在15～16岁结婚，城镇青年多在20～22岁结婚。

婚礼之日新郎新娘要分别在自己家里宴请客人。上午9时许新郎家宴客完毕后，新郎要在同伴的簇拥和家长的带领下前往新娘家举行婚礼。伴郎要负责替新郎拿礼物：一匹土布、100块缅币、3个熟鸡蛋、一包白糖。这些礼物是用来孝敬女方父母的。在新人并肩坐在一起之前，伴郎是不能将这些礼物放下或是转手给别人拿的。新娘父母接受礼物后，要过7天才能处理它们。此外，男方还要带上三角浅盘、鲜花、椰子、香蕉等东西。迎亲队伍到达新娘家后，由新娘的朋友在院子门口和楼梯口设两道关卡，不让新郎进门。此时，男方主事的要给挡路者商量，留下买路钱后新郎才能得以顺利地上楼。新郎上楼后还不能马上与新娘见面，男方家长要先与女方家长寒暄。女方家长这时要假装不知对方来意，问道："有何贵干？"男方家长要回答："是来娶亲的。"这时女方家长会说："明年再来吧，现在还没有考虑好。"听了这话，男方家长、新郎、伴郎要下到楼梯底下，然后再上楼迎亲，如此反复三次后大家再在堂屋中坐定。女方的母亲或者姨妈要牵着新郎的手，将他引到行礼的地方坐好，伴郎再将礼物置于新郎前，男方的主事者这时要对闺房大喊："姑娘，经你父母同意，现在来接你了。"男方的母亲、姑妈、姨妈和村里的姑娘头要进闺房接人。经过一番阻挡，新娘被男方的一名女性长辈接出，与新郎并肩而坐。新郎新娘给长辈们行礼后，要献给每一位长辈一枚硬币，表示请长辈们恩准他们俩成亲。长辈们收了硬币后要训导新人互敬互爱。新人们听完训导后在女性长辈和姑娘头的簇拥下进入新房。新房内要备有一桌饭菜，由人缘好的已婚夫妇为新郎（由妻子喂）新娘（由丈夫喂）各喂7口喜饭。站在一旁的小孩要将两只熟鸡蛋剥壳，喊着"爸爸妈妈"喂给新郎新娘吃，再给新郎新娘戴上由7缕彩线编织而成的护身线圈。之后新郎要给女方父母献上五块缅币作为岳父母的女儿养育费。还要按关系远近给女方亲戚一至二缅元的作证费，表示将来夫妻不和时要请其作证和训导自己。

掸族婚礼持续时间长，各地的做法也不完全相同，但婚礼都在女方家举行。一般来说，女方要负责招待男方的亲友，婚后7日内不能出远门，要上双方的亲戚家认门。掸族人在举行婚礼时不送贺礼。等新人们认门时男方的亲戚给女方、女方的亲戚给男方送贺礼。礼物多少要根据各自的经济状况而定，一般为钱、衣物、牛和牛车、炊具、扇子等。

掸族人的婚姻比较稳定，传统村寨中很少有离异的。掸族人的离婚案件都由村寨头人处理。按照掸族的传统习俗，若男女一方人品不好，且不听长辈们的规劝，则准许其离婚。但要求离婚的一方不得带走任何财产。假若是一方要求离婚，而另一方不愿意离，则要求离婚的那方必须给对方适当的补偿。子女抚养方面一般随子女的意思，子女未成年时一般都会判给母亲，但也有将女儿判给母亲，儿子判给父亲的。离异后双方可以另组家庭。

四、若开族家庭与婚姻习俗

（一）家庭习俗

若开族实行一夫一妻制，以父系为主，父亲为一家之长。子女婚后可以继续跟父母一起生活，也可以分开另过。若开族家庭常有三四代同堂现象。在家庭内部父亲有极大的权威，他负责全家的生活，代表家庭参加社会活动。父母去世后长子或长女要代替父母承担起家庭的责任。在某些若开家庭中，叔叔或者姨母也可以照料侄子、外甥的生活。若开族家庭有外甥避舅的风俗。外甥成年后舅舅不能去看望外甥，外甥也要回避舅舅。这一风俗可能出于对舅舅的极度尊敬。因为若开族有姑表结亲的习俗，舅舅与外甥构成翁婿关系，故双方应尽量回避。

若开青年的婚姻由父母来决定。由于若开青年十分尊重父母，他们大多都默默地接受父母包办自己的婚姻大事。若开族盛行姑表结亲，即兄弟的子女可以与姐妹的子女结婚，但兄弟间的子女（堂兄妹间）不能结婚。若开族人一般不与其他家族联姻。

父母去世后，一般由长子长女负责平分父母的遗产，但多数人对自己的弟弟妹妹都比较照顾。如果弟弟妹妹在父母去世时没有成年，长子长女要承担抚养的责任。此时他们可以分得父母一半的遗产，父母留下的土地则不作分割，采取轮耕的方法。离异者再婚时也要给其子女分出一块地。

若开族十分重视家庭的稳定。若开社会普遍欢迎家庭和睦的结发夫妻。人们也很重视维护家庭的稳定，很少有离婚的。如果夫妻双方实在过不下去了，他们需征得村寨头人的同意后方可离异。传统上不鼓励离婚，对离婚者也远而敬之，认为他们晦气。离婚者只能在父母家住一个月，之后需另找住处。他们不能串门，不得参加别人的婚礼。

（二）婚姻习俗

若开青年的婚姻大事基本上由父母包办，但若开男青年也有串姑娘的习惯。青年男女在一些社会活动中如节会、婚礼、葬礼、剃度仪式上有机会接触，年轻人往往利用这一机会寻找自己的意中人。时机成熟后小伙子们常会串姑娘。若开村寨中小伙子有伙子头，姑娘们有姑娘头。涉及本寨姑娘小伙的婚恋之事时，他们自然要出头。一个小伙子如果想到别的村寨串姑娘，他必须事先征得当地伙子头的同意，并由伙子头通告姑娘后才能进行。若开小伙串姑娘时常要避人耳目，在深夜进行。若开青年有两种求爱方式：讲大白话求爱和用诗歌隐语的方式求爱。用诗歌隐语的方式求爱叫作“赞”。“赞”要经过专门的训练才会。在一些地方，姑娘们不愿与不会“赞”的小伙子谈恋爱。所以若开俗语说“小伙成人需会‘赞’”。

涉及到男婚女嫁时，家长都会十分慎重。他们会为自己的儿女挑选他们认为最合适的人选。父母们一般会优先考虑姑表结亲。若不行，他们才会考虑别的人选。子女们也多会听从父母的安排。男方父母挑选儿媳时注重女方的人品、才貌，女方父母则看重男方的家庭、家族状况，还要看男方身体是否健康，能否养家，是否出过家为过僧等。双方看中后男方父母会请村寨头人去女方家说亲，说亲成了后要讨论聘礼，双方会请上星相师比对男女双方的生辰八字。八字相合，男方父母就会当着头人的面送上聘礼及礼单，给未来的儿媳见面费。要是男方悔婚，其聘礼不能收回，女方悔婚则要加倍赔偿。

说亲成功后，双方父母就要着手为新人准备婚礼了，包括准备衣服、铺盖，选择吉日和伴郎伴娘等。婚礼前一天要派发盐茶包、槟榔包邀请亲朋好友参加婚礼。男方要派一名结发丈夫健在的妇女给女方家送两罐炼乳或四罐大米。女方家要在婚礼前一天“守新娘”。“守新娘”的当日中午，女方邀请的少女们要盛装打扮，提着礼物来新娘家陪伴新娘。姑娘们还要轮流敲响芒锣，向邻里们报告喜讯，芒锣要一直敲到深夜。守新娘时要专门为新娘准备一个大房间。新娘要坐在一张四方桌前，这张桌子是专门为婚礼准备的，叫做喜桌。喜桌上铺有桌布，放有两枚硬币。硬币上要铺有糯米，米上再放一个喜碗。喜碗里装有用男方送来的米与女方家的米合煮的喜饭。喜饭上要放两只对虾、两个香蕉、两个鸭蛋。喜碗旁边要放五个菜碗，菜碗里要盛有鸡肉、虾、带鳞的鱼、鸭蛋、南瓜。喜桌的另一边放有两个水罐。水罐里放有番樱桃树叶、新娘的八字生辰图。守新娘时新娘要身穿若开民族服装，戴上金银首饰，用梳子插头，由伴娘（最多不超过6人）陪伴。另有一间房子用来接待守新娘的少女。吃饭时新娘要先从喜碗中抓食7口饭，然后与伴娘们一起饱餐一顿。女方家人要给守新娘者谢礼，守新娘者也要给新娘送贺礼。新娘的好友当晚可以睡在新娘家。也有一些地方在婚礼当日上午守新娘的。

婚礼日当天早晨，新人们各自在自家斋僧、听法、拜敬长辈，并由能说会道者给新郎新娘泼洒香水祝福。若开族的婚礼在下午举行，吉时一到新郎及其迎亲队伍便列队前往新娘家。迎亲的路线由星相师规划，避免朝龙头方向走。迎亲队伍由身着古代大臣服装的鼓手打头，鼓队由5、7或9只鼓组成，其后依次为挑吉祥篮者、运发饰者、执长刀者、担新郎铺盖行李者，之后是新郎的母亲、男方的女性长辈、持彩礼盒者，接着是新郎的父亲、村寨头人、亲友，最后是由伴郎簇拥的新郎。在迎亲的路上要经过纸带、绳索、金链、银链挡道索，并留下买路钱。新郎到达新娘家后要先在房外搭好的彩棚休息。同时女方派一位已婚妇女下到梯子口接男方送来的彩礼盒。之后她再上楼为新娘揭下面纱，在新娘头上插花，一切办妥后才会允许新郎上楼。新娘的弟弟或妹妹在新郎上楼前要在梯子下为新郎泼水洗脚，新郎要付给其洗脚钱。然后新郎才由伴郎陪同上楼，在新娘的座位右边坐下，婚礼正式开始。一名结发丈夫健在的妇女先为新人栓3圈、5圈或7圈同心线，然后新人给坐在对面的双方父母献7把喜饭，之后新人再互相喂7口饭，再一同在银盆中洗手。洗完手后由一对结发夫妻将新人们的右手叠放在一起，并洒水念经祝福，表示他们已经成为了夫妻。这时来宾们会纷纷往新人面前放置的两个银钵中放贺礼，新人合手致谢。接着新郎摘下新娘的头饰把自己的头饰给新娘戴上，新娘施礼，婚礼结束。女方给伴郎感谢费后新郎要回到自己家中宴请宾客。按照若开族习俗，新郎回家后只能在彩棚里招待客人，不能上楼进屋休息。晚上亲友们再送新郎到新娘家。到了新娘家后，新郎要交给新娘箱子钥匙，新娘换上新衣，将婚礼用品置于卧室顶头。新婚夫妇在婚后一周之内选单日上男方父母家。新娘去公婆家时要有女伴陪同。

若开族喜欢在缅历十二月和一月举行婚礼。由于宗教的原因，他们不在坐夏安居期结婚，也避免在缅历九月、十月的下半月结婚，认为这时结婚容易破财。

五、孟族家庭与婚姻习俗

（一）家庭习俗

孟族实行一夫一妻制。在孟族家庭中父亲的地位至高无上。父亲要对全家的生活负责，母亲在家庭中主要负责全家的饮食起居，一般不外出劳作。孟族人都十分孝敬老人。男孩子长到12～13岁后开始随父下田劳动。女孩子则在家帮助母亲料理家务，照看弟妹，纺纱织布等。家中若父亲亡故，长子就必须接替父亲承担起养家重任。孟族父母有责任教育好子女，使他们学会能养家糊口的一技之长。子女婚姻方面，孟族父母拥有相当的发言权，子女成家后一般分开另过。孟族也有招上门女婿的习俗，年事已高的父母往往把女儿女婿作为自己最后的依靠。成年子女有些虽然与父母分开生活，但他们依旧孝顺父母，接受父母训导。依据传统风俗，孟族子女有权平等地继承父母遗产。财产分配方面长子有更大的决定权。

孟族人十分看重家庭的稳固。夫妻双方都会尽力维持婚姻，从一而终，很少有离异的。孟族社会不认同再婚，再婚者常会被整个族群抛弃。对夫妻不和者，孟族长者常会加以训导，使之和好如初。若训导不成，人们常会将情况报告给村长，村长会召集全村长老讨论此事，调解纠纷，使其重归于好。调解不成，要求离婚满3次者村长会准许其离婚，并负责分割其财产。总之，由于传统的关系孟族家庭关系一般都是相当和谐和稳固的。

（二）婚姻习俗

结婚是人生的一件大事。孟族人对婚姻十分重视。青年男子成年之后寻找梦中情人便是其首要工作了。和其他民族一样，孟族小伙也有串姑娘的习俗。他们一般在公共社交场合如村社活动、节会、宗教场合中选择自己中意的对象，然后想办法接近。如果没法与自己中意的姑娘接近，小伙子会去找姑娘的好友帮忙，熟悉了以后再上姑娘家串门。据缅甸民俗学家调查，孟族男青年串姑娘的方式达6种之多。比较常见的是夜间小伙子到姑娘家的竹楼下说情话的方式，孟语称之为kajewu。第一次串姑娘时，小伙子需要搞清楚姑娘闺房的方位和摸清姑娘对自己的态度。夜幕降临之后小伙子会独自一人或由同伴好友陪同来到姑娘家的竹楼底下，站在高凳上用竹竿或棍子轻敲姑娘卧房底楼的楼板，姑娘知道后就会问话，有时姑娘也会用一些谜语、难题等考小伙子的才智。因为串姑娘时通常不报名字，小伙子在第一次串姑娘成功后，会放口风让姑娘弄清楚头日晚上来的就是自己。串姑娘时打点好姑娘中的首领——姑娘头也非常重要，因为她可以为男方提供详细的情况，关键时刻还可说上话。姑娘若看不中小伙，就不回话作答。如此三次小伙子就会知趣地走开，以后也不再打扰。双方如果互相中意就会互赠礼物确定终身。此时，男方要送手镯给对方。习惯上有男友的姑娘还可以继续与其他小伙子来往，但不包括已婚男子。恋爱中的青年男女如果想结束恋爱关系，他或她只消将礼物退回即可。

在子女的婚姻大事上女方父母尤为关心。由于孟族排斥离婚，所以对象选择这一关就显得尤其重要，父母会对此严格把关。通常女方家长要从严考察来家串门的小伙，也会为子女们谈恋爱提供方便。当得知有小伙子上门时，女方的家人大多会在客厅里准备好竹、篾、刀以及槟榔、烟等待客物品。晚上有人来串门时，女方的父兄会借故离开。母亲则会在不远处佯装纺纱、编席。其实是在悄悄地观察未来的女婿，看看小伙子品性如何。此时小伙子应注意自己的言行，以给未来的岳母大人留下一个好印象。如果来客拿刀削篾，用篾编篓后再吃槟榔、抽烟的话就会赢得女方母亲的欢心。这是因为孟族是农耕民族，十分重视生活技能。为了女儿今后的幸福，做父母的会优先考虑能干活养家且人品又好的小伙做女婿。串姑娘时闲聊也很要技巧。因为有时女方会抬杠，考察小伙子的学识。姑娘对小伙子满意后会磨黄香楝水让小伙抹脸，暗示对方已被相中。小伙子在用黄香楝水抹脸后会告知同伴，以后同伴不会再来这家串姑娘了。定情后，姑娘可以去小伙子家玩，男方家也会对姑娘进行考察，看看姑娘会不会纺纱织布、料理家务等。

青年男女经过2～3年的恋爱后男方要禀告自己的父母，为自己求婚。女方也会让自己的姨母、姐姐给父母传话。双方父母无异议后方可提亲。孟族规定敬拜相同家神的人和姑表兄妹之间不能通婚。提亲时男方要派3名或7名配偶健在的先生或太太去女方家，与女方父母及长辈讨论婚事。提亲时双方还会商定结婚的日子及有关的事宜。依照习惯，婚礼要避开缅历一月和结夏节期间。孟族人认为缅历二月、八月、十二月最适宜结婚，缅历四月、九月次之。婚礼一般定在当月的上半月，单数月份的下半月一般不宜结婚。结婚日子选好以后，依照双方的约定邀请来宾。邀请时要让丈夫健在的妇女在银钵中装上卷烟，挨家挨户上门派发邀请。

孟族的婚礼要在女方家中举行，费用由男方支付。婚礼举行前一天的下午，男方要派三名少女将南瓜、椰子、米粉、木瓜送到女方家中，所送物品数量必须是单数。女方家收下物品后要给来人每人两支烟。如果家里做了椰子米粉的话也要给新郎家送些过去。婚礼前男女双方家庭都要各选7对儿女俱全、教子有方的夫妇作为特邀佳宾。婚礼当天，新娘母亲或长辈要持装有香水和番樱桃树枝的银钵在家等候。结婚当日上午7时，新郎及其送亲队伍从家中出发，前往新娘家举行婚礼。送亲队伍由男方特邀的7对夫妻领头，新郎的大姐顶喜篮接后，其后依次为二姐及伙伴，她们每人要头顶一个喜饼盒，之后是抬家什的队伍和新郎，最后是鼓乐队。送亲的路上常有小伙子们用金丝线挡在路上讨要喜钱，一般是讨到卷烟、糕点后才会放行。送亲队伍到达新娘家后新娘的亲戚、寨子里的长辈会在楼梯口盘问，送亲队伍作答后方可上楼。新娘的母亲会执钵在楼梯上方洒水，迎接新郎。

上楼后，双方之特邀佳宾在客厅相对而坐。女方家的长女、二女依次接过男方家送来的喜篮和喜饼盒。依据习俗，喜篮为南瓜状，里面放有一肘尺（45厘米）高的椰树苗、槟榔树苗各一棵，槟榔、卷烟、茶叶、辣椒、葱、米、油、盐少许，篮子要用毛巾包好。喜饼盒内装有糖果、槟榔、卷烟、茶叶，喜饼盒要用纱笼盖好。双方坐定后由一女方长者发问，男方长者作答，讲述来女方家的目的和男女双方各自的优点。接着，新人们打开金盒，拜敬三宝及父母。长辈们则往新人们身上撒拌有硬币的五色米祝福。之后长辈们要领着新人到屋子前半部放有彩礼的地方坐定，将家神（椰子）挂在神柱上，告知家神家中新添了姑爷，并在神前祷告，然后将彩礼等搬入房中。随即由灌顶师将新人们的右手放入放有香水、花瓣的银钵中，诵念吉祥偈陀。再将新人的手拿出，用丝巾系在一起，同时口念结婚偈陀，训导新人后再慢慢掀开盖在喜篮上的毛巾和喜饼盒上的纱笼，从喜饼盒中取来饭菜、点心、糖果少许，让新人们互相喂饭。之后新人们拜见父母，父母要当众宣布给新人们的礼物，来宾们也会给新人送贺礼。婚礼结束后要举行婚宴。婚宴结束后新娘要收拾留在桌上的鸡、猪、鸭、鱼的骨头并用手帕包好，扔到房子附近的大树底下，表示两口子婚后和谐美满。之后，新郎随亲友返回，到晚上再来新娘家住。如此反复，7日后方可正式与新娘住在一起。婚后第7天新人们要拜访双方的父母以及亲友，接受他们的祝福。

根据孟族风俗，婚礼完毕后新娘要开始织喜帐，新郎负责织帐用线，男方的亲友也会来帮忙。喜帐长约4.6米，式样为红底白条。多人参与织出的喜帐结实，象征着新家庭的稳固。孟族男女婚后要随女方父母生活3年，之后方可分开另过。

六、克钦族家庭与婚姻习俗

（一）家庭习俗

家庭是组成克钦族社会的最基本单位。在克钦族家庭中，父亲是一家之主。女儿成年出嫁后，要离开父母与丈夫一起生活，她也不再是父母家庭的成员。长子婚后虽然与父母分开组成新的家庭，但仍是父母家庭中的成员，可以供奉父系的祖先，继承父系的传统。幼子即使结了婚，也仍要与父母住在一起，并与父母一起在地里劳作。

在特权世袭和遗产继承方面，克钦族家庭十分注重遵循父母意愿和传统习惯。一般来说，只有男孩子才有世袭的权利。按克钦族的古老习俗，在施行“贡萨”（封建主制度）和“贡劳”（非封建主制度）制度的地区，由幼子世袭特权；而在施行“贡尧贡洒”（民主制度）制度的地区，则由长子世袭特权。当地的首领由当地民众认可的土司世袭者充任。在施行“贡萨”和“贡劳”制度的地区，由于幼子享有特权，可以世袭土司，所以享有举办目瑙节、敬天神、接受民众送来的猎物和谷物的权力。依照传统，非幼子可以在父亲的领地内重新开一块地生活，自己当土司。也可以到其他的某一个土司的属地，给当地的首领送些礼物，请求得到一块土地重新建立村落，成为土司。但他不能享有父亲的特权和继承遗产。父亲去世，财产须由幼子继承。若幼子未成年，则母亲和其他家庭成员有义务继续抚养他。如果死者没有儿子或幼子是非婚子，则由其养子或者是其最小的弟弟继承遗产，也可以由其侄子按年龄由小到大的顺序来继承。此外，死者的妻子也可以继承遗产，但她必须与死者的兄弟结婚。如果她与其他人结婚则会失去继承权。在施行“贡尧贡洒”制度的地区，一般要按年龄从大到小的顺序继承遗产。

克钦族人的亲戚分为三种：兄弟种、姑爷种和丈人种。兄弟种指父亲、祖父、曾祖父等生育的子女；姑爷种指家族中女子丈夫的亲戚；丈人种指母亲、祖母、曾祖母的亲戚。这三种关系构成了克钦族人的血缘和亲缘关系。这种亲戚关系对克钦人的婚姻很有影响。

（二）婚姻习俗

克钦族人特别注重传宗接代。他们认为男子到了一定的年龄就应结婚生子，保证祖宗香火不灭。因此，结婚成家是克钦族人人生的一件大事。一般而言，克钦青年可以自由恋爱，但婚事最终要由父母做主。

克钦族的婚姻要遵守一定的规矩，如：克钦男子不能与自己姑爷种亲戚中的女子结婚；女子不能与自己丈人种亲戚家的男子结婚；男子和女子都不能与自己兄弟种亲戚家中的人组成家庭。除此之外还有一些其他择偶条件，如没有癫痫、能熟练操持家务、口齿流利、相貌好、家庭和睦、不是巫师家庭出身等。克钦族青年一般到15～16岁时才开始找对象。

在古代，克钦族房屋里的“英拉达”（公屋）是青年男女社交、谈情说爱、情侣幽会的地方。只要是未婚青年，晚上都可以到“英拉达”里围着火塘谈天说地、猜谜对歌。做父母的不仅不会干涉儿女，反而要为儿女早日成婚创造条件。浪峨和勒期支系，虽没有称为“英拉达”的房间作为青年男女相聚的地方，但通过唤月亮女神会，男女青年可以自由相聚，寻找自己的意中人。

青年男女恋爱成熟、双方认为可以结成终身伴侣时，要禀报自己的父母。男方父母在与自己的兄弟商量之后，再找两个“格萨”（媒人），带着礼物，去向姑娘的父母提亲。但此时还不能直接去找女方父母谈婚事，要先去找与女方父母关系密切的人谈。若此人对男方的情况满意，就会把这件事告诉女方父母。女方父母在与自己的女儿商量后，如果同意接受男方的求婚，男方的媒人就在与女方父母关系密切的人的引导下带着礼物上女方家。这时女方可以接受男方的礼物，并约定回复能否订婚。男方的媒人第二次到女方家时，要是女方不同意订婚，他们就应把前一次的礼物还给男方；如果同意就接受礼物，并回赠一把刀、一枝矛。双方还应商定给女方父母的彩礼，这些彩礼要在举行婚礼之前送到女方家中。

克钦族举行婚礼前要迎新娘。在迎新娘前一天，新郎和两个媒人要带上彩礼去新娘家。晚上，新娘家要杀一头新郎家送来的牛祭祀新娘的护佑神，并举行发亲仪式，新娘的亲朋好友都要送礼道喜。新娘的父母则要为新娘准备一个大背筐，里面放一把剑和她自己的衣服及其他生活用品，同时还要装上一些米和蔬菜种子。次日，新娘在亲友们的簇拥下，带着礼物与迎亲队伍一道前往新郎家。到达新郎所在的寨子后，新娘并不直接进到新郎家，新郎一方的人会把新娘安排在媒人或关系密切的人家里，也会为新娘的亲朋好友们安排好食宿。

举行结婚仪式的当天，新郎家要按照传统杀猪宰牛敬神祭祖。新娘及其亲友应按照规定的位置在新郎家前站好，再由巫师开始敬神。然后新娘在新郎家中一位年长妇女的帮助下，分开种在新郎家门前的橡草树，进入新郎家。新郎家中一位儿女众多的老年妇女要为新娘祝福，并把新娘送入新房休息。夜晚，寨子里的长老要对新娘作冗长的训话，训导她今后应该怎样做一个好妻子。

婚礼上除了大吃大喝外，男男女女都要围成圈跳舞，以示庆贺。婚礼结束的次日，新娘要开始做家务。她首先要用4天左右的时间，酿出一坛米酒，请翁姑和丈夫品尝。在这4天之内新娘不能外出，米酒酿成之后，夫妻方能同房。在此之前，新娘虽已入洞房，但她只能与新郎的妹妹或邀约的其他女友同睡。新郎新娘同房满半年或一年之后，夫妻二人要带上一些鸡蛋、糯米等食物回访娘家。这时，岳父岳母要送给新郎一把"帕岗"(腰刀)，以表示正式认他为女婿。女儿则收拾好她过去在娘家用过的东西，带回自己的新家。生儿育女之后，夫妻二人还要抱着儿女去见外公外婆。

依据克钦族的风俗，如果丈夫死了，夫家的男人(不管是否结婚)都必须娶这个寡妇为妻。若妻子死了，妻子的娘家人必须把家中的另一个女人送给这位鳏夫为妻。如果女方娘家没有女人，那就得在其家族中找一个女人嫁过去。

克钦族人中离婚者非常少。夫妻一旦离婚就会与姑爷种和丈人种的亲戚断绝关系。按规定，克钦族人有以下9种情况的可以离婚：(1)精神病患者；(2)企图谋杀亲夫者；(3)妻子与奸夫同居者；(4)品德败坏者；(5)丈夫患有残疾者；(6)有虐待行为者；(7)进行精神折磨者；(8)无能力抚养妻儿老小者；(9)夫妻双方父母同意离婚者。自愿离婚时，双方平分所共有的财产。对因过错而离婚的，有错的一方在经济上要受到惩罚。夫妻离婚后，子女由男方抚养。克钦族人一般不鼓励离婚，对想要离婚者都会尽量劝和。

七、钦族家庭与婚姻习俗

(一)家庭习俗

钦族家庭中，父亲是一家之主，在家庭和社会经济活动中享有绝对的权威。母亲在家庭事务中有发表自己意见的权利。父母与子女之间有商量处理家庭事务的习惯。钦族家庭中，父亲作为一家之主，负责全家人的生计。母亲要协助父亲种地，要织布、带孩子、操持家务，负责全家人饮食起居。子女要孝敬父母和长者，要帮父母干些力所能及的活。

钦族社会中只有男子才享有世袭权力。父亲的特权只有父亲一方的男子才能享有，女子和母亲一方的男子不能继承父亲的特权，父亲的特权一般由长子继承。但也有个别支系是由幼子继承的。若父亲去世时长子没有成年，则由母亲代儿子管理财产。在处理家庭重大事务时，要有父系方最亲近的一位男子参加。

遗产方面，习惯上钦族只有长子和幼子才能继承遗产，其他儿子没有遗产继承权。遗产继承者在父母在世时必须与父母一同生活，并把所有财产都交给父母。但若得到父母许可，他也可以与父母分家。父母有义务为没有遗产继承权的子女提供结婚费用。遗产继承者在父母去世后还应负责父母财产的管理、分配以及债务的偿还。

（二）婚姻习俗

钦族人认为，青年时期是钦族人最自由、最快乐的时期。处于这一时期的青年男女可以自由地恋爱、亲密地交往。但在选择终身伴侣问题上，青年人都要尊重、听从父母的意见。钦族人的择偶标准是品德好、有毅力、有勇气。

以前，钦族有未婚青年住公屋的习惯。白天年轻人各自劳动，晚上集中在公屋里休息。钦族的公屋男女分开独立。公屋分别由伙子头、姑娘头管理。现在，钦族女子已经没有住公屋的习惯了。

钦族男子在15～16岁、女子在14～15岁时可以开始谈恋爱了。习惯上，如果小伙子看中了某位姑娘，他就会邀着同伴或者独自一人到姑娘家串门。这时姑娘的父母家人就会借故避开，由姑娘在火塘边招待客人。小伙子往往会对姑娘唱歌或婉转地表达对姑娘的爱意。经过几天的观察后，姑娘会用装烟来表达自己的态度。如果姑娘不爱小伙就会给他装上满满的一锅旱烟，如果爱小伙就会只装半锅。青年男女相爱之后，要告诉自己的父母，请父母出面说媒提亲。提亲时男方要给女方父母送彩礼。双方家长同意后，再商定黄道吉日结婚成亲。

结婚当天，新郎新娘家要分别置办酒席招待来客。新娘白天要在自家待客，晚上才由家人陪同前往新郎家完婚。有钱人家子女结婚时，要用毯子和筒裙铺在新郎和新娘家之间。迎亲时新郎新娘要喝着米酒慢慢地在上面走，送亲者挑着嫁妆跟在后面。有的地方在婚礼次日还要宴请宾客。婚后，夫妻一般与男方的父母住在一起。

铁定地区钦族在男女青年相爱之后，男方的长者就会送一坛米酒到女方家。如果女方接受了，就表示同意这门亲事。双方就可以商量婚期，准备操办婚事了。在婚礼当晚6点左右，新郎家族中的几位长者要带着米酒到新娘家迎亲。新娘的父母会向新郎方索要彩礼。新娘被迎进新郎家门时，负责迎亲的长者要说“到了，丰衣足食的儿女们到了”，新郎的父母会在家里回应，请新娘进入家门。进屋后新郎父母要用米酒敬神，祝福新人白头偕老，儿孙满堂。之后再用米酒通宵招待客人。次日清晨5点左右，新娘要在女伴的陪同下回到娘家。新郎新娘要在各自的家中摆酒宴客之后，才能算是正式的夫妻。

北部钦族实行“一夫一妻”制，很少有离婚、纳妾的。钦族规定只有在夫妻双方不和、一方背叛另一方、没有生育等情况下才允许离婚。离婚时，如果主动要求离婚的丈夫指不出妻子的过错则不能要回彩礼；如果主动要求离婚的妻子能指出丈夫的过错则无须返还彩礼；如果是夫妻双方自愿离婚，则平分彩礼和家庭财产，但房屋和子女要归丈夫所有。若有哺乳期的孩子，则先由妻子养育，等断奶后再送夫家，丈夫必须支付哺乳费。

八、克耶族家庭与婚姻习俗

（一）家庭习俗

在克耶族的社会生活中，家庭占有重要的位置。社会生活中的各种事务都由家庭来承担。父亲是一家之主，是家庭的绝对权威。父亲生病时，要由长子来充任父亲的角色。如果最大的孩子是女儿，则由其丈夫来承担父亲的职责。在家庭管理上，父亲遇到重大事情都会与母亲商量。在子女的婚姻大事上更是如此。父母去世后，由长子来管理家庭，抚养弟弟妹妹。如果最大的孩子是女儿，则由其丈夫来承担这个责任。

克耶族只有儿子才有世袭权。享受世袭权的长子有义务抚养自己的弟弟妹妹。村寨首领的职位（apmzsm）只有长子才能继承。诸如“村长”之类的官职也只有儿子才享有继承权。

按照克耶族的传统，在遗产分配时最小的子女能够多分到一部分财产。这主要是由于最小的孩子婚后不和父母分家、在家照顾父母的缘故。

（二）婚姻习俗

克耶族实行一夫一妻制。血缘关系相近的同父异母或同母异父的兄弟姐妹之间、叔叔和侄女之间、孙女与祖父之间不能结婚。克耶族在选择人生伴侣时并不看重对方及其家庭的经济状况。男方择偶主要看女方能不能胜任家务活；女方则主要看男方为人是否诚实、干活是否熟练。

克耶男子到十三四岁后便可以开始谈恋爱、寻找人生伴侣了。克耶族人多为自由恋爱，但也有由父母选定的。每当夜幕降临时，青年男子或结伴或独自一人到自己喜欢的姑娘家中，与姑娘围坐着在火塘边谈天、猜谜，表达爱意。姑娘的父母有时会与前来的小伙子说话，但大多数时候是进自己的房间装睡，静听年轻人的谈话。父母虽然允许子女自由恋爱，但克耶族青年男女都十分遵守传统道德，没有未婚同居的现象发生。恋爱成熟后，小伙子要告诉自己的父母，如果父母同意就会请人说媒，送彩礼到女方家。

克耶族人很看重说媒，但说媒时不愿声张。这主要是为了保证在说媒不成的情况下，不会对双方产生不好的影响。说媒一般在天亮之前悄悄地进行。说媒时，要请当地的头人和媒人带上礼物和占卜用的鸡前往女方家(男方的父母并不随同)。说媒时先要用鸡占卜，看看男女双方是否相合，婚后能否幸福。媒说成后，双方就开始商定彩礼。彩礼的多少要视男方的经济状况而定。一般要包括银手镯、银耳坠和小腿上的银圈，至少也得送给女方一些钱或一个银制槟榔盒。克耶族人通常在说媒下聘礼后的两三个月之内举行婚礼。但也有因女方年纪小等上几年才结婚的。结婚的费用由双方父母承担。在下聘礼之后结婚之前，如果女方毁婚约，女方父母就要赔给男方双倍的毁约金；如果是男方毁婚约，男方就不能向女方索要礼金。

双方父母同意，且说媒成功，就要用专门准备的鸡占卜订下结婚的日子。婚礼当日早晨男方要占卜问卦，询问婚后的家庭生活是否幸福富有，心情是否愉快等。这时的卦象一般会和说媒下聘礼时的一样，是好卦。结婚当日，男方要用饭菜、米酒招待邀请到家里来的当地长者、亲友和接亲的小伙子。之后亲朋好友和接亲的小伙子要陪同新郎前往新娘家接亲。到新娘家后，新郎要象征性地干些活，如砍柴、除草等。接亲的小伙子也要象征性地干点农活。接着新郎和新娘两人面对面吃盛在一个碗里的米饭。之后，新娘的亲友和送亲的姑娘们要把新娘送到新郎家。到新郎家后，新娘也要象征性地舂米、汲水。当晚新娘要做完一锅酿米酒用的米饭之后，才能和送亲的姑娘们一起睡在新郎家里。次日天一亮新娘就必须回到自己家中。

克耶族人婚后大多数是女方落户到男方家，但也有根据具体的情况和自己的意愿而落户生活的。如果丈人家没有男孩，女婿就会落户到丈人家。如果只有一个子女，子女结婚后则仍会和父母生活在一起。最小的孩子婚后也常会与父母生活在一起。克耶族人婚俗的一个独特之处是在婚礼中不给新郎新娘准备被褥、新房。夫妻刚结婚时，白天共同劳动，晚上各自回家睡觉。这期间丈夫要去妻子家睡觉也只能是一个人偷偷地去，不能让别人知道。婚后半个月或一个月才能同居，过正常地生活。此外，克耶族还有举行两次婚礼的习惯。青年时期举行的是第一次婚礼，在生养了三四个孩子后要再举行第二次婚礼。

在一些克耶族地区有纳妾的习俗，但纳妾现象并不普遍。如果丈夫道德败坏而纳妾，丈夫就必须和妻子离婚。通常只有在妻子没有生育能力的情况下丈夫才能纳妾。妻妾可以同在一起生活，也可以分开另过，但妻子比小妾要享有更大的权利。

一般而言，克耶族的婚姻家庭都很稳固，极少有离婚的现象。如果是丈夫提出离婚，按习俗丈夫只能穿一身衣服离开家，妻子给什么东西丈夫才能拿什么东西。如果是妻子提出离婚，妻子就必须离家。至于财产，也是丈夫给多少就拿多少。如果夫妻双方自愿离婚，则由村长做主平分财产。依照克耶族的习俗，夫妻离婚后孩子一般跟母亲生活，父亲必须给孩子生活费，但也有按孩子意愿生活的。

第二节 生与育习俗

一、缅族的生与育习俗

生与育是一个民族繁衍的方式，也是其文化得以传承的保证。缅族人把生育视为神圣之举，十分重视。每当妇女有孕，家人就会倍加关爱，不许其登高、干重活等。同时也要为婴儿的诞生作必要的准备。母亲怀孕后为了胎儿的健康也会十分注意饮食起居。

（一）生子习俗

生孩子是妇女的一项崇高使命。缅族人很重视小孩的出生与孕妇的照料。妇女生产一般在家中进行。生完小孩后，接生婆要马上给产妇全身抹上姜黄，让产妇坐在火堆旁，盖上所有的薄被发汗以恢复体力。此时男人不得靠近火堆。接生婆还要给产妇配服一种特制的“祛火药”。产妇生产后一般要烤火7日，不能起床。这时她不但要盖被子，而且还要热敷。热敷时先将一块大砖放入火中烧热，然后浸入水中，再用布包好，热敷全身，特别是敷于肚子上，以减腰围恢复体形。缅族人也有在火砖上泼水热疗或蹲于砖上热敷的。产妇产后7天内要吃姜黄，闻薰衣草。据说这样可以祛痛镇痛、补血养气。喝水时，产妇只能喝开水，也会多喝发奶汤。发奶汤用树豆汤、刺桐、刺茉莉熬制，可放辣椒粉调味。为了让产妇安心，其旁有女性亲属陪伴照顾，男性亲友们也要在外屋陪伴，以防不测。在照顾产妇方面，家人各有分工。一般产妇的丈夫要负责打柴，姐妹姨姑负责磨姜黄、调祛火药等。根据缅族人的习惯，产妇在产后第7日要捂汗，捂汗时要做个汗帐。先用3根1.5～2米的树枝或竹竿支成三角形，放上幕帐，在地上铺好垫子，产妇披了多层被子后坐入。幕帐上还需压上被子、布等，使外面的空气进不去。产妇前要放置一个开水罐。之后，产妇就可以安心地在里面发汗了。发汗时，外面的人要隔几分钟叫一次，以防捂汗的产妇晕倒窒息。产妇捂完汗后，先要用热水洗澡，在装有烧沸的罗望子树叶和其他树叶的开水罐之上熏疗半个小时，再用冷水洗浴，最后用檀香粉涂身。这样就算坐完了月子，可以像正常人那样工作、生活了。

（二）婴儿洗头命名习俗

婴儿出生后一至两周内要举行洗头礼，目的在于替婴儿避祸消灾，以使其健康成长、长命百岁。举行洗头礼时的款待来宾也是替婴儿行善。行洗头礼一般要准备3份祭礼，分别给佛、父母和神祗。洗头礼上要准备一盆用大叶解宝、皂角配成的洗头水，一把剃刀，一个摇篮，一个放有手镯、项链、脚圈等的盘子，一个放有米饭、槟榔的盘子，一个放有沙粒的盘子，一个放有稻谷的盘子和一个放大米的盘子。洗头礼由灌顶师或司仪主持。先要代婴儿给“五敬”行礼。接着灌顶师祝福，乐队鸣颂歌。灌顶师在大叶解宝、皂角水中放入7种宝物，给婴儿洗头、剃发。然后把孩子放入摇篮中，再念吉祥经。洗头礼中也有给婴儿命名的。在乡下，一般由年长者给婴儿命名。起名字时要依星座、生肖起名，命名后要念揭陀。要为孩子穿好衣服，戴好手饰。之后是母亲为婴儿嚼饭，分3口喂下。接着，作为踏地走路的象征，要将小孩的脚先在沙盘中，尔后在浴盆中，再在米盆中各点一下。也有的将婴儿的脚在地上点7下表示会行走了。参加仪式者要酌情带点礼物，如：戒指、衣服、布料、袜子、帽子、钱等。仪式的最后，一般要洒吉祥水、撒五色米表示仪式圆满成功。讲排场的父母有时还要请人讲经传道，为佛捐赠，洒水祝福，用茶、糕点、面条、鱼汤米线等招待来宾。

小孩出生后第14天常要举行命名礼。命名礼开始的时间由邻居长者或星相师选定。在行命名礼时首先要为小孩洗头，然后母亲抱着小孩坐于来宾之中。来宾一般都要带些礼物以示祝贺。小孩父亲坐于母亲旁边。来宾们边坐边吃茶抽烟。长辈或亲友纷纷出主意为孩子起名字。小孩的父母则从中选择一个吉名作为孩子的名字。按习惯，起完名字后要给接生婆送礼，给邻居发蒸糯米糕，要招待来家贺喜者。条件好的家庭还要请乐队戏班助兴。此时，婴儿是重点保护对象。晚上出门要给小孩额头上抹锅灰或大人脚掌上的泥以避邪。抱婴儿者入室时要发“呸呸”声以驱邪。

缅族人命名时很有讲究。缅族人无姓，依年龄大小、地位高低分别在男性名字前加人名冠词“貌”(弟弟)、“哥”(兄长)、“吴”(叔伯)，女性名字前加人名冠词“玛”(姊妹)、“杜”(婶婶)以表年龄、身份、地位。缅族男性名字多以形容坚毅、果敢等男性美的词命名，如：昂觉(胜者中的胜者)、烨奈(勇敢的胜利者)、奈温(太阳般光芒四射)。女性多以温柔、甜美的词命名，如：芝芝瑗(水一般清澈凉爽)、拉茵茵(美丽而文雅)、珊达雯(月亮般明亮)。

每个缅族人都有自己的生肖，周一生人属虎、周二生人属狮、周三上午生人属有牙象、周三下午生人属无牙象、周四生人属鼠、周五生人属豚鼠、周六生人属龙、周日生人属妙翅鸟。不同生肖的人命名时，用代表各自生肖字母起首的词排在名首。如属虎者用က组字母က、ခ、ဂ、ဃ、င起首的词命名，属狮者用စ组字母စ、ဆ、ဇ、ဈ、ည起首的词命名，属象者用字母ယ、ရ、လ、ဝ起首的词命名，属鼠者用ပ组字母ပ、ဖ、ဗ、ဘ、မ起首的词命名，属豚鼠者用字母သ、ဟ起首的词命名，属龙者用တ组字母တ、ထ、ဒ、ဓ、န起首的词命名，属妙翅鸟者用字母အ起首的词命名。

(三)剃度习俗

缅族人认为，把自己的骨肉敬献给佛是最大的善事。孩子出家也是其成人的标志，是缅族男性人生中最最重要的事情。剃度礼在6～20岁间进行，大多数人选在十三四岁剃度。剃度前受礼男童需赴庙中拜见主持。剃度之日要宴请宾客。剃度有3种情况：(1)为亲生儿子剃度；(2)无子者借子剃度；(3)集体剃度。剃度的步骤为：剃度前认师傅；背诵所需颂偈；通知亲友；盛装巡游；剃头；洗头；请袈裟；请求做沙弥入佛界；请求持戒；见父母；布施。

剃度前要选吉日良辰，要对剃度者特别照顾，不许其上树、游泳，以防其有任何病痛和不测。同时为了使剃度能顺利进行，一般要把剃度者先送入庙中熟悉有关程序、礼节。剃度准备活动包括：确定开始建牌楼的日子和布施的日子；请人布施时要请乐队；用茶、槟榔、烟、拌茶、甜食、糖果招待来宾，也可用面条、鱼汤米线、冰淇淋待客。布施日要迎请僧侣，为僧侣准备僧台和布施物品。

剃度者巡游时要像王子一样盛装打扮，坐在象、马、牛或汽车上。剃度者的父母巡游时要持法衣、僧侣用具等8样法定僧侣用品走在巡游队伍前面，接着是持供礼盘者，剃度者及乐队。剃度者巡游之日，其家人大清早要请僧侣，施早粥，剃度者则坐于一旁伺候。斋僧后，僧侣回庙。上午9点后会有客人来贺，来客常带有礼物。剃度斋僧有时会在牌楼里举行，有时则在诵经堂举行。中午时分，灌顶师为剃度出家者剃头，然后剃度者洗浴净身，用香水涂抹全身，表示与凡尘隔绝。此后，恭请来家的僧侣按僧腊和僧阶坐于僧台，其前放置布施品。来宾给新沙弥赠送袈裟。新沙弥蹲于主僧前，双手呈上袈裟，口念献礼。主僧接过袈裟后，新沙弥向僧讨回袈裟，并请求其将自己收为弟子。此时，长老会亲自为新沙弥穿袈裟。新沙弥袒左肩穿好袈裟后，要向众僧叩首，请求三皈依，众僧齐念皈依偈。剃度者正式成为小和尚。皈依后，剃度者要开始跟和尚们一起念经，持十戒，并端坐于僧台。众和尚念消灾经后，主持持戒宣法，洒水分福。最后敲铜磬3下宣示剃度大功告成。剃度者随众僧返庙。次日家人再施斋于僧，剃度结束。剃度者从此步入僧界。出家时间随本人意愿可长可短，短则3天一礼拜，长可达数年之久。一个男子在成年前后可以入庙剃度数次，但只有首次剃度最为隆重。缅族人把剃度看得很重。穷人家举债数年也要为儿子剃度，其重要性远在婚礼之上。

图8-2　缅族少年剃度巡游

（四）教养习俗

缅族人十分注重对年轻一代的学识、品德教育，形成了家庭—社会一体化的教养体系。缅甸文化是以佛教为主的文化。缅族人在其成长过程中深受佛文化的洗礼。佛教的价值道德观念通过笃信佛陀的父母家长和整个社会被源源不断地灌输到年轻一代，使他们从小就在佛理的教化中耳濡目染，不自觉地成为佛理的传人。

缅族家庭十分注意长幼有序，这在家庭座次中就有充分地体现。缅族人以右为上，男右女左，长者居右居上，晚辈居左居下。长辈在家中有固定的位子，一般人不能随意占据。缅族人有敬老的美德，在村社活动中长者得到普遍的尊敬。传统节日中也有专门的敬老活动，如新年期间为老人洗头、孝敬礼品，解夏节敬老拜师等。另外，尊佛法僧、行善积德等观念在家庭的礼佛、节日的教化中均可得到强化。传统缅族家庭在小孩懂事后一般都要送子女到庙中学习识字、学算术和佛教礼仪。缅族人特别注重礼仪，对“五敬”及长者、宾客都恭敬有加，如：见佛、法、僧要行合十礼，在长者面前通过时要屈身弯腰，到老年人家里拜访要脱鞋，递物品要用双手等等。缅族社会对正直、诚实、守戒、助人的人十分敬佩，对违犯戒律、虐待老人者十分鄙视。整个社会都注重人的品格修养。人品不好者会受到社会的歧视和家人的抛弃。缅族社会也十分注重学问，缅族人的识字率在世界上一直处于领先地位。这一切都与缅族社会尊师重学的良好风气分不开。

二、克伦族的生与育习俗

（一）生子习俗

克伦族十分重视民族的繁衍。他们对孕妇关怀备至。为了保存体力，斯戈克伦人常给孕妇泡一种黄色的鸟窝汤喝。一些地方在孕妇产前要请7名老妪准备7把米饭、一杯水、一些香蕉、粽子、7根纱线为孕妇收魂。还在孕妇的手镯上绑7条线避灾。为了能顺利地产下婴儿，孕妇会有许多禁忌，如孕妇不能洗澡、不能参加婚礼、不能参加葬礼、不能缝枕头、不能关院子大门、不能摘果实、不能杀生、不能看月蚀等等。

克伦族村寨几乎村村都有接生婆。妇女生产后要用竹篾划断脐带，将胎盘装入竹筒埋到竹梯子下面。若生男孩则要先将装有胎盘的竹筒放到树上后再埋入土中。克伦人认为胎盘不埋好婴儿就容易生病。产妇如果难产，接生婆常会用竹篾剖腹。产妇生产后要立即沐浴。浴后要给产妇全身抹上姜黄，并用衣服裹实。产房里要生火，产妇要像缅族产妇那样用砖热敷，搭帐捂汗5天。产妇生产后头5

天只能吃盐拌饭，不能沾鱼肉，要避免闻到腥臭味。小孩满月之前产妇要坚持抹姜黄、喝符水、喝盐姜水。姜黄、髯毛姜、辣椒、石灰、盐是克伦妇女坐月子时的必备品。

产妇产后第五日要出产房。产妇在出产房当日要用大叶解宝皂角水给接生婆洗手，要给其夫剃光头后洗头，要洒香水表示感激之情。克伦族的婴儿一般用母乳喂养。若母亲缺奶，则要用髯毛姜、辣椒汤、符水发奶。实在缺奶的则要请其他产妇代为喂奶。但生男孩的产妇只能给男婴喂奶，生女孩的产妇只能给女婴喂奶，不能混喂。克伦族小孩一般要到2～3岁才断奶。

（二）命名习俗

波克伦人在小孩出生后第7天要举行洗头命名礼。洗头时要准备槟榔籽、槟榔、烟、一箩大米、一箩稻谷和一些钱。一切妥当之后要请寨子中的长辈念经祈福，为小孩在手镯上系收魂线，在脖子上挂护身符，帮小孩消灾避难。长辈们要根据小孩的生辰与星相起名字。对帮助起名字的人，小孩的父母要用准备好的槟榔籽等礼物表示感谢。克伦人给小孩命名时亲朋好友、左右邻舍都来祝贺。主人家也会依照习惯用食品招待来客。

克伦族和缅族一样没有姓只有名。称呼对方要根据其年龄、性别、社会地位等在名字前加上相应的人名冠词。斯戈克伦人不论年龄大小、职位高低男性一律在名字前加人名冠词“梭”(saw)，女性一律加人名冠词“娜”(naw)。波克伦人在年轻、职位低的男性名字前一般加“萨”(sa)，年长、职位高的男性名字前加“曼”(man)，在年幼、职位低的女性名字前加“楠”(nan)，在年长、职位高的女性名字前加“嘎”(gat)。

（三）成人习俗

成年礼是克伦族佛教徒、波克伦人为年满16～18周岁的青年举行的一种成人仪式。参加过成人礼的青年在克伦人社会中便拥有了成年人的各种权利。如外出谋生、结婚生子、选举与被选举等等。克伦族的成年礼在缅历八月举行。依据习惯，男子成年礼、女子成年礼不能混在一块举行。但成年礼可以单个举行，也可以集体举行。各地的克伦族成年礼略有差别。

1. 男子成年礼

东部波克伦人喜欢举行集体成年礼。参加成年礼的青年要穿上民族服装，前往当地的宗教首领（大和尚）处礼拜，并在大和尚处受戒7天，学习经文，接受训诫。受戒时当事人要吃素。在受戒日中的星期四这天，男青年要向大和尚布施一箩稻谷、一箩大米以及槟榔籽、槟榔叶、烟草和1.25缅元。戒满日要用食品招待所有来拜佛堂的人。

2. 女子成年礼

东部波克伦人举行女青年的集体成年礼时，每个参加者都要头顶一满罐水前往佛堂听大和尚训导。之后在水中加入香水，用番樱桃树枝在佛堂周围、大和尚身上、自己身上洒香水祝福。然后抱着空水罐回家沐浴，换上祖传纱笼和套头短袖上衣再前往佛堂叩见大和尚，并用食品招待来宾。参加成年礼的女子在仪式结束后仍要穿3天祖传纱笼、上衣等服装，之后才能换上成年女性服装。洞引地区的波克伦佛教徒一般在光明节那天举行成年仪式。参加仪式的姑娘们要将自己的短发拢于脑后，表示自己已经成年。在服饰上，洞引地区的未成年女性只能穿着白色短袖连衣筒裙。参加成年仪式改变发型后，她们才可以穿纱笼和套头上衣。有些地区在女性成年礼中还会穿插招魂仪式。招魂时要准备一个托盘，在托盘中放上粽子、香蕉、芝麻、水、槟榔等祭品祭拜神灵，要由两对夫妻为举行成年礼的姑娘们系招魂绳，请神保佑他们成年后能消灾避祸。系好招魂绳后系绳人要从托盘中拿少许糯米、香蕉、芝麻和水放到姑娘们的头上，宣布他们已长大成人，并给予祝福。

三、掸族的生与育习俗

（一）生子习俗

掸族人对孕妇和婴儿照顾得都十分周到。为了使孕妇顺利地产下胎儿，掸族人对孕妇有许多限制。孕妇在怀孕期间不能吃红糯米糕和锅巴，不能背对着火塘烤火，天黑出门时要在头上插钢针以防野鬼附身。生了小孩后要在头1～2个月用衣服包头以防产后头痛。掸族孕妇生产时都有接生婆接生。孕妇产后要吃发汗药，喝髯毛姜汤，全身要涂抹髯毛姜。一般人家的妇女生孩子后要在产房烤火坐月子10天，富裕人家产妇坐月子可长达45天。小孩出生后，产妇家人要感谢接生婆，要给她一些钱、稻谷，要用大叶解宝水给她洗手。

（二）命名习俗

掸族人在婴儿出生半个月后要举行命名礼。举行命名礼时婴儿的父母要给僧侣施斋，请僧侣给小孩起名字。命名当天，事主要宴请亲朋好友。客人们来赴宴时会说些吉祥话，会往盛有大叶解宝皂角水的银钵中投放硬币作为贺礼，同时还要往婴儿身上洒些皂角水以示祝贺。婴儿父母一般会把来宾投放的大部分硬币捐献给和尚和佛塔，仅留下少量硬币打孔后挂在婴儿脖子上或戴在其手上、脚上。家境贫寒，无钱为孩子举行命名礼的人家也可以请老辈人给孩子命名。

与缅族一样，掸族人起名字也讲究符合生辰八字。掸族人无姓氏。平时只在名字前面按照某人的性别、年龄、地位等加上相应的人名冠词。土司时代(1962年以前)土司名字前要加上表示土司身份的人名冠词“索”(apm0|)，官员名字前要加上“坤”(c|e|)。男子年幼时名字前加人名冠词“岩”(t|u|)，剃度之后加人名冠词“山”(q e|)，进入青年期后要在名字前加上人名冠词“赛”(p|i|;)。女子一般在名字前面加上人名冠词“喃”(ee|;)。

(三)剃度习俗

掸族男童长到7～8岁家里就要着手为其准备剃度了。剃度礼是掸族家庭以及男童一生中最重要的仪式。掸族人认为只有皈依佛门、入寺学过佛法的男子才是真正的男子汉，其还俗后才会受到别人的尊敬，才会被姑娘们亲睐，才有权结婚生子。

掸族男童的剃度礼可以单独在家举行，也可以全寨集体举行。举行剃度仪式前要先选好剃度的日期，通知附近村寨的亲友参加。传统家庭通知亲友时常要送上用三角幡旗包好的糕点以示诚意。剃度时掸族人还喜欢给庙里布施佛像、佛经，在离佛塔、佛寺不远处搭建彩棚。彩棚中间整齐地摆放着将要布施的佛像、佛经及僧侣用品。要在佛龛的两边搭上高约45厘米的台子，围上斜格子竹篱笆，装上梯子，四角用香蕉、甘蔗装饰后再用白茅草、稻草围绕。入口处要立一个水罐架。剃度布施当日，男孩的亲友要敲芒锣、打象脚鼓，抬着将要剃度的男童及布施品前往剃度彩棚。按照掸族习惯，剃度男童的家长要给孩子认干爹干妈，让干爹干妈负责孩子剃度仪式的各种事宜。孩子剃度后其干爹干妈会得到一些奖赏。他们也会用奖金为寨子里买一些需要的东西。剃度后男童要像对待自己亲生父母一样对待干爹干妈。掸族人的剃度仪式根据财力的大小可以进行3～7天。剃度布施的最后一天，男童的父母要将僧侣请到彩棚里为男童剃发，收其为徒。众人要向僧侣布施，洒水分福。仪式结束的当晚，所有人都要为新沙弥的家人祝福，新沙弥的父母也应视情况招待来客，并给一些赏钱。

四、若开族的生与育习俗

（一）生子习俗

若开族孕妇生产时常会请接生婆照料。若孕妇难产，就必须给孕妇喝消灾符水，或者在盖房子的棕树叶写上字母e后倒插在孕妇的发髻上，同时要打开孕妇的箱子、房门、水罐盖以求助产。若孕妇第一胎生的是男孩，则要立即在房子四角插上枣树枝，在房子内插上番樱桃树枝，防止鬼怪来捣乱。同时亲友中的女性要在产房里生火，夜晚要轮流陪护产妇。产后第3天火堆要换火，要将火盆中的火和灰倒掉换上新柴。产房里的火不能作它用。产妇坐月子时要吃髯须姜、喝姜黄酒，不能吃鲜鱼、土豆、竹笋、蘑菇、辣椒、大豆、猪肉，不能接触蜂蜜。产妇生孩子后要用热水洗澡。浴后全身要抹上姜黄，直到小孩满月后方能洗头。产妇在生产后第5日或第7日（一般是生长子时为第7日，次子为第5日）要出产房。出产房时要丢弃生产用具，拆掉火炉。要在整个房间里撒上稻谷，挥动棕榈树枝驱鬼。当日还要象征性地给婴儿剃一撮头发。主人家还要准备一个米筛，在里面放上皂角、一把拌有姜黄和油的大米、一块石头、一根铁棍。客人来后要碰一下米筛里的皂角，并说一些吉祥话语，之后将婴儿放入摇篮中，要心中念记佛祖恩德，摇动摇篮祝愿婴儿长命百岁。

（二）命名习俗

按照若开族的风俗，产妇出产房的当日要请亲友吃饭，给小孩命名。命名一般在小孩出生后的第5日或第7日进行。命名时先由一位妇女抱着小孩下楼让小孩见日月，并在婴儿脚上抹些许泥土以示吉祥，之后将小孩抱回楼上。若婴儿为男孩就要摆上镜子、岗包，若为女孩则要摆上梳子和镜子。女孩同时要穿耳。然后宣布给小孩起的名字，并用饭菜或其他食品招待来宾。

若开族与缅族一样没有姓氏。他们在给头个孩子起名时名字中常要带一个“乌”（0|;）字，意思是“第一个”、“头一个”。在给其他孩子取名字时喜欢在名字中加上“瑞”（a½|）字，意思为“金子”。若开族人爱起3个音节的名字。人名前可根据人的性别、年龄、职位高低等加上相应的人名冠词，方法与缅族完全相同。

（三）剃度习俗

若开男子一生中最重要的活动便是剃度出家了。剃度也是其父母的心愿和最大的功德，其重要性非同一般。若开族男子常在7～20岁之间进行剃度。剃度的规模视家庭的财力而定。剃度后至少要在寺庙中待上一周，否则功德不会圆满。没有剃度过的男子在若开族社会中是要受歧视的。

一个家庭在确定为儿子剃度后就要搭彩棚，着手准备布施物品了。孩子剃度前要先去庙里学习一些基本的礼仪知识。寨子里的小伙伴们这时也会自动来帮忙。他们会挨家挨户送盐茶包或糖果包，通知村人参加剃度仪式。孩子剃度前两日，父母要去庙里存放剃度用的袈裟、法器。剃度前日下午，长者带领全寨子的妇女领着戴王冠的剃度者在乐曲的伴奏下载歌载舞地来到寺庙中讨要法器法衣。法衣由母亲顶着，法器由父亲拿着，浩浩荡荡地回到其屋前的彩棚里。按习惯在队伍快要到达彩棚时，村里人要将受剃度的男童藏起，然后由其父母用钱赎回。

剃度日早晨，事主家要斋僧、听法、布施，受剃度男童要在三面长鼓的敲击声中开始巡游。巡游时受剃度男童骑着马，由星相相合的男青年撑着华盖，星相相合的妇女顶着剃度后沐浴要用的消灾罐走在最前头。男童的母亲顶着袈裟，其他妇女顶着铺盖卷，男童父亲拿着僧侣用具依次而行。巡游队伍到达寺庙后要按顺时针方向围着庙转3圈。之后要将受剃度男童藏起，同来的男士则猛击长鼓大声嚷嚷要听法。受剃度男童的父母给钱后，剃度方得以继续进行。剃度开始时先由星相相合者象征性地剃一下头发，然后由和尚或特请的理发师接着给男童剃发。男童的父母这时要用白布将头发接住以便保存。剃发后男童要沐浴净身，将袈裟置于僧侣前，由僧侣给剃度男童穿袈裟，接着就是听和尚宣法、洒水祝福、男童受戒成为沙弥。此后，家长每日要为其送斋饭，直至还俗。剃度期间，事主家要负责用饭菜、若开米线招待来宾和帮忙的人。

五、孟族的生与育习俗

（一）生子习俗

孟族十分注重后代的繁衍。孕妇怀孕7个月时就要开始准备坐月子用的柴火了。柴火一般选用解宝树、枣树。所选树木倒地时不能碰着其他树木、树根、树丛，否则就不能用了。柴火砍好后要堆在住宅附近，并在柴堆上横放带刺的木或竹。若没有时间砍柴，则在孕妇怀孕7个月时象征性地砍上一根柴火，等以后有时间了再补砍上。孕妇生产前，孟族人还习惯为产妇做一竹制产床。小孩足月出生时女邻居们会前来帮忙，但男人不能靠近。小孩子出生后，接生婆要用篾青割断脐带，将其胞衣（胎盘）用盐、米拌好，再用榛龙脑树叶包好后埋入火塘底下。

火塘一般挖在背对护宅龙头当月转换的方向。也有人将胎盘拌上辣椒、米、槟榔、小铁块后用衣服包好埋入火塘底下的。若胎盘打结，则要供上3粒槟榔籽、3片槟榔叶后再由接生婆解结。每解一个结，主人要给一枚硬币。断脐后要为新生儿洗澡，要在火塘附近为产妇铺竹床。床底要放两个香蕉。竹床上的竹子数会依生男生女的不同而略有差异。火塘坑上一般放上3、5、7或9个陶篮(必须是奇数)。要用早先准备好的柴火生火，柴火燃烧时不能有异味。产妇产后要喂以姜黄盐水，之后要敬神，求神保佑新生儿。敬神时要为神准备一个椰子、两把香蕉、一些米糕、香烛、书、铅笔、槟榔(生女孩700个、生男孩900个)、一套衣服、5个硬币作为供品。敬完神后，供品要全部赠予接生婆。与缅族人一样，孟族产妇产后有全身抹姜黄、敷热砖的习俗。产妇在饮食上也会受到特别关照，有专门为产妇准备的高营养发奶汤。这种汤用烤鲈鱼或烤黑鱼片加洋葱、辣椒和少量的大米熬制而成。小孩出生第7日，产妇要全身抹上姜汁、裹上席子在竹床上敷热砖捂汗。捂汗时必须盖上被子。捂汗后产妇要休息片刻，再用解宝皂角叶熬水洗澡，之后方可下地活动。

(二)婴儿满七洗礼习俗

婴儿满七后举行洗礼，其目的主要在于清除污秽、保佑孩子健康成长。给小孩洗礼时要准备一个放有姜黄和皂角籽的钵子和一个放有冬瓜瓤和清水的钵子。接生婆首先要用皂角水和凉水为婴儿洗澡，浴后为婴儿穿上新衣、抹上香水，再交给其母亲或父亲。此时，小孩的父母要给接生婆一个槟榔包或一把香蕉作为回报。接着婴儿的父亲要将小孩出生时用过的铁锹、刀、斧头等工具插在地上，接生婆向工具上浇些皂角水以去除污秽。同时，婴儿的母亲、接生婆、帮过忙的人各自在自己手上浇些皂角水和冬瓜水以除秽气。婴儿的父母要给每个来宾分发椰子、香蕉、一把糯米，并请来宾用餐以示感谢。对小孩出生后连续3天来喂奶的妇女更是感谢有加，要给其送饭送菜送点心。满七洗礼后可以接着给孩子行命名礼，也可另择佳日给孩子命名。

(三)命名礼

给小孩子命名是婴儿出生后的一项重要活动。命名礼在孟族人心目中祝福多于命名。因此，祝福往往成为命名礼的主要内容。命名礼一般在小孩出生第7日与满七洗礼同时举行，也可以择佳日另行举行。举行命名礼时，先将两个石臼的底朝天翻过来，再在石臼上搭上木板，将盛有皂角水和冬瓜瓤水的钵子置于木板

之上，盛冬瓜瓤水的钵子里也可以放些金银首饰。另置一托盘，盘中放有椰油、香水、姜黄、7片槟榔叶、一片烟叶、一面镜子、一把香蕉。仪式开始时婴儿的父亲在放器皿的木板前的地上插一把刀，婴儿的母亲往其夫握刀的手上浇皂角水和凉水，再给接生婆浇水。之后，接生婆为婴儿洗澡、抹香水，把小孩用白布包好后交给孩子的母亲，小孩的母亲要给接生婆一把香蕉，表示用香蕉换回孩子。再把皂角水送给来宾，由来宾中的长者为小孩取名。之后将孩子的名字及生辰八字等记录在金片、银片或贝叶上。命名礼结束后，主人要用椰汁凉粉、糯米糕、米饭招待来宾。客人回家时，按孟族习俗主人应给每位来宾一把糯米作为礼物。由于如今孟族越来越同化于缅族，孟族人名字有缅族化倾向，如在名字前加人名冠词“吴”(0;)、“杜”(a ' :)等。但孟族出过家、做过戒僧的男子常会以“奈”(E|i|)作为自己名字前的人名冠词。

（四）剃度习俗

孟族是虔诚的全民信仰佛教的民族。孟族父母最大的心愿就是如何能体面地将自己的孩子剃度为僧。剃度为僧也是孟族男童一生中最重要的事情。一个孟族男子如果没有出家做过和尚，那么他注定会被社会看不起，甚至连婚姻都会受到影响。孟族男子的剃度分为两类：剃度成沙弥和剃度成戒僧。孟族男童年满14岁后要行剃度礼。一般而言，孟族人比较热衷于集体剃度，但也有不少人做个人剃度。男孩若需要剃度，父母们会事先去寺庙中禀报，与庙里的主持商定剃度日期。孟族人的剃度一般在缅历一月、二月和十二月进行。与缅族一样，孟族人对小孩出家前的生活照顾得十分周到，对其安全也十分在意。剃度前一天家里要为小孩准备好僧侣用品，准备仪式上用的和招待来宾用的椰子、香蕉、糕点。剃度仪式一般在下午举行。剃度者首先要拜村神。拜神时要准备好奇数供品，供品要放在用香蕉叶垫底的托盘中，供品一般有椰子、槟榔、卷烟、香蕉和其他捐献品。拜完神，剃度者接着要身着盛装巡游。巡游队伍由手持八样僧侣用品的少女打头阵，其后为布施物品、盛装的剃度者，最后是乐队。巡游时，队伍必须绕寨子一周，之后再前往村头的寺庙，绕寺庙3周后队伍进入庙中。和尚开始念消灾经，再为剃度者系消灾绳，接着和尚为剃度者削发。削发时父母要用白布接剃下的头发。削发后剃度者用皂角水沐浴，最后请长老赐袈裟，剃度仪式结束。孩子剃度后，其父母要每天施斋。按照孟族人的习惯，出家做沙弥至少要一年。男子年满20后还可以出家作戒僧。戒僧的出家仪式与沙弥剃度一样，戒僧在庙里至少要待一年。

六、克钦族的生与育习俗

（一）生子习俗

克钦族中与生子有关的习俗很多，如胎儿快足月时，家里人要为产妇储备好干牛肉、生姜和米酒。这些东西家里人不能吃，也不能用来待客。在克钦山区没有专门的接生婆，婴儿一般由一些有经验的年老妇女来接生。妇女怀孕后要请巫师来推算谁为她接生适合，到生子之时就要请此人来接生。

克钦族妇女多在自己的卧室里生产。小孩出生后，帮忙接生者用篾青割断脐带，并把胎盘埋在房柱下面。若生男孩，就把胎盘埋在房子的中间柱子下；生女孩则把胎盘埋在房子中间靠右的柱子下。克钦人会把小孩的脐带晾干收好，他们认为，晾干的脐带挂在脖子上可以治小孩感冒、流鼻涕、咳嗽，还可以入药治霍乱。

产妇大约在孩子出生后的三四天出产房。出产房时，由一位年长的妇女或由其丈夫挂着刀拿着矛在前面带路前往码头，产妇拿着脏衣服跟在后面。到河边后要先放一块姜在水里，产妇要在码头洗衣服、洗澡。回家时，产妇走前，丈夫殿后，表示丈夫在后面起着保护作用。回到家里后，产妇还要向家神禀告自己恢复了健康，可以象平常一样到屋外活动了，并请求家神在各方面给予庇护。

（二）命名祈福习俗

克钦族人在婴儿出生的当天要举行一个称为“佳通杜”的婴儿见面仪式，以让亲朋好友知道自己的孩子已经出生并有了名字。仪式上，主人家要用牛肉干、鱼肉干、米酒、白酒招待客人，还要把茶、盐送给客人中的年长者，以求得到孩子健康成长的祝福。长者在祝福时要说：“今天吃的东西很有味道，今天出生的孩子也会长命百岁。”如果是男孩还会祝愿他成为多子多福的父亲，成为一个富有的重要的人。如果出生是的女孩就会祝愿她身体健康、无病无灾，长大后能够组成一个幸福的家庭，能为父母多赚到一些彩礼。当天，主人还要供奉家神，请巫师算出产妇出产房的时间。亲友们要送上刀、矛等礼物并向孩子的父母道喜。

在男孩子出生的第4天、女孩子出生的第3天的上午，克钦族人还要举行一个称为“卡巴幼”的祈福仪式。在这个仪式上，要用鱼肉干、牛肉干、鸡蛋、白酒等敬神，祈求神明保佑孩子平安吉祥，并表示把孩子交给神明。之后，由一位年长的妇女抱着孩子在家里的神龛至厨房之间来回走动。一边走一边念道：“看太阳了啰！看太阳了啰！”同时，要将孩子抱进抱出。这以后便可以将孩子抱到屋外了。

七、钦族的生与育习俗

（一）生子习俗

钦族妇女怀孕后会受到特别的照顾。钦族不允许堕胎，认为堕胎比杀人的罪孽还要大。钦族一般把主屋后的披房用作产房。铁定地区钦族产妇在孩子出生时要先喝些热姜汤，接着再喝米酒催奶。法兰地区钦族在妇女怀孕时要准备一坛米酒，在孩子刚出生时由产妇喝下。之后，产妇要立即洗澡，并要埋好婴儿的胎盘。法兰地区钦族习惯把胎盘埋在水缸下面，认为这样可以使子女生活幸福。哈卡地区钦族则把胎盘埋在屋子下或厨房边，也有把胎盘放入一个新坛子并埋在房子附近的。钦族一般用篾青割断婴儿的脐带，脐带要晾干收好。铁定地区钦族认为脐带可以入药，能治小孩肚子痛。

钦族妇女没有坐月子的习惯。产妇一般会根据自己身体的状况休息一两天或更长一段时间，也有当天出产房第二天就下地干活的。钦族在孩子出生后有许多禁忌：铁定地区钦族妇女的丈夫在7天之内不能给锅盖盖；产妇在6天之内不能干活、去婚丧之家。法兰地区钦族产妇在生男孩子10天、女孩子8天之内不能喝米酒、碰热水、下厨房。钦族在孕妇难产时，要请巫师或者杀鸡问神祈求平安。

（二）命名礼

钦族有为孩子举办命名礼的习惯。但各地区略有差异。钦族北部山区常在小孩满月时起小名，而命名仪式则要在小孩出生后的一两年内举办。铁定地区钦族在小孩刚出生时就必须起小名。他们认为，如果不取名小孩的灵魂就会被神带走。因此常常会先给小孩取一个小名，等以后再为小孩换一个正式的名字。铁定地区钦族在给孩子起名时，大儿子要用其祖父的名字，大女儿要用其祖母的名字，二儿子要用其外祖父的名字，二女儿要用其外祖母的名字，三儿子要用其大伯父的名字，三女儿要用其大伯母的名字，四儿子要用其大姨父的名字，四女儿要用其大姨母的名字，其他子女则可以起自己喜欢的名字。法兰地区钦族家庭的前三个儿子和前三个女儿都会用上祖父母的名字。哈卡地区和马都比地区钦族一般由父母为儿女起所喜欢的名字。敏达地区钦族不论男女，都可以用其父亲的名字起名。巴列瓦地区钦族则只能给孩子起其父系亲属的名字。

钦族命名礼在时间上没有统一的规定，主要视小孩家庭的经济情况而定。一般在命名仪式上要用外祖父外祖母送来的鸡和米酒敬神，以求孩子幸福。巫师还要用敬神用的鸡腿来占卜孩子的命运，祝福孩子幸福、健康。最后要用猪、鸡、米酒款待客人。

八、克耶族的生与育习俗

克耶族从妇女怀孕起就非常注意自我保护，其家人都十分严格地遵守传统生育习俗。孩子出生后要给孩子举行命名仪式，让子女接受教育，教会子女生活的技能。

（一）命名礼

克耶族在给婴儿命名时，各支系的命名习俗略有不同。克耶支系在妇女生孩子后，通常要宰四只鸡。取第一只鸡颈部流出的血涂在产妇的背上和前额上，用鸡血洗涤晦气，使产妇吉祥平安。这只鸡的肉要煮熟给产妇补养身体。第二只鸡的血盛在竹杯内，用来做命名液。杯外浸泡着拴有珠子的篾绳，客人来探视产妇时，由主人取一根缠在客人手上。客人离开时要把篾绳挂在竹篱上，同时祈祷主人家吉祥平安。其鸡肉要用来招待不再生育的老年妇女。第三只鸡全家享用。第四只鸡专给婴儿命名，鸡肉必须放在火塘顶端的熏架上，只有与婴儿同名的人才可以吃。取名后，若婴儿经常生病或哭闹，就会认为是名字起得不对，要重新占卜另取新名。因此，克耶支系儿童往往有四五个名字。

盖可支系有举行脐带脱落仪式和命名仪式的习惯。婴儿出生三四天后开始穿耳，满月时举行脐带脱落仪式，宴请寨子里的父老乡亲。一个月以后要举行命名仪式。盖可人一般采用祖父、祖母或长寿老人的名字给婴儿命名，以期孩子健康长寿。如果取名后孩子经常生病，就要重新取名。因伯支系在女孩出生一个月时穿耳；孩子满周岁时才能理发。给孩子命名时多选亲友里长寿老人的名字命名，也有用首位到访客人的名字给孩子命名的。伯耶支系、因德莱支系给孩子命名时与克耶支系一样，要用鸡骨占卜。伯耶支系占卜之后会给孩子选一个合适的名字；因德莱人占卜之后，则会用祖父母的名字给婴儿命名。

（二）教育

克耶族非常重视对孩子的教育，父母注重言传身教，一般不体罚孩子。在晚上空闲时，大人常会给孩子讲传统故事，教孩子祭祀和敬神的方法。孩子五六岁时会被送到学校学习。一般人家的孩子上完小学后会辍学回家，帮父母干活。父亲会教儿子学农活、渔猎、编织、造房等。母亲会教女儿做家务，织布、纺纱、做饭、酿酒等。信仰佛教的克耶族人还会为孩子举行剃度仪式，把孩子送到寺庙里学习。

第三节　丧葬习俗

一、缅族丧葬习俗

葬礼是人生的终点。缅族的葬礼很隆重，传统葬俗是火葬，也行土葬。缅族人家中若有人死了，要报告给亲属并将尸体安置于房屋中央，然后发丧告知庙里和尚、邻居、朋友来帮忙料理丧事。缅族人热心公益，往往是一家有事全村相助。事主管饭，别无工钱。亲友也有带钱带饭资助丧家的。人一死，乐队便来丧家，在尸前吹奏丧曲，直至出葬。丧家一般会请一两位和尚来家居住，以防鬼怪来侵害家人。和尚只住在家中，并不讲法。缅族人把死亡的原因归为五种：老死、不治而亡、治不愈而亡、被人害死、自尽而死。

人死后要先洗尸。洗尸时先要用小水罐从桶里舀水，依次从右脚尖开始，过腿、腰、肩、头，再回到左脚尖淋水一次（中间水不淋完）。往尸体上往返淋水7次后方可洗尸。洗毕，要给尸体抹上黄香楝粉，用新白布裹尸，再穿上新衣，盖上新纱笼。同时要将死者的双手置于胸前，用死者子女的头发将其手姆指和大脚姆指分别系到一起。停尸时，尸体不能放在地板或床上，要放在灵台上。死者的贵重物品要置于其尸体边，并据死亡原因来决定尸体的脸外露与否。置死尸的灵台下面要放洗尸罐。洗尸罐在出殡时打碎，此前则要注意不能让罐子碎了。灵台由17根长短不一的半边竹捆扎而成。放尸时先在台上放一席子，再放床单。缅甸天气炎热，尸体易腐烂发臭，故要在灵台下或在尸体旁围放4～5个冬瓜用以除臭。

习惯上丧家要停尸3日，也有停5日和7日的。土葬的话，出殡前要先派人去坟场挖坑。挖坑前要用茶包、槟榔请土地神赐予死者葬身之地。入殓前，要在死者口中放超渡费，使死者的灵魂得以升入极乐世界。同时，为了不使死者日后再来纠缠家人，有些地方将与死者最喜欢的子女身体等长的线放入棺材中；也有在棺材中放入饭团的。

出殡时，死者若非一家之主则要从窗口出棺，家长则从楼梯口出棺。家长出棺时，棺材要从加在梯子上用竹子加搭的3级附梯上抬出。棺材一般固定于棺架上。棺架由床及下加的捆成纵三横五的竹杠做成。床上置棺木，床角立4根柱子，罩顶，略有装饰。依死者性别，在棺木上放一男式或女式纱笼。按习惯，出殡队伍绝对不能从村寨、大院东门通过。如果只有东边有门，则需拆墙出殡。尸体也不能从房屋前经过。出殡前要请和尚。和尚在特置之僧位坐定后，将棺材抬至和尚前，由和尚超渡。

出殡时，队伍前头为给僧侣和穷人捐赠东西的男女(分队排列)，再依次为和尚、乐队、哭丧队伍和棺木。抬棺人大多为身强力壮之青年男子，一般为6人，也有8人的。再后为送葬的亲友。送葬队伍不能朝东或朝北行进。到墓地后，只有亲属跟着棺木停在下葬之洞穴边，和尚和其他人在凉亭休息。乐队停止奏乐，和尚念经为死者超渡后打道回府。葬礼开始时，死者亲属中的长者要洒水分福。死者的棺木由亲友放入洞穴中。放棺木时要抬放3次，以示告别。之后由殡葬工填土埋葬。所有送葬者要等下葬好后才能离去。之后，死者家庭要为死者做功德。在其去世日、安葬日、头七、满月、周年时要斋僧行善。

除土葬外，缅族人还有火葬。缅族僧侣行火葬。平民要火葬者需为:(1)老者；(2)曾为僧者;(3)曾布施斋僧者。火葬与土葬的程序差不多。只是出殡时，将棺材抬往火葬场，交由殡葬工火化。遗体火化后一般由死者的两位亲属来拾遗骨。拾到骨头后用净水或椰子水冲洗，再用白布认真包好，放入专门准备的陶罐中带回家供养。死者家属要在头七前一天在家招待客人，头七当日要在家中斋僧。僧侣每日也来死者家用斋念经。满头七后，死者火化的遗骨多会被埋到佛塔附近，也有为遗骨建灵塔的。

缅族人对圆寂的和尚行火葬。和尚圆寂后，其他和尚和寺童为死者洗浴。然后将其内脏取出，埋于庙宇一角或佛塔附近。在其躯体里填充糠谷后，再用白布紧缠尸体，将其手平放于胸前。缠好的尸体上要置一袈裟，然后装入棺中。棺材大多制作精美，外面有佛本生故事绘画。之后要筹款修建尖顶阁，尖顶阁修成后要将尸体放入其中。棺材上要竖白伞，供信众来参拜。和尚火葬时，先在郊外选一大片空地。中间建火化堆或竹子尖顶阁，阁有7层，高约15米。建好后由头面人物确定火化的日子。善男信女们会在火化日去庙中献功德树。火化时，尸体由四轮牛车运至火葬之地，然后用绳子顺东西方向系住车子，让信众拔河决定由谁点火。尔后再将尸体置于柴堆之上。火葬时要载歌载舞，放高升，烧竹子。火化后，和尚的遗骨要埋于佛塔附近。

对于非正常死亡者，缅族人也有一些特别的习俗。如：妇女生死胎，则在胎儿棺材中或缠尸布中放一铁棍，以防死胎再次投胎于其母腹中。对初生难产而死的孕妇常悄悄掩埋，主要是怕她回来对她丈夫作恶，或怕会妖术者借尸兴妖。对病死在外的人一般不让回村，要停尸于离村最近的路口，并尽快埋葬。对于被怀疑为妖法致死者则不埋不烧，要单独陈尸一处。

二、克伦族丧葬习俗

克伦族有人死敲铜鼓、唱挽歌报丧的习惯。葬礼分土葬、火葬两种。对自然死亡者和病死的老者一般行火葬，对夭折的小孩和暴死的病人则行土葬。

（一）斯戈克伦丧葬习俗

斯戈克伦人中的佛教徒死后要洗尸，尸体上要抹香水，反穿衣服，要将尸体放在睡席上。睡席底下要垫有新织的三层粗席。死者的手、脚拇指要用线捆好。要在死者的两眼、两耳、口中放入硬币作为超度费。尸体在家停放的时间最多不超过7天。停尸时每日都要供上死者最爱吃的食品。下葬之日要先将尸体从室内移到室外的灵柩上。移尸前要通报诸神，并在移尸过程中向地上泼水。尸体下楼后再打破泼水的罐子。尸体火化前要带上火罐、粗糠、捅火用竹竿。到达火葬场地后要给土地神献上5缅分钱、10缅分槟榔包表示向神灵购买火化之地。僧侣主持亡灵超度仪式后点火火化。火化完成后，挑选3块烧剩的遗骨装入背篓，放到丧家门前特砌的遗骨放置台上。死者火化当晚，未婚青年们要在丧主家门前跳舞对歌。死者的遗骨在头七超度布施后送到骨山安放，安放好遗骨后，事主还要招魂拜神。

（二）波克伦丧葬习俗

波克伦人为了使死者死后进入天国，习惯在人死之前请和尚或尼姑或寨中德高望尊者念消灾经、敲铜磬。人死后要洗尸、全身要抹香料、要用绳线捆绑死者手脚的拇指，在口中放超度费。尸体要停放在三层新织的粗席上，反穿衣服，用饭、烟、槟榔、酒供拜祭奠。死者的头顶和脚底要各放一盏长明灯。死者入殓后再抬至室外，依据习俗棺木不能从家里的梯子上抬出，要从另做的一个有三级台阶的竹梯上抬出。抬棺木时要从室内停尸处开始，要随棺木一起泼水直至楼梯底端。棺木下了楼梯后要打破洒水罐，毁坏竹梯子。与死者有亲戚关系的僧侣要在棺材前用白线牵引棺材。送葬时要在路上放上3块木材，每当抬棺木者见到木材后要停棺休息。到火化地后要抬着棺材绕火化柴堆3圈，每转一圈时都要用棺材头轻轻碰一下柴堆旁树起的大刀刀刃。之后将棺材放在柴堆旁边，打开棺材盖，再将椰子一次砍开，用椰子水浇死者的头部，再将椰子扔到砍开椰子的人的正西方，之后再焚烧尸体。柴堆点燃后送葬者要做扑火的样子。大火烧起来后送葬者要背对火场而出。一周后再来拾遗骨，进行遗骨安葬。

（三）遗骨安放仪式

火葬是克伦族的主要丧葬方式。依照克伦族的习俗，死者火化后其家人应在一定的时候举行遗骨安放仪式，只有这样死者才能顺利地进入天堂。斯戈克伦人和波克伦人的遗骨安放仪式大同小异。斯戈克伦人一般在人死后的头七天内举行，波克伦人则在人死后1～15年内举行。波克伦人在人死后也有先埋入土中入土为安的。一年或一年之后再挖出遗骸举行火化。克伦人的遗骨安放仪式一般在克伦历一月（公历2月）、二月的下半月、四月、五月举行。克伦历三月一般不举行遗骨的安放仪式。若必须举行也一定要等到月圆后才行。

举行遗骨安放仪式前丧主家要先准备好粮食、酒、鸡、猪肉、蔬菜、烟叶。仪式举办之日的早上，寨子里的姑娘小伙会邀上邻村的青年男女们一同到事主家帮忙。男人们这时要下厨房做饭，会搭礼盘、灵位的人要抓紧时间搭礼盘和灵位。礼盘是给和尚讲道做法时用的，灵位是用来放遗骨的。灵位有60厘米见方，离地1.5米，用竹子和榛龙脑香树叶搭成，以伞盖顶，薄被裹边。灵位上有用线做的梯子垂到地面，边上插有纸幡。灵位里要放上砍刀、烟杆、槟榔盒等死者生前用品。遗骨要放到当天早上织成的竹背篓里，背篓上一般会贴有彩纸装饰。

遗骨安放仪式多在下午3时举行。先由死者的亲属或好友3人或5人（奇数）在背篓中放上酒、饭、菜、烟、火柴、水。之后再去火化场拾遗骨。拾遗骨者在外出拾遗骨期间不能与外人说话。到火化场地后，拾遗骨者会围坐在骨灰旁，摆上酒菜请死者的灵魂来享用。他们也交替与死者“一起”喝酒。然后用竹夹子夹住遗骨，放入水瓢里浸一下，再用火烘干遗骨，反复3次。最后取3块木炭和3块骨头用白布包好放入背篓中背回。拾遗骨者快到寨子门口时村人（奇数）要在寨子门口挡住，问“来者何人”，答曰“好人”。守寨门者要在来人的手臂上划上石灰记号，然后来人要与守寨门者一起喝完两瓶白酒后方可进寨。遗骨进寨后要连同竹背篓一起放到灵位上。死者亲属此时应在灵位前铺席供放祭品。之后再依次拜祭家神、“多威”树神、寨子守护神、祖先、公婆家(岳父母)的家神以及所有的吉神。之后死者的亲属和朋友要请死者“用餐”，神婆在一旁念经。死者用完餐后其“用过”的食品要扔到离家较远的地方，剩下的食品要分发给来宾。克伦人相信吃过此类食品后可以免灾、发财。死者用完餐后要在其灵位前派1～2名死者的生前好友守灵。大约在晚上7～8点，本村和邀请来的外村青年会在灵位前跳克伦集体舞。舞会大多进行3个小时。舞会结束后到场的未婚青年们便举行对歌活动，寻找自己的意中人。对歌一直要进行到次日天明。跳舞对歌时丧主家要准备足够的白酒、米酒、棕榈酒招待来吊唁的亲友。

第二天丧主家要一大早起床煮早粥准备斋僧。上午10点左右要请僧侣用斋、讲法。和尚讲法时，要将死者的遗骨请到礼盘上听法，受领五戒，洒水分福。之后司仪宣布死者的灵魂可以随意游荡了。然后神婆将死者的遗骨请回灵位，给死者上最后一次饭菜供品，再由3名或5名男子将遗骨送往骨山安放。安放遗骨者从骨山返回后神婆要为他们收魂，大家一道将屋前的礼盘、灵位拆除。神婆用大叶解宝皂角水洗手。至此，遗骨安放仪式全部结束。

三、掸族丧葬习俗

掸族的葬礼分土葬和火葬两种。俗人以土葬为主。掸族人正常死亡后，家人要将尸体抬至竹楼中柱附近，为死者沐浴更衣，并往死者口中放一枚硬币作为超度费。依照掸族人的习俗，尸体只能在家停放一天，次日安葬。出殡时亲友要一直送葬到墓地。葬礼上不请乐队。依照死者家庭经济状况，可将尸体装入棺材或是用草席裹尸埋葬。有些地方尸体要用白布包裹后再装入棺木中。死者是女性的话要戴上其生前用过的首饰。全村在停柩期间停止生产，要请僧侣昼夜念经超度亡灵、宣讲佛法、洒水分福。掸族在亲人死后一般不守孝、不祭拜，但头七时要斋僧。

习惯上普通掸族人不行火葬，只有僧侣才行火葬。和尚圆寂后要先入殓，将遗体放置于装有4个轮子的灵床上。在灵床两端系上粗麻绳后，将其拉到郊外的火化场。然后将灵床置于柴堆上，施放高升后将遗体火化。火化完毕，要将圆寂和尚的骨灰盛于瓦罐，埋在寺院内。对于高僧大德还要在其骨灰埋葬的地方建一小塔以示纪念。掸族人的葬礼较为简单，僧侣和俗人不同葬在一处。对非正常死亡者更是一切从简，悄悄葬于他处。

四、若开族丧葬习俗

若开族的丧葬分为土葬和火葬两种。一般人行土葬，僧侣、僧侣的父母、寿终正寝者多行火葬。若开人死后要报丧。晚上死时常敲报丧鼓，丧鼓的鼓点较急。人死后要立即为死者封眼合口。死者的配偶要反手向死人脸上泼水，然后用水洗尸，给死者更衣。洗尸用的水罐事后要敲碎。若死者为老妪，按习惯要给其脸上抹黄香楝粉、头上插花，要将其饰物放置于胸前。有些地方习惯用白布裹尸，再套上衣服，死者的纱笼则要置于灵床上。若开族常把死者的脚拇指用绳子捆扎在一起。尸体一般要在家中停1～2晚，但传染病患者死后不得停尸，要立即掩埋。死者安葬前夜和安葬当夜，其家人要请人在家说书或请和尚念经，村里的小伙子要在丧家守灵。

移尸下楼时要在梯子上放置临时用的附梯，用新水罐盛满水，在放尸时要打碎水罐，以示家中不再死人。移尸时不能并排抬尸。死者入殓时盖尸体的衣服不入棺。父母死时子女要将与自己身高相等的长线放入棺中，以防父母带走灵魂。若开人的棺材不能用铁器敲打。若死者未满10岁，则尸体不能装棺。下葬当日丧家要为死者做饭饯行，饯行的饭食由死者的配偶或亲戚拿着。行土葬的话，下葬当日早晨要派人去坟场挖墓穴。挖墓穴时要由比死者年长的人在选好的墓地上打4根小桩，用锄头挖7下后再由其他人接着挖。墓穴为东西向，墓穴开挖后不得再换地方。

下葬时要用两根3.2米长和三根2.3米长的竹竿抬着棺材前往墓地。行进过程中尸体的脚要对着墓地的方向，死者家人不得回头观望，否则死者的灵魂会留在家中。到达墓地后要解开死者脚拇指上的绳子，将棺材抬至僧侣身旁，请僧侣为死者超度亡灵。做完法事后僧侣回庙。送葬者在死者口中塞一枚硬币、在其脚、头分别放一个饭包，再往棺材上撒一把五色米，在墓穴中撒上一些饭粒之后棺材入墓穴。棺材入穴时要用3根绳子捆着缓缓放下。下葬时要特别注意死者的头要朝东，脸部略向北斜。棺材入穴后送葬者要背对着墓穴填土。

安葬完后全体人员一同返回丧家。丧家的主人要背对着来人向后扔一把炉灰、泼一瓢清水。死者的兄弟回家进屋时必须先跨过屋前的火堆，去掉晦气后方能上楼。尔后帮忙的人一起上楼吃槟榔、抽烟，之后再碾碎槟榔叶，放在鼻子下闻一闻，闻完后弃置于身后以除晦气。

若开族认为星期三是个好日子，这天不能埋人。每月晦日死人则应马上埋掉。若晦日正巧是星期三，他们就把尸体移到寨子外边。非正常死亡者如淹死者、上吊死者、摔死者、被杀者不能做灵魂超度。村民死在村外时，尸体不能运进寨子。非正常死亡者不能葬在公共墓地，要单独安葬。淹死者则是用一个漏桶从其溺水处取水，走到水漏完的地方挖墓穴安葬。产妇难产而死的要将死胎取出，将母子分别安葬。

若开族在家人死后要分别在死亡当日、头七日和周年纪念日斋僧3次，请僧侣来家里用斋讲法。若开人十分注重死者的头七日。在头七斋僧时要手拿死者的衣服，上墓地叫魂，告诉死者要斋僧了。有些地方是上墓地摘一根树枝回家。斋僧后要给僧侣布施物品。

若开族僧侣圆寂后必须行火葬。火葬仪式非常热闹，费用由各村寨分摊。火葬仪式一般在缅历十月、十一月、十二月间举行。费用不够时也可以推迟到来年进行。若开族僧侣圆寂后要浴坐尸。浴尸后要用袈裟紧裹法身，往死者口中灌2～3瓶油或蜂蜜，以防尸体腐烂。尸体一般午后入殓，棺木多用芒果树木和菠萝蜜树木凿成。僧侣入殓时要在棺材底部放上草木灰和烟草叶，尸体上也要盖烟叶，也有在棺底放糠、石灰的。尸体入殓后要放入专门的停尸院房，一个月后再将尸体放入莲花灵床中等待火化。僧侣火化时要先在寺庙附近搭彩棚，请戏班子唱7天戏，之后再从庙中运来尸体，各界人士唱唁歌吊唁。黄昏时，将圆寂和尚的尸体置于柴堆上，放高升点燃柴堆火化。此时民众要唱歌跳舞，庆祝该僧功德圆满，升入极乐世界。僧侣火化后要将其骨灰藏入塔窟之中。

五、孟族丧葬习俗

孟族人家中若死了人，全寨子都会倾力相助。村人会依据自己的财力给死者家捐钱出力。按照习惯对正常死亡者不移动尸体，要请浴尸师或懂行的人洗尸体，并叫亲戚们帮忙处理尸体。孟族人认为洗尸是一种行善，所以大家都愿意做。在一些地方甚至还有职业浴尸师。人死后尸体要分别用热水和凉水洗一遍。用热水洗尸象征着忍受31界的11种火焚，凉水洗尸象征着接受法理的沐浴。洗尸完毕后要在死者口中塞一枚硬币作为死者通往阴界的超度费。尸体要反穿衣服、纱笼，纱笼中间要缝死。死者的手脚要用其子女的头发绑好。槟榔刀、戒指要挂在死者身上，戒指一般挂在肚脐处。浴尸用的水罐要敲碎，并扔到树下。同时丧主家要准备好灵床。灵床多用1.8米长的竹子绑成4层，上面用3根绳子扎好竹片（男6片，女7片）作为床板，之后再在竹片上铺上席子。灵床扎4层分别象征着大千世界的四大构成元素：土、水、火、风。灵床边还要各立3根柱子象征着佛教的色、声、香、味、触、法“六入”。灵床做好后要将尸体置于灵床上，床脚头要煮一锅饭象征着死者进入不生不灭状态前要受三界烦恼的煎熬。

孟族人习惯在停尸3天或5天后下葬。下葬时要由死者的长子（为其父）或幼子（为其母）身着白色丧服提“灵魂篮”。灵魂篮内装有2把香蕉、一个剥皮椰子、一套死者衣服、一面镜子、一把小刀。送葬队伍由头顶布施物品、供品、槟榔、卷烟的妇女们领路。棺材到墓地后亲友要绕棺材转6圈，再敲7下棺材尾部。之后扯出棺内白布，由随行僧侣抓住四角，取出椰子汁浇于棺材首，最后由和尚超度亡灵。

孟族人对正常死亡者行土葬或火葬。土葬时还要用棺材头碰3下墓穴，超度后再填土掩埋。葬礼上用过的竹子、木头、棍子等要折断，否则死者灵魂会跟着回家。亲友们从坟地返回时要用锄头、铁锹挖坏送葬道路，还要边挖边说“你已经与我们没有关系了，不要再来打扰我们了”。死者头七时要备7份斋饭请7位和尚用斋。还要准备饭菜、糕点感谢寨子里的乡亲帮忙。

和尚、尼姑、和尚父亲的葬礼也很热闹。当上述3种人亡故时寨子里的人都会捐钱捐物、妥善保存尸体，等雨季过后再为其举行火葬。火葬前常会请戏班唱戏、表演木偶、玩魔术和举行摔跤活动。人们会围着灵塔跳舞、唱喑歌。若一个寨子同时有两人死亡，则后死者先葬。家中若有祖父亡故或和尚圆寂，其下葬时要让尚未剃度的男童穿上袈裟、坐在灵车上送葬。据称，此举为最高尚的善举。

孟族人对非正常死亡者比较苛刻。非正常死亡分为意外死亡和病故两种。传统上孟族对患传染病死亡者要用竹箪捆绑后立刻土葬。对下葬前回过气来的病人不准回村，要在寨子外建房安置。不然的话就会给村民带来灾祸，会殃及亲戚七代。孟族对病故者不行葬礼、不做布施、不施斋。产妇难产致死时，其尸体要连夜土葬，死婴要和其母一起安葬。若孕妇死时怀有胎儿，则要将胎儿拿下一块下葬。如果产妇留下了活婴，则婴儿的父亲在葬妻时要扛着刀走在送葬队伍的前头，尸体下葬后要在回来的路上放上蒺藜，隔断道路，不让鬼魂回来害人。若产妇行火葬，其夫要对妻子的尸体说“带走你的衣服首饰，别再回来吓唬我们了”。安葬完毕后，其夫要在房门上钉根短铁棍以驱鬼。有些地方则在难产而死的产妇棺材里放入香蕉，目的在于不让死者的鬼魂危害自己的孩子。

六、克钦族丧葬习俗

克钦族相信来世，认为人的死亡是因为原来附在人躯体上的灵魂离开了躯体的缘故。由于灵魂离开了躯体后没有了依靠，所以死者的后代、亲友有责任把死者的灵魂送往祖宗灵魂集聚的地方。

克钦族人家在家人刚刚断气时，要立即在家门前鸣枪三响或敲锣报丧。对住在远方听不到枪声锣声的亲友要派专人去报丧。乡邻、亲友们听到枪声后，要牵着牛羊、背着东西，前来丧主家帮助料理丧事。丧主家要把死者的一部分遗物分送给亲友以示纪念。信仰神灵的人家还要把家里供奉的先祖家神临时请到室外，由巫师向死者的先祖禀报，请先祖收留其灵魂。克钦族的丧礼根据死者年龄和性别的不同做法也有所差异。若死者是女性，就不用向其祖先禀报，而改向其丈夫的祖先禀报。如果死者是年纪大的就可以用锣鼓报丧，是年轻的则不能用锣鼓报丧。之后要洗尸穿衣，在死者口里或手臂下放超度费。再把尸体抬到一个放在屋角火塘边的竹制灵床上等待出殡。接着，死者的家人、亲友要到林中择木作棺。棺木选定后，先要杀一只公鸡，祈告树神，然后砍伐树木。棺木一般由大树挖空而成，漆成红色。棺材做好后村里人要帮忙入殓。克钦族死者的陪葬物因性别年龄的不同而小有差异：死者若是男性则用刀、矛、箭、枪、挎包陪葬；女性则用项链、耳饰、手镯以及针、线、梳子等陪葬；小孩要用玩具陪葬。

克钦族根据季节和主人的财力选择下葬的时间和葬礼的规模。一般是在人死后的第4天、第6天或第8天下葬。如果是在雨季插秧时去世，其葬礼就要推迟到雨季结束。主人家若没有足够的钱办丧事，也会推迟。下葬当晚直至葬礼结束，还必须跳丧舞。克钦族丧舞白天跳的称为“格崩”，晚上跳的称为“恩多格羌”。丧舞由两个男子领跳，他们一个扮死者，一个扮未亡人，肩荷长矛，自屋内起步，出屋后绕屋一周，再到屋前绕着用竹子树枝搭成的灵棚跳一圈。而后，其他人跟着起舞。他们用舞姿展现谋生和丧葬活动，以跳舞活动来向死者告别，同时也表明死者对生者的爱。跳舞时间越长，主人就越高兴，深夜主人还会以好酒来招待参加跳舞的客人。

克钦族对非自然死亡者，如被老虎或毒蛇咬死、从树上掉下来摔死、溺水而死、中弹而亡、被人杀死、难产致死者，不能用土葬，而是要送到离寨子较远的地方火葬。出殡时也不能从门口出，要破墙而出。一路上要有两个人不停地挥舞着刀跟在送葬队伍的后面。返回时送葬的人也要不停地说“不要再回这条路了”以驱赶死者的灵魂，不让它跟着活人回家。

七、钦族丧葬习俗

钦族按分布区域、支系的不同丧葬习俗略有差异。一般来说，人死后必须马上鸣枪报丧；要给死人洗澡更衣；死者下葬时要鸣枪；要把死者生前喜爱之物放入棺木内陪葬；要款待客人；要跳丧舞，唱丧歌；要立碑纪念死者等。

铁定地区钦族以前在人死后要停尸一段时间。停尸的时间根据丧主家的经济条件而定，可停放15天至2年不等。为了不让尸体腐烂，丧主家常将尸体放置在竹榻上用火去湿，或者敛入木棺中密封。下葬当日早晨，要把尸体抬到屋外。下葬前要用米酒招待客人，还要举行一个赞颂死者的仪式，编歌吟唱死者生前所做的事迹，人们要随歌起舞。伴着“下葬了，下葬了”的喊声，丧主家开始屠宰大额牛、水牛、黄牛、马等牲畜，并把牲畜的内脏放在死者的两只手中。一般死者左手的内脏是供母亲一方的过世亲友的灵魂享用的，右手的内脏是供父亲一方过世亲友的灵魂享用的。

出殡时，亲朋好友要把死者送到墓地。墓地一般选在村边。下葬前后，钦族人要各杀一头牲畜并将其内脏埋掉，还要村口为死者立碑纪念。纪念石碑上要刻上死者生前打死的猎物和敌人的头像。钦族人特别敬重杀死过老虎、野猪的猎手以及种稻能手。作为对死者的褒扬，钦族人会在死者下葬前举着许多不同颜色的旗子送葬。旗子表示死者生前的功绩：白旗表示死者杀死过大象，红旗表示死者杀死过老虎，黑旗表示死者杀死过野猪，竹编旗表示死者种稻收成有100箩。下葬之后，这些旗子就插在死者墓地或纪念碑柱附近。

有些地方的钦族人在下葬之后，要在墓地树上一个柱子以示死者灵魂有了新家。还要请巫师用神箭、扫帚为家人扫一扫，不让死者的灵魂附体。也有些地方的钦族不能在死者安葬的第2天下地干活。否则，死者会认为其家人不伤心，会破坏地里的谷物以示报复。

哈卡地区钦族会给死者建大小似神龛的灵屋。灵屋内放有死者喜欢的食物、用具。钦邦南部地区的钦族人给在死者洗澡、换衣、盖新被时要杀一头猪，并把猪血放在死者嘴里，把猪内脏放在死者胸前，让死者用双手捧住。这样做是为了使死者在前往天堂时不受阻拦。他们认为天堂门口有狮子看守，死者把猪内脏扔给它吃，就能趁它不注意时进入天堂。依照习惯，钦族人在人死后的第一天要杀猪、杀鸡款待亲友，第三天死者要下葬。下葬当日清晨亲友们要吹吹打打，前往村外墓地射一支箭后回到丧主家。射箭的目的在于为死者的灵魂开路。上午9点要把尸体送到墓地。送葬时不用乐器。火葬者的习俗是送葬者要每家带一捆柴。到墓地后众人要把柴放好，留下年长者，由他把柴点燃，将死者火化。之后，点柴人要洗澡后才能回家，回家的路上不能回头。

八、克耶族丧葬习俗

克耶族普遍实行棺木土葬。他们在人死之后会为死者整容，将尸体入棺，并把死者生前用过的物品放入棺中，以供死者在阴间继续享用。他们会在棺材里专门为死者放一根针。克耶族认为死者的灵魂在前往天国“迪摩索”时，会在入口处碰到一条挡道的大毛虫。只有用针才能挑开毛虫，灵魂才能进入天国。

嘎巴支系认为死人会勾走儿童的灵魂，所以在举行葬礼时会用炭块在儿童额头上划十字。若是为母亲举行丧葬，儿子就必须拿一块石头丢在村外，让母亲的灵魂把石头当成儿子叫去。克洋人家里死人时，要在死者口中放上硬币作为超度费。要在死者棺木内放一个米枕头，并把死者的两个脚拇指捆在一起。每家亲戚要在死者的脚上套上一串珠子。若夫妻中有人去世，生者要将少量的烟草放在棺内或墓穴内，表示断绝关系。只有这样死者才不会回来纠缠。出殡前，要用柴火绕棺木一周，一路上要不停地念道：“从今天起，你我已断绝关系，不要再回头看了。”玛努玛诺支系用腰刀、枪枝、牛头牛蹄作为殉葬品，用竹子在坟头建一小谷仓。因德莱支系相信死者会勾儿童的灵魂，因此在母亲去世时必须在棺内放置与儿女身高相同的长线，表示儿女已经随母亲去了。

克耶族举办葬礼时亲友们都要前来帮忙，寨子和附近寨子的青年人也都来参加。葬礼上要跳丧舞。丧舞午夜时开始跳，青年人先要在丧主屋下敲锣打鼓，围着尸体结伴而舞，轮流跳至天明。死者下葬时克耶族人还常常唱着葬歌。葬歌内容包括死者一生的情况、赞颂死者的功德以及祝愿死者来生幸福等。葬歌往往由一人清唱。

第九章　文化节会

文化节会反映了一个民族的文化特征，与该民族的生产环境、生活方式、宗教信仰紧密相连。作为社会文化习俗，文化节会能巩固和发展一个民族的群体意识，固化人们的民族认同。

第一节　新年节会

一、泼水节

泼水节是缅甸主要民族的传统节会，一般在缅历一月份（公历4月中旬）举行。泼水节缅文叫Thinkyan。这个词来自梵文，意为物转星移。泼水节有4天，即帝释天下凡前日、下凡日、停驻日、回天日。之后便是新年第一天。

泼水节的来由传说不一。一种传说指泼水节来源于印度，由印裔释迦王族的泼水习俗演变而成。相传释迦人有泼水的习俗，迦毗罗卫国的释迦王族生性好玩，他们在大湖边修建行宫玩水嬉戏。后来王族们为湖所吸引，长住行宫，不愿再回迦毗罗卫国，由此衍生一国。释迦族人从印度迁入缅甸，建立太公王国后，不忘旧俗，仍旧喜爱泼水。蒲甘那罗波帝悉都时期（1173—1210年），国王与王后、众妃下到伊洛瓦底江，行嬉水之乐。后世国王继承此举，沿久成俗。

另一传说讲人间有一星相大师名迦瓦拉迈，很有学问。一次帝释天和梵天卜卦，因卦象争执不休，不分伯仲。无奈之下，他们只好下凡请迦瓦拉迈仲裁，并约定胜者取下输者之头。星相大师迦瓦拉迈判帝释天胜。帝释天不愿砍梵天的头，梵天为了守约而自砍头颅。由于梵天的头火气太旺，放入大海海水被烧干，置于大地大地一片火海。因此，帝释天只好叫来包卡、拉什卡等7位仙女轮流抱头。梵天的头从一位仙女转到另一仙女手中时，正值人间一年。后来帝释天拿来一只象头，用水一泼，梵天便复活了。此后，每到换岁之际人们都要泼水以示消灾纳福，涤除旧年的晦气，迎接新年。按照缅甸人的风俗，人们认为新年之水吉祥，会给人们带来一年的好运，所以泼得越多越高兴。

泼水节前日，急不可耐的民众有的就已开始了泼水。他们一般都在泼水节前在自家门前准备好足够的水，以便泼向路人。缅王时期泼水比较文雅，人们在银钵中放入清水和香料，用番樱桃树枝蘸水轻轻地洒到对方的肩上、头上以表祝福。如今在仰光等大城市，泼水风俗发生了质的变化，演变成为打水战了。人们用桶、水枪、盛有水的塑料袋互相打射取乐。泼水节期间除了不向值更的人员泼水外，无论男女老幼均相互泼水祝福。

图9-1　缅甸泼水节

传统上，泼水节也是人们行善的日子。泼水节期间人们还以街区、村寨为单位搭起一座座牌楼，用糕点、汤圆、鱼汤米线招待四方来客，向僧侣施斋，进行布施活动。各家各户也在自家房前门上挂上消灾的番樱桃树枝，还要做诸如去佛庙拜佛、浴佛、守戒、打扫庙宇、给老人洗头之类的善事。

泼水节过后便是新年第一天。需要说明的是缅历的新年第一天不是缅历正月初一。新年第一天十分重要。这天要避免做无功德的事，否则一年都会不顺。如果这天行善，那么整年都会财顺福到。习惯上这天要洗头以洗掉旧年的污秽；要捐洗头用水；要施舍饮料；要放生；要避免用钱；要打扫房屋；要听经师讲法；要去庙里守戒。

与缅族一样，掸族泼水节也在缅历一月（公历4月份）举行。掸族的泼水节是掸族一年中最重要的节会。泼水节节期有3～4天。在泼水节的第一天，掸族的善男信女们清晨要沐浴更衣，要到寺庙中拜佛。他们在寺院中搭起彩棚，将佛像请到彩棚中浴佛。姑娘小伙子们成群结队地挑来清水为佛像洗尘。掸族人在新年泼水节期间还要布施，要拜神以求来年五谷丰登、身体健康。掸族历来有敬老的传统。泼水节期间，晚辈们会采来皂角、大叶解宝捣成汁做成洗发水献给长辈。掸族人一般在泼水节第二天开始泼水活动。如果是给长辈泼水，要先行合手礼，再恭恭敬敬地往长辈的手上泼水。小伙子给姑娘泼水要先征得姑娘父母的同意。掸族人认为新年泼清水可以洗净一年的污秽，有祝福对方之意。泼水节期间掸族村寨到处都会唱起祝福的歌曲，响起阵阵象脚鼓声。不少村寨还会举寨拜敬佛祖或者举行集体布施活动、集体剃度仪式等，把节日气氛推向高潮。

若开族在缅历一月也过新年泼水节。离泼水节还有3～4天时，寨子里的长者、头人就会召集村民们开会商讨过节事宜，筹资在寨子里搭建牌楼、彩棚。牌楼、彩棚必须在泼水节前日搭建完毕。当日傍晚，全村男女老幼要聚集于彩棚中研磨檀香木，子夜时分要将磨好的檀香木水收集起来装入桶中。之后，全村人要敲锣打鼓迎接泼水节的到来。泼水节首日全体村民一大早就要挑着头天晚上磨好的香水前往村头的寺庙和佛塔浴佛，打扫庙堂卫生，行善积德。实兑以外地区的一些村寨会在晚上由男子浴佛。浴佛之后便可以泼水欢度节日了。若开人一般在泼水节的第二天到新年第一天的3天期间尽情地泼水。若开族的泼水节彩棚中，大多放置有一条木船。木船内盛满了清水。根据彩棚的大小，木船后站有15～25名盛装打扮的少女，迎候小伙子们泼水队伍的到来。若开族人泼水时非常守秩序。小伙子们列队后敲锣打鼓进入彩棚，各自走到看中的姑娘前，此时姑娘应先浇走到自己跟前的小伙子一盆水，然后背对着小伙子坐下，小伙子再温文尔雅地请姑娘给自己一盆水，然后用水泼姑娘，姑娘再还手对泼。小伙子泼水时只能与对面的姑娘泼水。泼水时若一方用手抹脸或洗脸就表示认输，双方不再泼水。当一队小伙子进棚泼水时，其他人必须在外面等候，等棚内队伍离开后方能进棚泼水。彩棚的入口处常有一名年长妇女守侯，负责监督。若开人一般在中午至黄昏这段时间内泼水。兄弟姐妹、父母子女之间不能相互泼水；男人之间、妇女之间也忌讳相互泼水。泼水节第三天，若开族老人常会去庙里持戒布施；也有一些人会为相关星相的子女做过年汤圆；去佛塔的相关塔角用香水洗头、泼水祝福。按照缅历，泼水节第三日后便是新年第一天。这天若开人要拜访寨子里的老人，为他们洗头送礼物。

泼水节也是孟族最重要的节日，是孟族新年的开始。与缅族一样，孟族十分看重泼水节，但在泼水节习俗方面孟族有不同于其他民族的习俗。泼水节降临的日期是根据推算太阴的位置而得出的。孟族新年泼水节一般分为6天：泼水节前日、泼水节首天（帝释天下凡日）、泼水节次日（帝释天停驻日）、泼水节第三天（帝释天上天日）、新年第一天、新年第二天。

孟族人常在泼水节前日准备好水盆迎接天神，水盆里要放有香水、蒲桃树叶，要用椰树叶柄、伞盖、三角旌旗装饰。帝释天下凡之时寺庙中木鱼声大作，告知人们天神降临。孟族人听到木鱼声后要将水盆里的水浇到大树根上，象征着为帝释天洗尘。泼水节前日，寨子里的青年们还会集中叩拜村中老者，以行敬老之礼。泼水节期间青年们会为寺庙捐物行善、施斋积德；会为守戒者准备黄香楝、皂角水、香水；会集合起来做诸如修路修桥、掏井取沙、疏通河道等公益活动；会为寨中长者洗头沐浴。泼水节第一天孟族人常会去寺庙佛塔敬献鲜花、清水、油灯，为佛像净身。泼水节期间孟族人要搭彩棚为路人泼水祝福。在古代，孟族人新年泼水前要先去寺庙祭拜，泼水要请长辈们恩准。小伙子如果想给姑娘泼水，在征得其父母的同意后才能将姑娘叫下竹楼，用蒲桃叶沾着香水轻轻地洒在姑娘的肩上、背上。姑娘们对前来泼水的小伙子要用汀江饭招待，也有用椰子饭、凉粉、汤圆等招待四方来客的。孟族人在新年泼水节期间还有堆沙塔的习俗。人们常会在河滩或村中空地上用沙堆佛塔。堆沙塔时全村人都要参加，有的运河沙、有的堆沙塔，分工合作、有条不紊。沙塔堆好后要在新年第一天的下午上塔伞。上塔伞前人们要将塔伞抬着在寨子里巡游，接受村人的布施敬拜。新年第二天孟族人要上寺庙浴佛，请和尚沐浴。孟邦布鲁岛一带的孟族还有在泼水节后举行庙会的习惯。

二、克钦族新年

克钦族在辞旧迎新之际，按其传统要过新年。克钦族的新年在缅历一月一日举行。这一天，全村的人都要拿着米、油、盐和菜等齐聚一堂，一起做菜吃饭，开怀畅饮，倾听老人教诲。之后，要祭神跳舞，祈求来年五谷丰登、家人身体健康。

三、克耶族幡柱节

幡柱节在每年缅历一二月间（公历四五月）举行，是克耶族迎接新年的节会。据说，在很久以前克耶族每年都要竖立很多木柱来祭祀他们死去的首领和祖先，祈求来年风调雨顺、五谷丰登。这一习俗后来演变成了迎接新年的节会。

为了保证幡柱节顺利进行，克耶族人在节前要做许多准备工作，如准备米酒、用鸡骨占卜选定吉时、组织砍伐队去砍伐适合的柚木做幡柱。克耶族的幡柱砍树队基本上是由每家出一个代表组成，人数大约是50～100人。一般说来，要砍伐的树是事先选好了的。这种树必须树干高大挺直、光滑、没有藤葛缠绕，倒地时不会与其他树木碰撞。砍树时要由巫师起刀先砍。砍好的树不能用大象或牛车运送，只能用人力抬到寨中。路上也不能让妇女或牲畜跨越树身。男人们外出砍树时，寨子里的妇女们要准备好米酒、食物守在要放置树木的地方，等着慰劳满载而归的砍树队成员。当把大树抬到寨子里要立幡柱的地方后，要把树梢轻轻地放在一根棍子上，不能让树着地。接着由等候在那里的妇女们用蒲桃枝给树洒水。几天之后，人们要开始削枝去皮，将树刮成光滑的木柱，还要在柱子顶上装饰布幡、纸叠彩旗等。从幡柱抬回之日起到立柱之日止的整整3天时间里，人们要在主办者家和巫师家之间不停地吹打乐器，并沿着顺时针的方向走动。

立柱前夕，主办者要在家中招待客人。客人也要给主办者送米酒、猪肉等礼物。立柱一般在早上6点开始。其间，姑娘们要给幡柱洒水，男子要围着幡柱跳舞。当天早晨，每家要有一个男子拿着红毯、蒲桃枝、小旗、米酒、香蕉等到立幡柱的地方敬神，敬神之后才能立柱。巫师要洒水祈福。之后，人们方可围着幡柱跳舞、泼水，狂欢庆祝。

四、钦族新年

钦族有过新年的习俗。在辞旧迎新之际，钦族要迎新年、庆新年、祭祀神灵、祈福求喜。钦族各地对新年的称呼和庆祝方式略有不同。铁定地区的新年称为“夸都”，每年缅历七月在农作物收割之后举行。“夸都”有两类：普通夸都，又称为“都努”，节会时间是3天；特殊夸都，又称为“都比”，节会时间为4天。钦族过新年的目的是驱赶一年中隐藏的凶神，迎接谷物丰收。过新年时，妇女们要准备米饭、米酒、牛肉、鸡肉；男人们要搭建彩棚，演奏乐器；全村人要集中在一起唱歌跳舞。迎接新年时，钦族人还要举行取蜂窝仪式：先由男青年敲锣打鼓去村外找蜂窝，找到后又敲锣打鼓地将其取回寨子里。姑娘们要在村口的亭子里欢迎取回蜂窝的人们，给他们喝米酒，然后把蜂窝挂在要举行仪式的人家的柱子上。之后由巫师祈祷，用蜂窝占卜，看新年中农作物是否会丰收、人们是否会无病无灾。除夕之夜，人们要跳一整夜的舞，巫师还要祭祀善神、驱赶凶神，祈祷村民在新的一年里身体健康、风调雨顺、五谷丰登。

五、克伦族新年

克伦新年在克伦历一月一日举行。由于计算方法的不同，克伦新年有两个：(1)以缅历十月一日为克伦历一月一日，政府规定是日为克伦新年；(2)缅历十一月一日为克伦新年，一部分学者持此观点。目前，在缅历十月一日过克伦新年者较多。

克伦旧年年末(除夕日)下午，克伦人要开展敬老活动，为老人洗头，要关寨门，打扫卫生。克伦新年持续3天。新年的头三天所有人员不能出寨门。新年第一天上午全寨人要由头人带领祭稻神“皮庇跃”，要吃新米。祭神仪式在寨子的神龛前举行，祭神时妇女不得参加。祭祀时先要杀鸡，把鸡血淋在神龛周围，头人行合十跪礼，拜神祈祷。祈祷完毕，头人与村民各自取出带来的新鲜瓜果、捕获的动物肉等吃下。有些地方新年第一天上午还要请老人吃饭。若想建房，在新年的头三天中要打桩、开垦土地。新年期间还要跳舞唱戏娱乐。东部信仰佛教的波克伦人一般在缅历一月举行新年仪式。

第二节　宗教性节会

一、浴佛节(浴榕节)

浴佛节(浴榕节)在缅历二月月盈日举行。缅历二月月盈日是释迦牟尼前世接受燃灯佛预言启示，悉达多出生、受四谛成佛、涅槃和菩提树出土的日子。每当缅历二月月盈日到来之时，人们都要去佛塔礼拜，给菩提树浇水、浴佛。菩提树对于佛教徒来讲是十分神圣的，它是佛的象征。当年，释迦牟尼在尼连禅河边苦行林中的一棵菩提树下潜心冥想、静思人生之道，最后得道、觉悟成佛。因此，每一座佛塔附近都种有菩提树。人们对菩提树倍加爱护，从不砍伐。缅甸的菩提树是由僧侣们从锡兰带入的。史书中有那罗波蒂悉都时期僧侣波劳信赴锡兰求菩提树种献于缅王的记载。缅族的浴榕习俗始自蒲甘朝。邦牙朝时(14世纪初)浴榕开始成为一个正式的节会。缅族人浴榕的目的有二：(1)使树长青；(2)求雨祈丰年。

浴榕节当日，人们一大早就集于榕树下，习惯上人们在早上6点要按顺时针方向绕树一圈。6点半司仪宣布浴榕活动开始。先恭请众神下凡，然后僧侣要施戒、颂偈陀和讲法，再献浴榕水，长者宣布浴榕。这时，由32位打扮成梵天、帝释天、龙、妙翅鸟样子的演员分4组在榕树周围站好，再由8位身着民族服装的长者走到树下，念颂偈、给榕树浇水，之后由64位少女念祈祷八字偈，分福与众，送梵天回府。众人在大念三声“善哉”后敲铜磬一下，宣布仪式结束。之后每个人可以根据自己的意愿浇水浴榕。由此节会派生的还有献凉水罐的习俗。缅族人认为施水有十种好处：(1)长寿；(2)美丽；(3)富有；(4)聪颖；(5)力壮如牛；(6)有名气；(7)侍从多；(8)洁净；(9)快步如飞；(10)不缺水。

缅历二月月盈日，孟族佛教徒也要举行浴佛节，纪念释迦牟尼成佛。浴佛节当天，孟族妇女要头顶榕木盆，在男人们的舞乐伴奏下上庙浴榕。浴榕的目的在于使菩提树更加枝粗叶茂，佛法更加深入人心。浴佛节时，虔诚的孟族人还会不失时机地搭起彩棚，用各种糕点食品招待民众，施舍行善。有些地方还会举行28佛敬拜会，用新盆向菩提树施斋，或是在大路口请和尚讲法等。

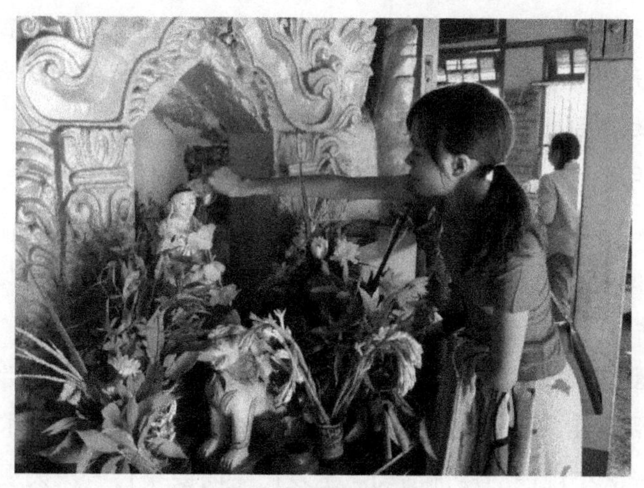

图9-2 缅甸浴佛节

二、考经节

缅甸是一个以佛教为主的国家，历代帝王都把自己视为弘扬佛法的传人。因而，推广佛教、培养人才是帝王们义不容辞的责任，于是就有了考经。考经的目的在于选拔贤人和弘扬佛法。考经节起始于阿瓦朝时期(14世纪中叶)，考经内容各朝略有不同，一般包括文法、经、论等。古代历朝对考经都相当重视，到贡榜王朝末期，考经方式已经发展成背经、口试和笔试3种，时间从缅历三月初到三月底，历时1个月。每次考试前帝王都要接见考经生，赐给其礼物。对成绩优秀者，除重奖外还有许多优惠，且委以重任。缅甸独立后，1950年联邦议会通过了《巴利语大学和佛经讲授师条例》，对巴利文教育作出了改革。1954年起，考经时间移到了缅历十二月（公历3月）以利于考经者复习。考试地点也由仰光、曼德勒两市扩展到了15个城市，考点达17个。考试结束后一般都要举行庆祝活动，优胜者被授予各种称号。与缅王时期不同的是，现代已不在优胜者中选拔官员了。

三、结夏节

相传释迦牟尼在世时，僧侣们一年12个月无限制地到处云游，踩坏青苗，引起了世人的不满。为此，佛祖降旨，不许僧侣在雨季里云游四海，每天要在常住的庙中过夜。这一传统延续至今。每到缅历四月十五和五月十五，和尚们先要在自己挂单的庙中打扫卫生，把大缸小罐装满水。当日下午或晚上众僧诵经完毕后，由主持宣布坐夏事项，再按僧腊大小念一至两遍“弟子在坐夏3个月内，只在本庙坐夏”，其他僧众高呼“善哉”后仪式结束。也有施主参加结夏会的。他们等和尚们宣谕完毕后，给和尚敬献姜茶和其他允许吃的食品。此后3个月，僧侣们不能到处走动，只能在所挂单的庙中修行坐夏。

缅历四月月盈日和月盈次日，民众要去佛塔献胡桐花和其他鲜花，也有向僧侣献花献烛的。在缅历四月初一至四月十五和尚坐夏前，也可以向僧侣布施袈裟。特别是在缅历四月十三、十四日，众人可以依据自己的财力斋僧5位、10位、15位不等。过午后，则只能给僧侣献茶、布施坐夏袈裟了。

掸族的结夏节叫“坐夏节”，每年缅历四月十五日开始坐夏，节期3个月。届时各村寨都要到寺庙中举行盛大的布施活动，在佛像前念经、洒水分福。人们每隔7天要举行一次小规模的拜佛活动。坐夏逾半时要举行一次大规模的诵经拜佛活动。由僧侣集中三天三夜时间诵读经文，全寨人都要到庙里听经，每家还要抄一部经书献给寺庙。坐夏节期间要停止恋爱结婚，所有时间和精力都要用到佛事活动上。

四、献注梭袈裟会

缅历四月十五，孟族人会将全寨子中的长者集中起来，施舍斋饭。青年们会募钱做斋饭招待守戒者，并敬拜和尚。缅历四月十六孟族人要持花前往寺庙向和尚们敬献袈裟。

五、抽签布施节

抽签布施节在缅历五月份进行。此节源于印度。据传，释迦牟尼在王舍城竹林精舍守戒，正遇干旱，人们无法给每位僧人都施斋，只能有选择地布施。释迦牟尼得知后，同意了这种布施方式，由此产生了抽签布施之俗。抽签布施在蒲甘时代就有了。布施时，先将本村或邻近村子和尚的法名写在签子上，然后放入竹筒中，由施主抽签决定给谁布施。施主把所抽中的僧侣请到家中施斋，或将斋品送入庙中，也有给和尚捐法衣、僧侣用具和功德树的。

六、献金盆会

缅历五月孟族人常常要买来一个新盆，用饰物装点好，将要捐献的物品放在盆子里用盖子盖好，之后再在盆子上面放一棵功德树，送到庙里捐献给和尚，然后洒水分福。孟族人捐献金盆的目的在于为来世积功德。捐金盆时也可以随盆捐献谷物。

七、刀彬神会

刀彬神会是在蒲甘朝起始的一个祭神节会。刀彬神是兄弟俩，本为阿奴律陀的侍卫，老大叫瑞彬瑙，老二叫瑞彬尼。在阿奴律陀从大理国运回佛牙的途中，因阿奴律陀对其产生怀疑，而双双被杀成神。因其神龛设于刀彬村，祭祀也在刀彬村进行，故名。祭刀彬神一般在缅历五月十五。因为兄弟俩有印度血统，忌食鸡、猪肉。所以，祭神时不能以鸡、猪肉、酒等作祭品。

八、施千节

施千节在缅历六月举行。每年缅历六月十五，孟族人会在寺庙中造一个大独木舟，将所要布施的物品放入独木舟内捐给寺庙。一般来讲，捐献的物品必须以千为单位，故名施千节。参加施千节的人们凑够1000件物品后还会在独木舟中放入斋饭、油灯、鲜花、糕点，个别地方还有放蜂蜜的。施千的目的在于使自己在轮回中获得“四谛”、“八正道”，能顺利地进入天国。现在孟族人也有将盛器制成船形进行施千的。

九、解夏节

每年缅历七月十五为期90天的坐夏安居结束后，掸族人都要去佛寺拜佛祷告。装扮成因陀罗神的青年男女要按顺时针方向绕佛塔或佛寺3周，载歌载舞庆祝坐夏顺利结束。掸族村寨此时大多要集体向佛寺献礼。解夏节后一切均恢复正常，青年人也可自由地恋爱结婚了。解夏节时，许多地方都要拜敬老师、长者。

十、点灯节

点灯节也叫解夏点灯节，是传统的佛教节会，在缅历七月十五举行。这一天，坐夏安居的和尚们经过3个月的安居后，解除了限制，可以云游各地了。相传，释迦牟尼在缅历四月月盈日上天讲道，历时3个月，于缅历七月十五沿着帝释天走出的红宝石走廊，在众神的簇拥下，回到了人间。世间信众得知这一消息后张灯结彩，燃点各种灯烛跪拜相迎。每到这一天，信佛的缅族人都要庆贺一番。他们在空地上搭起10～15米高的台子，在台子周围放置多盏油灯。在台子上用纸做成尖顶阁，象征佛陀返回人间。同时还进行佛陀返回人世间的表演。点灯节一般延续3天。白天，逛会的人们会去庙里布施，给路人施烟、槟榔、水。点灯节的第三天要抬佛像巡游。仰光等城市还搭建牌楼，放孔明灯，各家各户燃灯祭拜，去大金塔捐油点灯等，十分热闹。

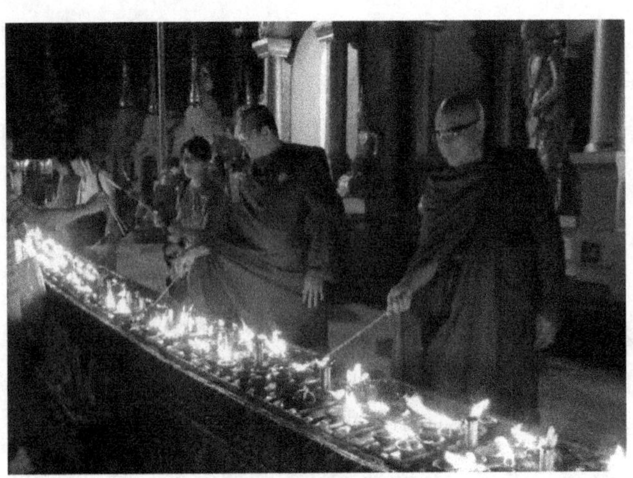

图9-3　缅甸点灯节

十一、僧侣点评会

本节会为僧侣的节会。每年缅历七月十五僧侣们都要到自己坐夏安居处的戒坛中举行点评活动。一般要等僧侣到齐后，打扫戒坛，担满水缸。然后由两位僧侣进行问答，再由德高望重者邀请高僧点评。之后众僧齐呼3声“善哉”，再由长老训话。点评会是僧侣们互相指出不合佛教典律之处、相互批评、改正错误的活动。据传，释迦牟尼在世时，僧侣们在安居期间互不讲话交往，认为可以减少摩擦，达到心境和谐的状态。释迦牟尼知道后，训诫手下弟子，说安居期内互不讲话与牛羊无异，与同敌人相处无异，不可能心境和谐。要求他们以后在解夏时要互相谅解，改正缺点。由此，僧侣点评之俗一直延续至今。

孟族人也举行僧侣点评会，庆祝坐夏结束。缅历七月十五在放过孔明灯、举行完点灯节后，寺庙中的和尚们会前往本地区最有名的长老所主持的寺庙中进行僧侣点评活动。此时善男信女们也会带着布施物品载歌载舞地热情相随。若和尚们坐船前往，寨子里的小伙子就会为和尚们拉纤划浆。到达地区长老所在的寺庙后，和尚们会入戒堂相互点评坐夏期间的过失。善男信女们则在戒堂外等候。和尚们点评完走出戒堂后，人们会泼香水给和尚洗脚，在路上铺衣物让和尚踩过，同时还会给和尚们捐赠物品，也有捐新米斋饭的。病人这时会让和尚从自己身上踏过以求得早日痊愈。妇女们会献上水钵、水瓢，让和尚往自己头上浇水以消灾祛痛。地区长老此时也会将捐献的物品分发给众僧。

十二、敬老节

敬老节也是从佛教衍生而来的节会，在缅历七月十五举行。相传释迦牟尼的弟子在解夏之后，纷纷从坐夏安居处来到释迦牟尼的身边朝拜。缅王以此为据，于缅历七月十六在宫中接受王室成员的朝拜，七月十七又打扮成帝释天的模样出游接受民众合十礼拜和祝愿以示权威。回宫后，群臣和幕属再朝拜。朝拜时，每人必须带有礼物，后此俗转化成敬老节。每到缅历七月十五，缅族人都要敬拜父母、庙中和尚、村社中的老者、有学问的人和自己的恩师。敬老时，晚辈要给长者孝敬礼物，送上糕点、毛巾、衣物等。敬拜的方式分集体敬拜和单独敬拜两种。一般拜僧侣、社区老者、师长以集体敬拜的形式居多。对自家父母，亲友中的长者以单独敬拜的居多。送的礼品以日常生活用品为主，也有敬拜时只行合十跪拜礼而什么都不送的。跪拜时，要诚心听长者教诲。敬老节展示了缅族人的传统美德和长幼有序的道德观念，是缅族人最重视和影响最大的节会之一。

十三、塔型糍粑布施会

坐夏结束后，在缅历七月十五若开族人常要举行点灯节、庙会、施斋会等节会。在实兑地区最有名的就是缅历七月十五的塔型糍粑布施会了。布施前人们先将粳米或糯米煮熟捣碎，做成佛塔形状放在托盘中间，再在其旁边放一些小塔围成一圈，然后吹打着乐器载歌载舞地前往佛塔布施。塔型糍粑布施会是一种集体活动，布施时全寨的人都要参加。

十四、功德衣会

功德衣会是缅族人的传统节会。举行的时间在缅历七月月圆日至八月月圆日间的任何一天。功德衣会主要是向和尚布施袈裟，以成善举。捐功德衣时至少要捐5件袈裟。相传，佛陀在竹林精舍修行时，看到拔[illegible]维姬兄弟二人缺少袈裟，便允许信徒在解夏之后向僧侣施衣。一般认为，此时捐衣可获双倍好处，如：(1)行走无危险；(2)财产避火灾；(3)饭食无虞；(4)不忘物品；(5)易于找物发财。但有三类和尚不能接受功德衣：(1)没坐夏者；(2)坐夏中断者；(3)不在同一寺庙解夏者。功德衣可捐给和尚，也可捐于神明。缅甸的功德衣会在骠国时期（1—10世纪）就有了。捐功德衣、布施袈裟可以在寺庙内或者寺庙外进行。一般在布施日的下午4点钟要进行布施巡游。巡游队伍最前面是两头纸牛，每头牛由着掸式黑裤者领引，要边走边做滑稽动作。接着是抱献袈裟的男女、持功德树者和乐队。按照习惯，巡游队伍一直要游到天黑。次日，施主家要以饭食招待宾客。僧侣们在得到功德衣后，要挑选出最穷的和尚，并将捐来的功德衣送给他。

若开族人在缅历八月十五也有献功德衣的习俗。若开族妇女在缅历八月十五之前常常要亲自上织机织布，为僧侣做袈裟。妇女们在坐夏结束后就开始着手捻线织布了。袈裟快要做好时她们要去庙里通报，确定送功德衣的时间。之后寨中少女要在寨子中央的空地上唱歌跳舞，深夜舂米准备斋僧。献功德衣时要拿上布施物品，先上街巡游展示一番后再前往寺庙。布施队伍到达寺庙后并不着急进去，要沿顺时针方向绕庙一周，口念“善哉、善哉”，放上鞭炮后再进到庙里向僧侣们磕头布施，请梵天和四大天王保佑能顺利地献上功德衣。信众接受训诫后，5

位着神服者各念一段神文，再向和尚献功德衣，然后听和尚宣法，洒水分福。献功德衣当日早晨要斋僧、请亲友吃饭。

十五、织不馊袈裟会

织不馊袈裟会是由功德衣会演变而来的。据传，佛陀在世时，其姨母大爱常向佛陀织献袈裟。缅王以此为据，发明了织不馊袈裟会。织不馊袈裟会举行的时间是在缅历八月十四天黑至八月十五天明这一段时间。在这段时间内，参加者要完成纺线、织布到剪裁的工作。习惯上，天亮以前织出的袈裟叫不馊袈裟，天亮以后织出的袈裟叫馊袈裟。过去不馊袈裟只能献给佛陀，现在也可以布施给僧侣了。但馊袈裟不能布施捐献，否则会要遭到报应。织不馊袈裟会实际上是一种织袈裟比赛。比赛由5台织机（因有五佛，故设5台织机）、10位织布手组成。每台织机有织工2人，其中主织手1人，副织手1人。织工多为18～20周岁的少女。每年缅历八月十四下午4点，仰光市民都要在大金塔前举行织不馊袈裟会的开幕式。然后开始表演从棉籽播种、采摘棉花、去除棉籽、纺纱线、染线、晾晒等纺线的全过程。下午5点，组委会将纱线交给各织机。太阳落山时，一声锣响，5台织机便开始忙碌。组委会规定午夜12点前各织机要完成织布工序。评委们要就布的颜色、质量等进行评比。然后再由各织机手裁剪布料，缝制出5件袈裟。天亮前，织机手们要拿着织好的袈裟绕广场展示一周后，分献给现在劫中出世的四佛，剩下的一件献给佛亭中的卧佛，表示要献给未来佛。缅历八月十五早晨8点，评委会宣布比赛结果，颁发奖品，这便是织不馊袈裟会。

十六、弃袈裟布施节

弃袈裟布施节是缅历八月间举行的一个传统节会。它不像其他节会那样热热闹闹、大张旗鼓地进行，而是悄悄地进行。弃袈裟布施节的主要内容就是在背人之处，或者夜晚没人注意之时在寺庙内或寺庙附近，或在僧侣的必经之路上，放上袈裟及其他僧侣用品。此节源于僧侣的头陀行法，即：不穿施主们布施的袈裟，而穿用人们丢弃的衣物所拼揍缝制的百衲袈裟。早在蒲甘时代，缅族人就有了弃袈裟布施之俗。弃袈裟布施之举在缅历八月内任何一天都可以进行。布施多为单个进行，因单个布施者甚众，遂成一节会。弃袈裟布施可分为3类：（1）布施用拾于坟场、草地之布做成的袈裟为最好；（2）布施不针对任何僧侣的袈裟次之;(3)针对某一僧侣而布施的袈裟为最次。施主据此可获不同之回报:(1)聪慧;(2)有威望;(3)力气大;(4)长寿;(5)美丽。

十七、光明节

光明节在每年的缅历八月十五举行。活动时间包括光明节前、后两天，共3日。其主要活动是点灯祭拜佛塔。这个节会来源于印度的星宿节。相传，星宿的守护神阿耆尼火神每年要在缅历八月十五这一天下凡一次。于是，缅族人燃起各式各样的灯来迎接火神阿耆尼下凡。光明节这个节会起源于多神信仰，不是佛教的节日。但传到缅甸后，缅族人对其进行了改造，使其带上了佛教色彩。古代，缅族人用点油灯来祭天国之佛塔。时常在高柱上放置油灯祭祀。缅历八月气候宜人，农民也有了空闲，故光明节较点灯节要热闹。节会当日，到处是灯海一片。佛塔、寺庙周围的各种文艺演出吸引了大批观众，到处人山人海、欢歌笑语。节会里，万家灯火为的是行善，好戏劲歌为的是娱众。是日，缅甸各地的佛塔内还会有布施、拜佛等活动。

十八、祭神节

佛教传入缅甸之初，缅族人信仰多种神灵。人们最先敬拜的神为摩诃吉利神。缅族人认为它是众神之首。摩诃吉利是姐弟神，也是护家神。据《琉璃宫史》记载，太公王国有一铁匠名阿定多，阿定多有一子名貌丁德，力大无比，可抓住象牙将象放倒。太公国王惧之，多次试图除掉他。貌丁德获悉后亡命天涯。太公国王于是设计假借娶其姐为妻，并谎称要重用貌丁德。其姐信以为真，遂招弟入宫。弟落入圈套，被国王绑于玉兰树上烧死。其姐悔恨不已，也跃入火中一同烧死成神。据传，姐弟俩栖身于玉兰树上，凡进入树下者不论是人还是牲畜都必死无疑。为了保命，人们将玉兰树连根挖起，投入伊洛瓦底江中。树木随水漂至蒲甘。被蒲甘王梯利干派人捞起，并在玉兰木上刻姐弟之像，置于波巴神山。每年缅历九月月圆日，国王及大臣、子民们都要前往波巴山用白牛、白羊、白鸡、椰油供奉、祭拜，沿久成俗。邦牙时期，宫廷内还仍祭拜摩诃吉利神。由于信神有悖佛律，后来信佛的诸王均压制祭神。因而大规模敬信活动势微，民众只能在家中祭拜了。因为摩诃吉利神因火而死，加上缅族人有用椰子治烫伤之俗，所以现在缅族人多以挂椰子来代替敬奉摩诃吉利神了。现在，作为节会的祭神节已完全消失了。

十九、篝火节

进入缅历十一月后天气转凉，人们为了给佛像、僧侣和年长者御寒，纷纷布施黄香楝木等木材以积功德。篝火节起始于蒲甘时期。据说，释迦牟尼为了御寒烤火而将手放入火堆中，后来缅甸的僧侣们以此为据在缅历十一月举行篝火节。此节在上缅甸地区较为流行。每到缅历十一月，人们便入山砍黄香楝树。晒干后，在缅历十一月十五月圆日将这些干柴放到佛塔、佛像前堆成塔状或尖顶阁状，燃烧施热。也有将黄香楝木放入火盆，布施到庙里佛像前的。上缅甸的一些地区人们不但在佛塔、佛像前施热，也给僧侣、老人施木炭送温暖，使其能安全地度过凉季。施热活动不仅俗人做，僧人们也做。僧人们常在缅历十一月月圆日凌晨1点到6点，要为佛塔、佛像拜敬黄香楝木火。

孟族人在举行火堆节前，寨子里的年轻人要上山砍柴，然后各持一根竿子前往寨中空地。竿子顶上系挂有要布施的物品以及椰子、香蕉等。人们来到村寨中心的空地后，要将各家的竹竿集中起来摆放。同时在竿子旁边堆上柴火、香木块。黎明时分去寺庙守戒后再点火烧柴。柴堆烧倒竹竿之后，要将竿子上的布施物品拣起捐给庙里。孟族举行火堆节的目的在于施舍热气以行善事。

二十、沙塔节

缅族人笃信佛教。每年缅历十二月河床干涸，大量白沙现出水面。农民们出售农产品后，手中也有了余钱，加上是农闲时节，所以古代帝王便规定在每年缅历十二月举行沙塔节。沙塔节当日，人们手拿篾席，成群结队地来到河滩上堆沙聚塔。堆塔时，一般用篾席子围成底大顶小的5层塔状，再在里面填沙，插上旗幡，布施祈祷。现在，大部分缅族地区都不举行堆沙塔的活动了，只有在曼德勒一带仍有此俗遗风。

克伦人也举行沙塔节。克伦族沙塔节在克伦历二月至四月间举行。各地克伦人举行沙塔节的时间不统一。洞引地区的沙塔节在克伦历四月初六举行。克伦历四月进入雨季，疾病开始流行，妖魔鬼怪也乘机横行。据信只有请佛祖降福才能使民众免受灾害，所以克伦人建起沙塔，用一千碗斋饭、一千杯清水、一千朵鲜花礼敬佛陀。同时，给僧侣施斋、听法、洒水分福、请吉神、念消灾经。沙塔节里，克伦青年男女还常举行对歌、跳舞活动，以加强彼此间的了解。

二十一、达榜节

达榜节源于沙塔节。达榜节在仰光表现为拜大金塔，是大金塔的周年庆祝活动。古代，缅族每年都要在大金塔举行盛大的拜塔仪式和大规模的施舍活动。同时还有大规模的文艺演出和商品交易活动。每年十二月达榜节到来之时，人们纷纷赶到大金塔，白天念佛，晚上看演出、逛庙会等。

孟族的达榜节也直接表现为拜大金塔节。由于大金塔在孟族人心目中具有十分崇高的地位，从古代起孟族就有在缅历十二月十五拜敬大金塔的习俗。每当缅历十二月十五来临之际，孟族人就会在寨子外边搭上彩棚，挂上大金塔的画像进行祭拜。是日晚，寨子还会请来戏班唱戏、跳阿迎舞。各地的孟族人这天也会蜂拥至大金塔进行朝拜。若缅历十二月十五恰好是星期三的话，孟族人则更会热热闹闹地拜塔，向大金塔献斋饭、鲜花、油灯，搭起牌楼免费招待四方来客。

另外，缅甸的每座佛塔、每个庙寺都有其纪念日。作为一种庆典衍生出了众多的庙会。乡间的庙会多在农闲时节，如缅历十月、十一月、十二月举行。庙会往往要持续一周。庙会之日，人们从四面八方坐着牛车，带着家小、铺盖、炊具赶来，在佛塔周围安营扎寨。他们白天转佛，晚上看戏。小贩们知道人们手中有钱，也会闻风而至，在庙会上摆摊设点，兜售货物。人们在拜佛的同时也乐得逛市场买物品，各取所需，十分开心。

二十二、建水罐架布施会

克伦人常在克伦历十三月到次年三月期间举行建水罐架布施会。东部波克伦人在克伦历十三月稻谷入仓后喜欢去各地朝拜名塔。人们拖家带口赶着牛车在天气晴好的这段日子里奔波于各名塔之间，十分辛苦。因此有心人常在村头建水罐架施水行善，方便朝拜者。克伦人建水罐架的方式十分简单。一般是先立4根木柱子，再在离地一米高处搭个台子，里面放上水罐、水杯，然后在水罐架上盖个顶便成。建成水罐架后要每天为水罐施水。若罐中有剩水则要倒掉剩水换上洁净的新水。换新水时要用滤水囊，以免杀死了水中的生物。举行建水罐架布施会时要请僧侣用斋、讲法，要洒水分福。在建水罐架布施会结束后，克伦族青年男女常会举行跳舞、对歌等联谊活动。

二十三、克钦族目瑙节

目瑙节又称目瑙纵歌（克钦语大家跳舞的意思），是克钦族最盛大、最隆重的传统节会。目瑙节每年都要举行一次，每次举行4到8天。遇特殊情况，亦可随时举行。目瑙节一般由寨子中的头人、山官、土司主持。

关于目瑙节的来历，在克钦族中有一个传说：相传，克钦族的祖先共有弟兄7人，其中最小的一个弟弟叫祥包雍，他是第一个景颇。由祥包雍繁衍下来的一支，在称之为星牙的地区充当土司，对该地区进行统治。到了星牙广甲即星牙瓦广甲这一代时，星牙瓦广甲和天神中最年轻的一个叫玛多帕约安的目瑙神的女儿结了婚。在这次结婚仪式上，举行了祭祀目瑙神的目瑙会，以后代代相传流传至今。

克钦族目瑙节有五种类型：（1）肃目瑙，它是五种类型中最盛大、最热闹的。举行此类节会首先要备有大量的物资和财富，要搞大规模的施舍，以行善积德。（2）菊目瑙，是当人们有疾病，或有地区性瘟疫流行时，为请求神灵保佑而举行的。寨子中有老人去世时也要举行此类节会。（3）滚样目瑙，是克钦族兄弟间分家，到另一处开辟新领地的时候，为请目瑙神而举行的一种纪念性节会。（4）巴丹目瑙，是战争胜利凯旋归来时举行的一种庆祝会。（5）暇底坡目瑙，是兄弟间分家后迁出者向原住地迎奉目瑙神之后，到新居住地为驱邪而举行的一种节会。

大型目瑙节有时要准备一年之久。参加的人数多达数千甚至上万。目瑙节期间，克钦族男女老幼皆身着节日盛装，敲锣打鼓，从四面八方汇集到指定的空地上，先由巫师“斋瓦”祭祀各种神灵，然后众人围着空地中央竖起的几根神柱，由几个头上插着孔雀羽毛或兽尾的人领舞，在象脚鼓、锣、竹筒等乐器的伴奏下，男子手握长刀，女子手拿红布或花环，踏着欢乐的锣鼓声，翩翩起舞，引吭高歌。目瑙节上往往备有饭菜酒肉招待来宾。

第三节 农事节会

一、开荒节

开荒节在克伦历一月至二月间举行。该节不是一个统一的节会，是克伦人开荒时举行的一个传统聚会。每逢克伦人开荒时，众人都会自动来帮忙。一般情况下准备开荒的人家要用鸡、猪肉、白酒、米酒待客。青年男女会利用这个机会在一起联欢，挖地。

二、播种节

播种节一般在克伦历三月至四月间举行。播种节不是一个统一的节会。它源于克伦人的刀耕火种习俗。传统上，雨季到来之前克伦人要放火烧荒，烧荒后用木棍在地上戳洞，准备下种。届时全村人都会来帮忙。这时，主人家要用酒菜招待客人。克伦族青年也会换上新衣边劳动边赛歌，也会乘机选择意中人，场面非常热烈。

三、敬土地神会

克伦族认为稻田旱地均由相关的土地神守护着。为了使人畜安全、稻谷不受虫害之苦及农作物能有一个好的收成，克伦人常要祭拜相关的土地神。其中在克伦历四月要拜敬旱地神。拜神时要供奉上两瓶白酒、一碗盛有用辣椒、洋葱、煮鸡头、鸡肝拌的米饭以及公鸡、母鸡的翅膀、鸡腿、一支卷烟、一杯清水。祭拜者在向土地神祈祷后将酒和鸡肉吃下，拜神结束。在克伦历五月至六月，个别地区在克伦历八月要敬拜水田神。拜水田神时要在田埂边搭一个小棚子，在棚子里为水田神供奉上3条鱼、一盘米饭、一个槟榔包、一根蜡烛，也可以用素食如糯米饭、芝麻、清水拜敬水田神。由于克伦人常在山谷中开荒种地，挖渠灌溉，也有敬渠神的。克伦历五月至六月间克伦人在挖渠后要用鸡、猪肉、白酒祭拜渠神，用鸡血、猪血淋洒水渠，故名祭渠神会。在克伦历九月要拜敬河滩神。拜河滩神时要供奉3条鱼、3盘米饭、3小竹筒清水、3根蜡烛。

克伦族耕种实行转耕制，即种完一处后第二年再找块新地耕种。寻找新地时要用鸡、猪肉、酒祭拜旱地神，之后再问卦相，看所找之地适不适合耕种。祭旱地神会一般由各家各户单独举行，但也有集体进行的。

四、招谷魂会

克伦族认为人和植物都有灵魂。他们常在打谷场上为成堆成堆的稻谷招魂，相信招魂后能打出更多的粮食。招谷魂时，克伦人要在谷堆边上竖9根长度高过谷堆的竹竿，竹竿尖上要挂上用小篮子装的7包糯米饭、7个香蕉、7朵鸡冠花。竹竿要向谷堆倾斜。打场快完时要砍断竹竿，将篮子放到谷堆上，孩子们要饱食香蕉、糯米饭等。

五、尝新米会

克伦族的尝新米会在克伦历十月内举行，该会不是一个统一的传统节会，是因在新米登场时节尝新米而得名。吃新米这天要在将收割的地里象征性地割上一些糯稻，做上可口的饭菜请全村人品尝。饭后再开镰收稻。

克钦族的尝新米会是与农业生产有关的节会，也是克钦族的重要文化节会。相传，克钦人来自“木转省腊崩”。当时，神让克钦人带着一种不死药来到人间。人们因把不死药分给了鸡、猪等动物而自己不够分，所以大发牢骚。神听到人们发牢骚后就把稻谷和名为“乌莱”的植物送给人类。由于稻谷和“乌莱”不仅有味道，而且富有营养，人和动物都喜欢吃。稻谷、“乌莱”不堪忍受，就骗斑鸠把它们带回了天国。因此，人和动物都面临着饥荒。这时他们请雀卑鸟向神请求把稻谷和“乌莱”再送回人间，但遭到稻谷和“乌莱”的反对。雀卑鸟为了拯救人类，同意其子孙可以被人当作菜吃，但稻谷和“乌莱”还是不同意回到人间。蜜蜂、鱼、虾和蟹见状都纷纷表示其子孙也可以被人当菜吃掉。这样，神就把稻谷、“乌莱”以及豆子、玉米、土豆等一起让雀卑鸟带回了人间。人们听说后便带着象、马、牛前去迎接。神于是嘱咐人类：“把这些农作物在粮仓里放5个月在地里种6个月就会有成倍的收成。收割后，女子拾掇谷物，男子渔猎，把亲朋好友和邻村的人都叫来一起吃。实物由你们享用，作物的灵魂要供给我们。这样今后才会有更多的收获。”从此，克钦族在收割新谷后都要高高兴兴地举行尝新米会。

钦族人也有举行尝新米会的习俗，一般在每年谷物成熟的缅历六月举行。巴列瓦地区钦族的尝新米会也是庆祝旱稻首次收割的庆祝会。旱稻快成熟时，当地的钦族人要开始准备酿米酒。收割的那一天要带着一头猪、1～3只鸡和一坛米酒到地里祭祀护稻神和护山神。祭祀者到达地头后要把米酒坛摔破，并在田头凉亭里铺上竹席，放一点稻子在席子上。之后，让猪和鸡在稻子上掠过，再把它们杀死，以此来向神灵祈祷。随后，要用猪血、鸡血浇浴从家里带来的护谷神石像。接着要将上等猪肉、鸡肉包成两个包。一包敬树下的神龛，一包敬旱地凉亭的神龛。人们从地里回来后要接着喝米酒。喝酒时还要用米酒洒向从地里带回的稻子，以祈祷谷物丰收。为了保证尝新米会成功，节会次日不能下地干活。

克耶族也有尝新米会。他们在稻谷快要收割的时候，常举办一个小型的幡柱节。用园子里种的蔬菜祭神，并请帮忙割稻、打谷的人吃新米。还要祭祀保护田地的土地神，最后把稻谷存放到谷仓中。

六、丰收会

克伦族丰收会一般在克伦历十月至十一月间进行。克伦族人家在收割稻谷时，全村人都会来帮忙。主人家要用酒菜招待客人。举行丰收会那天主人要不断地吹水牛角，以示庆祝。

铁定、法兰和哈卡地区的钦族也有庆丰收的习惯，叫作庆旱稻收成满一百箩会。以前只是旱稻收成满一百箩时才举行庆祝会，现在在小米、玉米等收成满一百箩时也要举行庆祝活动。这个活动只与个人或家庭相关。所以活动中所用的水牛、黄牛、大额牛、米酒以及饭菜等都由主办家庭负责。这些地区的钦族人认为举办旱稻收成满一百箩的庆祝活动是全村的荣耀，因此人们会在旱稻收成满一百箩时大肆庆祝。

七、糯糊节

进入缅历十一月，新稻均已成熟。满怀喜悦的人们为了分享丰收的喜悦，全缅各地从缅历十一月初到十一月月圆日要捣糯米糊，以示庆祝。缅族人认为吃油腻的糯糊可以亮肤、壮体。据载，糯糊节产生于良渊后期，是一个以健体养性为目的的节会。糯糊节做糯糊的形式多种多样：有以户为单位做的，有几家合做的，有以社区为单位做的。每到缅历十一月十五早晨，人们便将头天准备好的糯米、芝麻油、椰子油、花生、姜等煮熟捣成糊状，然后放入香蕉叶中包好，分送给僧侣和邻里品尝。对于品行不端和违犯戒律者是不能给糯糊吃的。做糯糊时，东家多要请小伙子、姑娘们参加。糯糊节里，也有进行捣糯糊比赛的。比赛时，观众们常常敲鼓唱歌，为参赛者加油助兴，场面十分热闹。

克耶族的糯糊节是一个与农业生产有关的重要节会，是为祈求粮食丰收而举行的。克耶族糯糊节在每年插秧结束之后的缅历六、七月间举行。按照传统，巫师要先用鸡骨占卜，选定吉日。节前要准备糯米和猪肉，要用香蕉叶包粽子。次日清晨要用粽子敬神，同时还要举行一个叫魂仪式。糯糊节当晚还要在寨子北边祭神，并把家中的旧碗、旧盘子放在祭神的地方，以摆脱凶兆和灾难。祭神完毕回家时要用竹子拦一下，表示已经把不好的兆头和灾难拦在了外面。回家后还要用粽子和刺条扎成扫帚状的棍子将家里的恶神赶走。第三天要用竹子和黑衣服扎一个神像，放上火石，表示神有了生命。神像放3天后要烧掉。最后用鸡骨占卜，预测作物的收成。

第四节　社交娱乐性节会

一、赛船节

若开邦临海，江河较多，船舟十分普及。赛船因而也就成了若开人民最喜爱的一项活动。若开各地都有颇具民族特色的赛船活动。各地举行赛船节的时间不统一，实兑和仰别地区一般在缅历三月间举行，丹兑地区在缅历六月举行。赛船节要4天时间，多在缅历三月初二至初五、缅历三月十七至二十日举行。赛船节前夕，各村寨、街区的热心人士要成立赛船筹备组，负责赛船节的有关事宜，如制定赛船规则、确定比赛时间、参赛人数、赛船方式、赛船尺寸等等。实兑地区的赛船有两种：(1)11米长的赛船。这种赛船可以载15名赛船手，其中桨手12名、鼓手2名、舵手1名，但也有些是载17人或19人的。(2)29米长的赛船。这种赛船可以载40名赛船手。比赛距离为200码(183米)。仰别地区的赛船要稍小一些，多为9.6米长，可载12至16名赛船手。其中指挥船的鼓手1名、舵手1人、桨手10至14人。

各村寨获悉赛船细则后，首先要做的是选定赛船。赛船一般用橡树木、荔枝木、玉兰木做成。村中的小伙子们要在寨子中央的空地上搭建彩棚，彩棚用棕树叶遮盖严实，由小伙子们彻夜守护。出入口由少女们用花环装饰起来。选好赛船后村民们会载歌载舞地将赛船抬入棚内，在船头放上一些皂角。妇女、家中小孩未满7日的父亲、有家人故去、结婚等红白喜事的男子不得进入，也不能参加抬赛船、划赛船的活动。进入放置赛船彩棚的男子必须手持皂角以避晦气。参赛队常会把选好的赛船装饰一番，画上各种象征勇猛的图案、美丽的花纹，写上吉祥的船名。赛船时青年男子常担任桨手的重任，比赛一般在河道中进行。主办者会在河道中央插上标杆，划分水道。比赛时两船一组，采取淘汰制。赛船节前组委会要在码头和堤岸上搭好观礼彩棚。比赛前要检阅赛船。检阅在赛船节第一天上午11时至下午3时进行。仰别地区在赛船节第一天上午还要到瑞东女神殿祭拜瑞东女神，洒香水祷告。之后，由参赛队将各自的赛船放到指定区域。赛船手们着装整齐，在自己的赛船中坐好后祭拜女寨神以及水神吴信基，再用香水泼洒赛船和参赛选手祈求胜利。赛前，赛船左右各有一条大船护卫，大船上的啦啦队要唱歌跳舞表演节目。主裁判宣布检阅开始时大船要停靠到己方的彩棚边。赛船此时要集中到比赛水域来回游弋，展示自己的划船技巧。组委会规定每艘船必须展示3～5次划船技巧。之后组委会开始检查船的长度、赛船类型、参赛队员等情况。赛船节第二天正式开始比赛。是日上午11时组委会宣布参赛队名单，各队抽签，然后进行选拔赛。选拔赛一直要持续到第三天。第四天上午11时举行半决赛和决赛。获胜队的奖品是：冠军队为镀金芒锣、亚军为镀银芒锣、季军为镀铜芒锣，同时还要颁发锦旗。赛船结束后，下午3点至6点，余兴未尽的人们还要举行庆祝娱乐活动——摔跤，夜晚还要搭台唱戏。

缅族地区也有赛船节。缅历六月，河面上风平浪静。天宫图显示为一右手执稻、左手撑油灯的乘船少女形象。据此，缅族人办起了赛船节。赛船节在缅历六月初八、十五、二十三日举行。赛船之日，岸上人山人海。比赛按船的类别、大小分组进行。赛船在全缅各地都有。一般以社区、村寨为单位比赛，比赛距离长短不一。比赛时常有许多文艺表演。古代赛船前有全村上山选好木做船的习俗。选木做船时，女子、家中有病人者、死妻者不能接近。迷信者在造船时还要杀鸡祭船。船做好后，要在船身上要绘图装饰，要选吉日下水试船。现在缅族人赛船之俗逐渐消失了。但政府每年还在仰光甘道基湖组织龙舟比赛。

二、波克伦放船会

大其力地区的波克伦人在克伦历八月举行放船会。放船会主要源于行善入天堂的理想。信仰佛教的波克伦人希望通过“八正道之舟”将自己顺利地载过轮回之河，达到彼岸的天堂。放船会一般由5～6个寨子联合举行。放船会上用的船要用长4.5米、宽1.8米的粗席子做成。放船会当日，人们要上佛塔礼敬佛陀。供品为一千木碗粥、一千竹筒水、一千朵鲜花。敬佛之后要将斋饭放置于船上，然后载歌载舞地将船抬到河中放掉。

三、基玛努节

基玛努节是缅族小伙子们一个开玩笑、搞恶作剧的节会。举行的时间在缅历八月十五人们入睡之后至次日凌晨间。此节会来源于开玩笑的习俗。先前，小伙子们进入物主家中，将其物品藏匿，使主人找不到，以达到取乐的目的。因为是在晚上至次日凌晨乌鸦休眠时进行的，故称基玛努节，意为“乌鸦未醒时进行的节会”。

按习惯，无论男女老幼在人们入睡之后，都可以独自一人或成群结队地将别人家院子里的东西拿走，藏于别处来取乐。但拿走的东西不能损坏，放置于院外的物品也不允许乱拿。天亮后，拿走的东西要由物主领回。物主领东西时，必须唱歌跳舞以取悦藏匿者。如果东西贵重，物主还要以少量的农产品来赎领。基玛努节中获取的钱物一般都要用于以后的社区公益活动。藏东西时，如果被物主发现，或物主叫出拿东西的人的名字后，对方即算输。输者不能逃跑，要老老实实地待在事主指定的地方直至天亮。天亮后，被抓者要押到村子中央，做物主要求做的每一件事，如唱歌跳舞等。被抓者也有以义务为村里干某一件事情而求情的。由于缅历八月十五明月当空，要成功地拿走别人的物品并非易事，常常是被抓者甚众，十分有趣。现在，由于世风日下，基玛努节渐渐变了味。许多人利用这一节会来偷东西，使基玛努节变成了合法的小偷节。故近年来参加基玛努节的人数越来越少了。

四、光明节饭局

缅历八月十五若开族人有献功德衣、立柱点灯、跳龙舞的习俗。当夜，年轻人还有自己的娱乐方式——办饭局。若开族年轻人会三五成群到处偷瓜果蔬菜，拿回来后生火做饭，以此寻乐。办饭局时青年人常会做上一碗铁力木嫩芽，吃后以防病去灾。一般来说，年轻人做好饭后并不急于炒菜，他们常要等别人炒好菜后去偷人家的菜吃，也有一些年轻人自己早早吃完饭后去别人那里捣乱，将人家的饭菜偷走取乐。被整的人这天不能生气，他们可以重新再做或是干脆去偷别人的饭菜。若偷菜者被人逮住了就要为对方生火做饭、打扫卫生。通过这一活动，若开青年可以联络感情，发泄平时的不满。

五、赛马会

赛马会是缅甸古代的一个宫廷节会，习惯上在缅历十月举行。赛马的目的在于提高武艺，显示参赛者的胆识，为国家选拔武将，同时也是国王及大臣们择婿的节会。赛马会始于邦牙时期。赛马会的参加者为王室成员、官宦子弟等。除赛马以外，还举行骑象、斗象、马术、射箭、投枪、刀术、射击和各种武术比赛。赛马会一般在缅历十月初进行，为期1个月。比赛时，如接连获胜3次，国王和王后就会亲自赏赐。赛马会作为一项宫廷活动在民间影响不大。19世纪下半叶英国人入侵缅甸后，赛马会不再举行。现在，缅甸政府为了宏扬缅甸人民的民族精神，从1995年起又开始恢复了这项传统活动。

六、拉车节

拉车节是若开族的一项传统节会，在缅历十一月十四至十六日举行。拉车节的主要活动内容就是进行拉车比赛，方法是在一个四轮车的两头各系一根棕绳，分别由两队人马朝自己方向拉车，超过中线300英尺(91.5米)者为胜。

若开族的拉车节早在妙乌王朝时就业已盛行了。据说若开妙乌王朝明宾王(1531—1553年在位)时有一个名叫吴妙奥的智者，平时隐居在山中修行。一日他算出国中将有大难，只有杀祭星期四出生的人国家才能逃脱此难。恰巧吴妙奥是星期四出生的人，所以他决定舍身救国。他吩咐左右将他剖腹祭神，然后葬于倒下的方向。由于其所倒方向太脏，国王不愿将有功之臣葬在那里，但老百姓不答应，双方发生了争执。于是有人想出了一个主意：把吴妙奥的遗体放在一辆四轮车上，双方各朝自己一边拉车，由拉车获胜者决定在何处安葬吴妙奥。后来国王一方获胜并遵照国王的旨意安葬了吴妙奥。但百姓不服，认为国王没有顾及国家的安危。所以他们每年在缅历十一月举行拉车节以提醒当权者把国家利益放在首位。

拉车节中用的车子有两种规格：一种长2.3米，宽1.4米；一种长3.2米，宽2.3米。车子上均装有4个直径为46厘米的木轮，木轮通常是由横切的树干中间穿洞而成的。车子中间的木梁上要钻一个洞，在洞中插上铁力木嫩叶或番樱桃嫩枝；车子的中间要立5根竹竿，中间竹竿上要挂一面三角形小红旗，车子的两端系上长棕绳。每到缅历十一月十四，邻村之间常要相互邀请进行拉车比赛。每一方参赛队员的人数在70～80人之间，比赛采取三场两胜制。比赛时人们边拉边唱，也有组织啦啦队敲鼓跳舞助兴的。拉车比赛一般在晚上9点至12点之间举行。中间休息时双方各用糯米饭、炒芝麻和椰子糕捏成的饭团招待对方选手和助兴的观众。拉车获胜方胜后要将车顶的三角旗扯下，将轮子卸下，等到缅历十一月十六日晚再将比赛用车子的剩余部分烧掉。

七、摔跤会

摔跤会是若开人的一项传统节会活动，不单独举行，常作为庙会、僧侣火化升天仪式和赛船节的一个娱乐项目在主项目结束后进行。时间一般定在中午至下午5点之间。摔跤时两人一组，分攻方和守方，一次两个回合。摔完一个回合后要互换攻防。摔跤以倒地无反抗能力时为输。攻防双方各有许多规定，对违规者裁判有权判其输。摔跤会开始前摔跤手先要报名、分级。在若开邦政府主办的摔跤会上，摔跤手分为4个等级：金锣级、银锣特级、银锣级、普通级，每一等级中又分为若干个段。摔跤手若事先没有报名，在比赛现场能拿出曾为摔跤手的证据，也可以直接参加抽签。抽签后再分组比赛。分在同组的摔跤手在正式比赛前要把自己过去所赢得的奖牌挂在脖子上向观众展示，还要在摔跤场地上走一圈，向观众展示一下自己的身手。比赛时摔跤手不穿上衣、不穿鞋、但系腰带。同时，要将纱笼束成三角裤形系在腰间。若开式摔跤有30余种技巧，选手们在比赛时要随机应变，力争主动。摔跤场上设4位裁判，其中两位为老摔跤手，两位为现场观众。摔跤时妇女、僧侣均可观看、助威。摔跤会正式开始之前，会临时从观众中选出两位小伙子进行吉庆摔跤表演。主要目的是通过吉庆摔跤表演来推测摔跤会的凶吉。若有表演者受伤就说明场地不好，或者有鬼魂作祟，必须换场地。若开族摔跤会常会重奖优胜者，对失利者组委会也会酌情给予一定的路费资助。

八、乔迁新屋会

克钦族乔迁新屋会：乔迁新屋会是克钦族的重要传统节会之一。它是主人对帮忙盖房子的人表示感谢的节会，也是主人入住新屋之前祭祀家神、祈求全家平安的节会。克钦族举行乔迁新屋会的时间没有统一的规定。有的是在新屋落成之时，有的是在亲朋好友能集中的季节，如缅历十二月或缅历一月。参加乔迁新屋会的客人要带着锣、稻米、米酒等礼物。新屋主人只给“姑爷种”、“兄弟种”的亲戚回赠刀、矛、挎包等礼物。克钦人在举行乔迁新屋会之前，要在准备搭盖新屋的空地上竖起神柱，建好神龛。并供上刀、牛肉、锣和筒裙，由巫师带领祭天神。祭天神时，巫师要身穿克钦族传统服装，肩挎克钦挎包，佩带克钦长刀。左手拿着装有白酒或米酒的竹筒，右手拿一把草，口念经文，请求神灵保佑。乔迁新屋会一般要耗时三四天才能结束。在这期间，男女老幼齐出力，亲朋好友不分贫富贵贱，一起干活、一起吃喝、一起跳舞。在乔迁新屋会上有的还整晚吃喝、跳舞到天明。

钦族乔迁新屋会：钦族人一般在农忙结束后开始备竹子、树木准备建造房屋。房屋建好后要举行乔迁新屋仪式，之后方能进住新屋。钦族人举行乔迁新屋会的目的是为了使新屋如意吉祥、家肥屋润、家人身体健康。在乔迁新屋会上，要祭祀神灵、款待客人，客人要向主人祝福，并在一起跳舞。乔迁新屋的禁忌是入住新屋后的四五天内不能在新屋里做饭，只能在屋前做饭。他们认为不这样做新屋就会遭灾。

克耶族乔迁新屋会：克耶族一般在农闲时建房，房屋落成后要举行乔迁新屋仪式。其目的一是为了祭祀家神、祈求避祸得福，二是为了答谢帮忙建房的乡邻。克耶族房屋落成后要请乡邻中的长者在新屋的厨房垒灶生火。生上火后长者要向主人要一块猪肉，并将猪肉分成3块放在火上烧烤。当猪肉烤出油时要大喊“出油了，出油了”，边喊边向年轻人洒水。随后要把烤好的猪肉放在扫帚下，以示新屋主人今后会丰衣足食。举行乔迁新屋仪式时，主人要把客人送来的鸡杀掉做菜。众人要帮着主人把家具用品搬进新家。搬家时，铜鼓要走在最前面，在厨房按顺时针转3圈后挂在房柱上。晚上年轻人要敲铜鼓、着盛装跳舞庆祝。主人家还要用鸡肉、米饭招待来贺喜的客人。次日清晨，主人家要杀猪宰牛。众乡邻要帮主人平整楼下的空地、搬运物品等。主人在午饭之前要请客人吃槟榔、喝米酒。直到晚上6点客人才各自回家。乔迁新屋仪式之后隔三四天，克耶人还要举行一个安装炉灶烤架的仪式。主人家要再次款待客人。至此，整个乔迁新屋仪式才算正式结束。

参考文献

[1][澳]A·L·巴沙姆.印度文化史.闵光沛等译.北京：商务印书馆，1997.
[2][缅]丹东博士.缅甸古代史论文集（缅文版）.仰光：摩诃大光出版社，1964.
[3][缅]德班梭迎.缅甸文化史（缅文版）.仰光：耶敏书局，2000.
[4][缅]德班梭迎.缅甸行政史（缅文版）.仰光：邦雅出版社，1965.
[5][缅]德格都新斯利.联邦各民族的婚礼习俗（缅文版）.仰光：茉莉花出版社，1991.
[6][缅]德贡纳新.缅甸槟榔习俗（缅文版）.仰光：文学宫出版社，1972.
[7][缅]德贡纳新.缅甸十大传统工艺（缅文版）.仰光：文学宫出版社，1978.
[8][缅]德贡昊吞敏.佛教命运说与缅甸文化（缅文版）.仰光：沙英班出版社，1977.
[9][缅]登卡.缅甸茶文化（缅文版）.仰光：文学宫出版社，1966.
[10][缅]登貌.蒲甘时代的文化（缅文版）.仰光：多迪萨印书馆，1956.
[11][缅]东方文化教程（缅文版）.仰光：大学出版社，1983.
[12][缅]杜琴琴盛.蒲甘时代的文化（缅文版）.仰光：文学宫出版社，1986.
[13][缅]杜苏森埃芝.音乐与舞蹈（缅文版）.仰光：文学宫出版社，1968.
[14]范宏贵.同根生的民族——壮泰各族渊源与文化.北京：民族出版社，2007.
[15][英]G·E·哈威.缅甸史（第二版）.姚楠译.北京：商务印书馆，1973.
[16][缅]纲领党中央党部.缅甸基础政治史（第一卷，第二卷上册，第二卷下册）（缅文版）.仰光：图书出版发行公司，1970，1977，1978.
[17][缅]纲领党中央党部.各民族相同的传统文化习俗（缅文版）.仰光：图书出版发行公司，1975.
[18][缅]纲领党中央组织部.缅甸联邦少数民族传统文化习俗·克伦卷，克钦卷，克耶卷，孟族卷，钦族卷，若开卷，掸族卷（缅文版）.仰光：文学宫出版社，1967—1977.
[19][缅]甘沃扎敏伦.掸邦概览（缅文版）.仰光：金鸳鸯出版社，1965.

[20][缅]汉达瓦底吴巴迎. 缅甸传统习俗(缅文版). 仰光: 文学宫出版社, 1990.
[21][缅]汉达瓦底吴巴迎. 缅甸史散论(缅文版). 仰光: 觉悟出版社, 1968.
[22][缅]汉达瓦底吴巴迎. 缅文知识(缅文版). 仰光: 文学爱好者书店, 1975.
[23]何光岳. 百越源流史. 南昌: 江西教育出版社, 1989.
[24]贺圣达. 缅甸史. 北京: 人民出版社, 1992.
[25][缅]觉明. 土瓦文化入门(缅文版). 仰光: 埃埃印书馆, 1968.
[26]净海. 南传佛教史. 北京: 宗教文化出版社, 2002.
[27][缅]劳动人民日报社编. 缅甸文化漫步(缅文版). 仰光: 文学宫出版社, 1969.
[28]罗国杰主编. 中国伦理学百科全书·东方伦理思想史卷. 长春: 吉林人民出版社, 1993.
[29][英]马林诺夫斯基. 科学的文化理论. 黄建波译. 北京: 中央民族大学出版社, 1999.
[30][缅]曼林妙觉. 克伦族风俗(缅文版). 仰光: 瑞摩出版社, 1970.
[31][缅]曼纽丁. 缅甸的乐器(缅文版). 仰光: 文学宫出版社, 1986.
[32][缅]貌昂. 文学与艺术(缅文版). 仰光: 善心出版社, 1976.
[33][缅]貌岸. 佛教2500年历程(缅文版). 仰光: 宗教局印书馆, 1977.
[34][缅]貌昂盟. 兄弟民族习俗拾遗(缅文版). 仰光: 文学宫出版社, 1985.
[35][缅]貌波素江. 缅甸古代服饰(缅文版). 仰光: 文学宫出版社, 1983.
[36][缅]貌丁昂. 缅甸史. 贺圣达译. 昆明: 云南东南亚研究所, 1983.
[37][缅]貌钦明. 缅语概论(缅文版). 仰光: 文学宫出版社, 1990.
[38][缅]貌新皆. 克伦习俗(缅文版). 仰光: 父母情书店, 1967.
[39][缅]苗敏淑. 缅甸表演艺术(缅文版). 仰光: 文学宫出版社, 1966.
[40][缅]缅甸大百科全书(1—15册)(缅文版). 仰光: 文学宫出版社, 1958—1962.
[41][缅]缅甸古都考古文集(缅文版). 仰光: 宣传部报刊发行局, 1993.
[42][缅]缅甸节会文化(缅文版). 仰光: 波罗沙书店, 1984.
[43][缅]缅甸史论文集(1—4辑)(缅文版). 仰光: 文学宫出版社, 1978.
[44][缅]纳冒. 曼德勒文化艺术(缅文版). 曼德勒: 中央出版社, 1979.
[45][新加坡]尼古拉斯·塔林主编. 剑桥东南亚史. 贺圣达等译. 昆明: 云南人民

出版社，2003.
[46][缅]戚基耶基纽.四个时期的中缅关系(缅文版).仰光：摩纳文学社，1976.
[47][英]乔治·司各特.缅甸人——生活与信仰.丁兑译(缅文版).仰光：主流出版社，1966.
[48][英]R·C·汤普勒爵士.缅甸传统诸神.吴兑汉译(缅文版).仰光：智慧之花出版社，1981.
[49][缅]塞根达曼昂比亚.若开文化(缅文版).仰光：泰林出版社，1969.
[50][缅]塞雅道伦.缅甸文字学(缅文版).仰光：尼迪书局，1972.
[51][缅]桑通昂.联邦民间游戏(缅文版).仰光：文学宫出版社，1968.
[52][缅]僧戈第达.文明礼貌常识(缅文版).仰光：威达出版社，1988.
[53][缅]僧维多陀比萨旺.缅甸传统剃度风俗(缅文版).仰光：缅甸书局，1982.
[54][缅]苏盟宁.缅甸妇女服饰(缅文版).仰光：文学宫出版社，1989.
[55][缅]苏盟宁.缅族传统习俗(缅文版).仰光：妙瓦底印书馆，1991.
[56][缅]屠茵.缅甸文化礼仪(缅文版).仰光：知识出版社，1973.
[57][缅]吴艾乃.缅甸传统节会(缅文版).仰光：宗教局印书馆，1980.
[58][缅]吴昂丹吞.缅甸文化——法律与生活(缅文版).仰光：沙鸥书店，1970.
[59][缅]吴波加.蒲甘研究指南(缅文版).仰光：文学宫出版社，1981.
[60][缅]吴达拉.黄香楝文化(缅文版).仰光：文学宫出版社，1974.
[61][缅]吴丹佩敏.缅甸人的缅甸(缅文版).仰光：摩福出版社，1967.
[62][缅]吴丹陀.缅甸寺庙教育史(缅文版).仰光：登佩莱出版社，1980.
[63][缅]吴登山.缅甸文化杂谈(缅文版).仰光：金鸳鸯出版社，1966.
[64][缅]吴丁敏.佛学初步(缅文版).仰光：护法总会出版部，1974.
[65][缅]吴拉昂.缅甸学手册(缅文版).仰光：普罗查书局，1985.
[66][缅]吴貌貌埃.缅甸文学与若开文化(缅文版).仰光：国启文学社，1977.
[67][缅]吴貌貌丁.缅王时代的政治(缅文版).仰光：茉莉花出版社，1982.
[68][缅]吴敏奈.文化简介(缅文版).仰光：文学宫出版社，1990.
[69][缅]吴敏遂.旧时代教育制度研究(缅文版).仰光：迪萨出版社，1972.
[70][缅]吴佩貌丁.缅甸文学史(缅文版).仰光：茉莉花出版社，1987.
[71][缅]吴钦貌.僧侣戒律(缅文版).仰光：文学界出版社，1983.
[72][缅]吴钦貌基.缅甸漆器(缅文版).仰光：文学宫出版社，1981.

[73][缅]吴素. 缅甸传统建筑艺术(缅文版). 仰光: 文学宫出版社, 1986.
[74][缅]吴吞佩. 缅文要略(缅文版). 仰光: 吞丹内出版社, 1976.
[75][缅]信漂遵昂登. 缅甸乡村民俗(缅文版). 仰光: 文学宫出版社, 1990.
[76][缅]信漂遵昂盛. 缅甸文身习俗(缅文版). 仰光: 文学宫出版社, 1986.
[77][缅]雅玛涅哥哥乃. 缅甸雕刻艺术(缅文版). 仰光: 文学宫出版社, 1987.
[78]岩峰. 傣族文化大观. 昆明: 云南民族出版社, 1999.
[79]余定邦. 中缅关系史. 北京: 光明日报出版社, 2000.
[80]庄锡昌主编. 多维视野中的文化理论. 杭州: 浙江人民出版社, 1987.

后　记

缅甸是中国的南方邻邦，位于中南半岛西部，面积为67万平方公里，人口约5 430万（2014年）。早在公元前4世纪，中缅两国就通过南方丝绸之路开始了经济、文化和政治上的友好往来，两国人民的友谊渊源流长。从文化上看，缅甸处于印度文化和中国文化的交汇点上，佛教对这个国家的文化影响至深。

早在20世纪80年代，解放军外国语学院亚非语系缅甸语教研室就开始组织人员对缅甸文化进行研究，出版了一批阶段性成果。由于研究者的兴趣爱好和研究重点不同，在缅甸研究的众多领域，文化研究向来是薄弱环节。在多年的教学实践中，我们发现全方位地展现缅甸文化、注重文化的某些细节均很重要。因此，在撰写本书时，我们力图从历时和共时的角度对缅甸文化及文化构成要素进行全面的分析和充分的描写，以便使读者既能从宏观上把握缅甸文化的发展脉络，又能从微观的角度了解缅甸文化要素的基本特质。

《缅甸文化概论》一书由钟智翔教授、尹湘玲教授合作完成。钟智翔拟定了全书框架，负责统稿、审稿和修订，并撰写了第1～6章、第8、9章；尹湘玲撰写了第7章；李晨阳教授参与了第5章部分内容的撰写。本书作为缅甸国情文化知识类读物，适合大学一年级学生使用，也可供缅甸文化爱好者在学习缅甸国情和社会文化知识时使用。

本书在写作过程中，得到了解放军外国语学院亚非语言文学国家级特色专业建设点、解放军外国语学院亚非语言文学二级学科博士学位授权点以及世界图书出版广东有限公司刘正武编辑的大力支持，得到了国内外诸多同行的倾力相助，谨在此一并表示衷心的感谢。由于作者水平有限，书中不妥和错误之处在所难免，恳请专家学者不吝批评指正。

编　者

2014年10月30日

于解放军外国语学院